평생교육 프로그램 개발론

신용주 저

Developing Programs in Lifelong Education

학지사

머리말

평균 수명 100세를 바라보는 시대를 살고 있다. 평생교육이라는 용어도 이제 누구에게나 매우 친숙하며 지역사회와 직장을 비롯한 많은 곳에서 자연스럽게 접하고 있다. 평생교육의 범주와 유형도 상상하기 어려울 만큼 다원화되었다. 이와 함께 개인이 제각기 자신의 삶에서 느끼고 경험하는 평생학습의 의미와 실천도 일상에서 더욱 확대되어 왔다. 현대인이 만나는 세상은 IT 기술의 혁신으로 더욱 스마트화하며 진화하는 지식기반사회이며, 교육환경을 둘러싼 테크놀로지가 비약을 거듭하고 있는 새로운 세계이다. 개인에게는 더 나은 삶과 매일의 문제 해결을 위해 창의력과 의사결정 능력이 그 어느 때보다 더욱 필요한 시대인 것이다.

평생교육의 내용과 형식은 이러한 크고 작은 개인적, 사회적 변화를 반영하며 진화해 왔다. 평생교육이 전달되는 방식 역시 과거와 달리 매우 다양해졌으며, 이와 함께 평생교육 프로그램의 내용과 형식에도 새로운 변화가 요구되고 있다. 복잡 다양한 변화로부터 비롯된 새로운 학습요구는 새로운 교육 프로그램에 대한 요구를 증가시켜 왔다. 평생교육 프로그램 개발은 학습자 개인에게 필요하고 의미 있는 학습경험을 제공해 준다는 점에서 가장 직접적이고 중요한 교육 활동이다. 이론과 실천이 효과적으로 접목되는 학습활동을 실행하므로 교육 현장에서 가장 핵심적 영역이라 할 수 있다. 평생교육의 타 영역에 비해 프로그램 개발 영역은 상대적으로 부각되지 못해 온 편이나 개인적, 조직적, 사회적으로 새로운 프로그램 개발에 대한 요청이 더욱 확대되고 있음을 고려할 때 관련 분야의 이론적 토대와 실천적 지침의 확립이 그 어느 때보다 필요하다고 하겠다.

평생교육 프로그램 개발은 실제로 현장에서 학습자들을 대상으로 프로그램이 실시되도록 돕는 학문 영역이다. 학습자들이 원하는 학습내용을 직접 전달하는 매체가 프로그램이기 때문에 대부분의 학습활동은 프로그램 개발에 의해 체계화된다. 현장에서 평생교육사를 비롯한 평생교육 관련 종사자들은 구체적인 목표를 가지고 환경 맥락과 수많은 요소들을 고려하면서 프로그램을 개발하게 된다. 이들이 좋은 평생교육 프로그램을 개발하기 위해서는 이론적 기초를 비롯한 관련 지식을 익히고 실제 사례에 대한 세밀한 분석 능력을 갖출 것이 요구된다. 프로그램 개발가에게는 프로그램의 설계에서부터 평가에 이르는 모든 단계를 성공적으로 진행할 수 있는 전문적 역량과 스킬이 필요하기 때문이다.

이 책은 모두 13개 장으로 구성되었다. 평생교육 및 평생교육 프로그램에 대한 기본적 이해에 가장 기초가 되는 주요 이론, 모형, 접근 방법을 설명하는 내용과 함께 프로그램 개발에서 반드시 수행되어야 할 절차들을 차례로 소개하였다. 프로그램 기획에서부터 요구 분석, 목표 설정, 학습 내용 및 교수 매체 선정, 교수 방법 선정, 자원 확보 및 관리, 마케팅과 홍보, 평가에 이르는 모든 단계를 알기 쉽게 제시하였다. 마지막 장에는 현장에서 실시되고 있는 평생교육 프로그램의 사례들을 소개함으로써 프로그램 개발의 실제를 참고할 수 있도록 하였다.

프로그램 개발가는 학습자들이 자신이 설계한 프로그램에 참여함으로써 좋은 경험을 얻을 뿐 아니라, 원하는 목표를 달성하고 스스로의 삶을 향상시킬 수 있기를 원한다. 이 책이 현장에서 평생교육의 실천을 위해 열심히 노력하는 실무자들이 더 좋은 프로그램을 만드는 데 유용하게 활용되기를 바란다. 이 책의 출간을 위해 모든 지원을 아끼지 않은 학지사의 김진환 사장님과 편집 및 출판 과정을 세심하게 이끌어 준 편집부 직원들, 그리고 항상 따뜻한 격려로 용기를 북돋워 준 사랑하는 가족에게 진심으로 감사드린다.

2017년 7월

신용주

차례

사례 분석 II

〈 재학생의 올바른 성(性)의식 고취를 위한 성희롱 · 성매매 · 성폭력 및 가정폭력 통합 예방교육 워크숍 〉

제1부

평생교육 프로그램 개발의 기초

제1장

평생교육 프로그램의 이해

1. 평생교육의 개념과 특성

우리는 끊임없이 평생학습이 요구되는 지식기반사회에서 살고 있다. 전 세계적으로 발생하고 있는 사회, 경제, 문화적 변화는 삶의 본질에 대한 끊임없는 화두를 던지며 새로운 학습에 대한 요구를 증대시켜 왔다. 눈부시게 빠른 속도로 혁신을 거듭해 온 정보통신 기술의 발전은 노동시장 변화와 개개인의 삶의 양식에도 큰 변화를 가져왔다. 글로벌한 다문화사회로의 진입에 따라 교육과 학습이 일어나는 맥락은 더욱 다원화되었고, 사회 구성원들은 저마다의 이유로 끊임없이 자기 혁신을 모색하게 되었다.

현대 사회를 살아가는 개인에게는 계속적인 성장을 추구하기 위해서 철학, 가치관, 삶의 방식, 가족 형성이나 일의 선택 등에 대한 깊은 성찰이 필요하다. 평생교육은 자기 변화를 촉진하는 매우 중요한 적응기제가 되고 있다. 변화에 적응을 하기 위해서든, 자기 변혁을 위해서든 인간으로서 새로운 발전을 모색할 수 있는 강력한 기제가 바로 평생교육이며, 가장 기본적인 평생교육의 의의는 누구나, 언제 어디서나, 원하는 교육과 학습의 기회를 가질 수 있으며, 궁극적으로는 삶의 질의 향상을 가져온다는 데 있기 때문이다.

1) 평생교육의 개념

평생교육 개념이 알려지기 시작한 것은 유네스코와 관련이 깊다. 유네스코(United Nations Educational, Scientific, and Cultural Organization: UNESCO)는 국제연합인 UN의 산하기구로서 교육, 과학, 문화 영역에서 발전과 협력을 추구한다. 랑그랑(Lengrand)이 1965년 프랑스 파리에서 개최된 유네스코의 성인교육 발전 국제위원회(International Committee for the advancement of Adult Education)에서 '**평생교육**(lifelong education)'이라는 용어를 처음 사용하여 새롭고 통합적인 교육 체제가 필요함을 건의한 것에서 비롯되었다. 랑그랑은 출생부터 죽음에 이르는 전 생애에 걸쳐 교육받을 권리를 기본으로 하는 평생교육의 이념을 제시하였다. 이후 유네스코는 랑그랑의 건의를 받아들여 평생교육을 1970년 제정한 '**세계교육의 해**(International Year of Education)'의 기본 교육 사업으로 선정하였다.

랑그랑(Lengrand, 1988)이 유네스코에 제시한 평생교육의 제안은 다음과 같이 요약할 수 있다.

- 요람에서 무덤까지 한 개인의 일생을 통한 교육기회가 제공되어야 한다.
- 개인의 발달단계에 적합한 조화롭고 통합된 교육이 이루어져야 한다.
- 기업에서는 평생교육이 실현되도록 노력해야 한다.
- 초등 · 중등 · 고등 교육기관도 지역사회의 교육 및 문화의 장으로 기능해야 한다.
- 평생교육의 이념을 교육현장에 정착시키기 위해 노력해야 한다.

이후 유네스코가 '**모든 이를 위한 교육**(education for all)'과 '**학습할 권리**(right to learn)' 등을 선포함에 따라 평생교육의 이념이 더욱 알려지고 확대되었다(UNESCO, 1997).

랑그랑 이후 포레(Faure, 1972)는 포레보고서로 불리는 『**존재를 위한 학습: 현재와 미래의 교육 세상**(Learning to Be: The World of Education Today and Tomorrow)』에서 '**학습사회**(learning society)'의 개념을 제시하며 개인이 모든 영역에서 인간답고 조화롭게 성장할 수 있도록 민주적인 교육체제를 모색할 것을 주창하였다. 또한 모든 선진국과 개발도상국에서 평생교육을 실시해야 한다고 강조함으로써 평생교육의 개념이 전 세계의 교육과 훈련이 실천되는 방식에 큰 영향을 미치는 계기가 되었다. 이는 학습사회론을 주창했던 허친스(Hutchins, 1968)나 후센(Husen, 1974)의 주장과 일맥상통한다. 이들은 교육 받은 능력(educated ability)이 대대로 계승되어 오던 사회적 특권을 대체할 것이며, 컴퓨터와 복제력이 합쳐져 나타나는 폭발적인 지식 증가로 모든 이가 자신이 원하는 교육을 최대로 받을 수 있는 동등한 기회를 얻을 것이라고 예측하였다.

데이브(Dave, 1976)는 평생교육이 개인과 집단의 삶의 질을 향상시키기 위해 개인의 전 생애를 통하여 개인적, 사회적, 직업적 발달을 성취하는 과정이라고 하였다. 그는 확장과 혁신 그리고 통합의 개념으로 평생교육의 이념을 제시하였다.

2) 평생학습의 특성

들로르(Delors)가 주도한 '21세기 세계교육위원회(International Commission on Education for the Twenty-first century, 1996)'에서는 『학습: 그 속의 보물(Learning: The Treasure Within)』이라는 보고서를 간행하고, 보물처럼 감춰져 있는 평생학습의 가치를 통해 인간 본연의 잠재력을 발현할 수 있음을 강조하였다. 이를 실현하기 위한 네 가지 학습 유형으로 알기 위한 학습(learning to know), 행하기 위한 학습(learning to do), 함께 살아가기 위한 학습(learning to live together), 존재를 위한 학습(learning to be)을 각각 제시하였다.

이 네 가지 학습유형의 특징을 알아보면 다음과 같다.

첫째, '알기 위한 학습'은 누구나 스스로 학습할 수 있는 능력을 개발하도록 돕는 것을 강조한다. 누구나 학습할 수 있는 능력을 배움으로써(learn how to learn) 인간으로서의 가치와 존엄을 표명하며 사회에 적응할 수 있다. 이는 학습할 능력과 권리를 보장받는 '**학습권**(right to learn)'의 이념과 일맥상통한다.

둘째, '**행하기 위한 학습**'은 개인의 **노동시장 참여 능력**에 초점을 맞추며, 계속 근로하면서 삶을 유지할 수 있도록 재화의 확보를 가능케 해주는 학습의 역할을 중시한다. 직업교육과도 관련되며, 또한 삶을 즐길 수 있도록 해주는 여가의 중요성과 함께 사회적 역량을 키울 것을 강조한다.

셋째, '**함께 살아가기 위한 학습**'은 더욱 글로벌화되어 가는 현대사회에서 다양한 문화와 언어, 신념 및 가치관을 가진 사람들과 교류하면서, 서로 간의 차이를 수용하고 존중하며 협력하여 **포용적 가치**를 실현하기 위한 학습이다.

넷째, '**존재를 위한 학습**'은 개별적 인간이 갖는 대체 불가능한 존재의 중요성에서 출발한다. 즉, 개인의 고유하고 독특한 특성을 인정하고 배려하며 각자의 자아실현을 지원하는 평생교육의 역할을 강조한다. 또한 학습 기회가 공평하게 주어져서 개인의 성장 발달과 임파워먼트를 이끌어야 한다고 본다. 이는 인류 공동체 속에서 **개인의 고유성**이 존중되며 함께 진보할 수 있다는 믿음에 근거한다.

이 네 가지 유형의 학습은 각각 별도로 기능하는 것이 아니라 함께 평생교육을 이끌어 나가기 위해 상호 지원하는 협력적 체계라 할 수 있다.

지금까지 평생교육 이념의 발전에 기여한 주요 학자들의 이념들을 살펴보았다. 평생교육 개념의 확대에는 이들 초창기 학자들의 공헌과 함께 유네스코의 영향이 가장 컸다고 할 수 있다. 누구나 항상 배우면서 살아갈 권리를 추구하는 학습사회의 개념은 평생교육의 이념과 함께 더욱 광범위하게 진화해 왔음을 알 수 있다.

2. 평생교육의 법적 · 제도적 정의

1) 평생교육의 이념

우리나라에서도 1973년 유네스코한국위원회에서 개최한 '평생교육 발전을 위한 세미나'를 기점으로 하여 평생교육의 이념이 점차 알려지기 시작하였다. 이후 학계 및 자원단체를 중심으로 평생교육을 알리고 발전시키기 위한 노력이 이어져 왔다. 제도적으로 평생교육의 이념이 법과 정책에 반영되기 시작한 것은 제5공화국 헌법(1985)에 '국가는 평생교육을 진흥하여야 한다.' 라는 조항이 도입되면서부터라고 할 수 있다.

우리나라에서 제시된 초창기 평생교육의 개념은 황종건(1980)의 다음과 같은 기술에 나타나 있다.

> ……인간의 평생을 통한 교육적 과정의 수직적 통합과 개인과 사회생활의 모든 국면과의 수평적 통합을 강조하는 것이다. 다시 말하면, 평생교육은 그동안 연령층별로 구분된 폐쇄적 학교교육과 조직이 되지 않은 채 비효율적인 상태로 방치된 사회교육을 통합 · 재편성하여 결국에 가서는 교육의 사회화와 사회의 교육화를 이룩하자는 것이다. ……

이처럼 초기의 정의에서도 평생교육은 생애에 걸친 수직적 통합과 사회생활의 제 측면에 있어서의 수평적 통합을 기본 이념으로 함을 알 수 있다.

1982년에는 평생교육이라는 용어가 사용되기 이전에 통용되어 온 사회교육에 대해 규정한 「사회교육법」이 제정되었다. 이 법에서는 "사회교육이라 함은 다른 법률에 의한 학교교육을 제외하고 국민의 평생교육을 위한 모든 형태의 조직적인 교육활동을 말한다."라고 명시하고 있다. 한편, 1985년에 제5공화국 헌법에는 사회교육에서 평생교육으로 법의 명칭이 변경되었다. 여기에는 최초로 평생교육에 대한 국가의 책임을 명시한, "국가는 평생교육을 진흥하여야 한다."라는 조항이 포함되었다. 1999년에는「사회교육법」의 폐지와 함께「평생교육법」의 제정이 이루어졌다. 1999년 제정된「평생교육법」은 평생교육이라는 명칭의 법적, 제도적 인정의 기초가 되었다.

우리나라의 평생교육에 대한 최근의 정의를 살펴보면「**평생교육법**」(2007) 제2조에서 "평생교육이란 학교의 정규교육과정을 제외한 학력 보완교육, 성인 기초 · 문자해득교육, 직업능력 향상교육, 인문교양교육, 문화예술교육, 시민참여교육 등을 포함하는 모든 형태의 조직적인 교육활동을 말한다." 라고 규정하여 평생교육의 정의가 보다 구체적으로 제시되고 있다. 또한「평생교육법」(2007)은 평생교육진흥원의 설립에 대한 조항을 규정하고 있으며, 특히 제19조 제4항에서는 평생교육 프로그램 개발의 지원을 명시하였다.

2) 평생교육의 협의 및 광의의 정의

2007년 개정된「평생교육법」에서 규정한 평생교육은 학교교육을 제외한 모든 조직적 교육활동을 지칭하므로 이는 과거「사회교육법」에서 규정한 사회교육의 정의와 일치한다. 즉, **평생교육의 법적, 제도적 정의가 좁은 의미로** 규정되었음을 의미한다. 그러나 **일반적 의미의 평생교육은 보다 넓은 범위로** 평생교육의 개념을 인식하고 있다. 즉, 학교를 중심으로 한 정규 교육과정이 아닌 다른 모든 형태의 조직적 교육 활동이나 교육 경험이 포함되는 것으로 본다. 왜냐하면 우리나라의 교육 맥락을 규정하는 다른 관련법들, 예를 들어「초 · 중등교육법」이나「고등교육법」과 법적 해석에서 갈등을 일으키지 않는다면 학교가 평생교육의 장이 되지 못한다고 규정하기는 어렵기 때문이다. 따라서 학교 역시 평생교육의 장이 될 수 있다는 의미로 해석됨을 알 수 있다.

더 나아가 넓은 의미의 평생교육의 정의는 학교교육이라는 영역을 초월하여 한 개인의 삶의 모든 시기와 공간 영역에서 형식의 제한을 받지 않고 참여하는 교육을 포괄적으로 의미한다. 따라서 평생교육은 교육의 시기와 공간 및 교육 형식에서 자유롭고 유연하게 통합적 접근을 추구하는 교육이라는 것이 가장 보편적 정의일 것이다. 교육이라는 개념에서 출발하여, 모든 연령과 계층을 뛰어넘는 학습자의 평등성, 어디서나 가능하며 사이버 공간까지 포함하는 교육의 공간적인 자유로움, 시간 제약이 없으며 인생의 어느 시기에도 가능한 교육 시기의 비제한성, 또한 형식과 비형식을 뛰어넘는 개방성을 토대로 다양한 양태의 교육 참여가 이루어지는 교육이라 하겠다. 따라서 인생의

〈표 1-1〉 평생교육의 정의

법적 정의(협의)	이념적 정의(광의)
• 개정 「평생교육법」(2007년) 제2조 제1항에 명시된 평생교육의 정의 –과거 「사회교육법」에서 규정한 사회교육의 정의와 동일 –학교 정규교육과정을 제외한 학력보완교육, 성인기초 · 문자해득교육, 직업능력 향상교육, 인문교양교육, 문화예술교육, 시민참여교육 등 모든 형태의 조직적 교육 활동	• 시간적 차원(전 생애 및 모든 시간) • 공간적 차원(모든 공간) • 영역적 차원(모든 영역) –가정 –학교 –사회 • 형식적 차원(모든 형식) –형식 교육 –비형식 교육 –무형식 교육 • 사회교육, 성인교육, 생애교육, 계속교육, 직업교육, 회귀교육 등

어떤 시기에서든, 연중 또는 하루 중 어느 때든, 온라인이든 오프라인이든, 학교와 가정과 사회는 물론 다양한 집단과 조직에서 교육에 참여할 수 있다는 점에서 교육 기회의 무한 확대를 이끌고 있다고 할 수 있다.

〈표 1-1〉에는 평생교육을 좁은 의미인 법적 정의 및 넓은 의미의 이념적 정의로 비교한 내용이 제시되어 있다.

3. 평생교육의 특성

근래 발생해 온 세계적 정치 경제의 변화, 인구사회학적 변화, 테크놀로지의 도약, 직업과 노동시장의 변화 등은 현대인에게 끊임없이 새로운 도전을 제시하고 있다. 고령 인구의 증가로 인한 노년기 삶과 부양의 문제, 점점 스마트해지는 교육 현장, 비약적 테크놀로지 발전의 혜택을 누리는 계층과 누리지 못하는 계층 간의 격차 확대, 인간관계의 단절 및 가상공간에서의 새로운 소통방식 확대와 같은 새로운 도전에 직면하고 대처해야 하는 과제를 안고 있다.

새롭게 대두되는 가족 유형과 점차 약해지는 가족의 기능 속에서, 소멸해 가는 직업군과 새롭게 생성되는 직업군 속에서, 직업 안정성의 약화와 노동시장의 변화 속에서 현대사회의 구성원들은 자칫 중심을 잃고 소외될 수도 있다. 이러한 빠르고 광범위한 변화에 적극 대처하기 위하여, 또 정체성을 찾고 생존하기 위해서 각 개인은 꾸준한 노력을 경주해야 하는 시대인 것이다.

전 세계적으로 변화 대응기제로서의 평생교육의 잠재력은 중요하게 인식되어 왔다. 우리나라에서도 평생교육은 자신의 삶을 향상시킬 수 있는 의미 있는 수단으로 인식되고 있다. 특히 급격한 사회 변화에 따른 여러 가지 적응 문제에 대한 보다 기능적인 접근을 가능케 하는 기제로서의 역할이 더욱 강조되고 있다. 날로 복잡 다양해지는 현대사회에서 개인이 더 나은 삶을 추구하도록 지원하는 체제로서 평생교육에 대한 기대가 커지는 것이다.

평생교육의 특성은 넓은 의미의 평생교육의 정의를 반영하여 크게 다음의 세 가지로 설명할 수 있다(김한별, 2010; 신용주, 2012).

첫째, **교육 시기의 개방성**이다. 전통적 교육체계에서는 유치원, 초등학교, 중학교, 고등학교, 대학교 등 모두 학교교육을 중심으로 교육이 진행되는 것으로 인식하였다. 그러나 인생의 특정 시기에만 이루어지는 위계적이고 경직된 학교교육으로는 평생교육을 실현할 수 없다. 고용과 관련된 직업이나 기술의 혁신은 물론 개인의 전 생애에 걸쳐 나타나는 교육 요구를 충족시키기 위해서는 훨씬 확대된 시간 개념의 도입이 필요하다.

저출산 · 고령화 현상의 심화에 따라 아동이나 청소년을 주 대상으로 삼았던 교육편제나 교육과정에서 탈피해 성인기 및 노년기의 교육도 평생교육의 주요 영역으로 포함되어야 한다는 인식의 전환이 이루어지고 있다. 실제로 성인기에 발생하는 가족 및 직업 변화는 물론 평균 수명 연장으로 인해 노년기가 크게 연장됨에 따라 성인기와 노년기의 교육은 개인의 삶의 질을 효과적으로 유지하는 데 필수적 요소가 되었다.

따라서 평생교육의 시간 개념도 전 생애 발달단계상에서 언제나 평생학습 기회를 얻을 수 있도록 더욱 확장되었다. 일과 학습의 조화로운 병행이 가능할 뿐 아니라 살아가면서 새롭게 발생하는 삶의 상황이나 요구에 따라 원하는 시기에 필요한 교육을 받을 수 있도록 개방적 관점이 더욱 강화되는 추세이다.

둘째, **교육 공간의 개방성**이다. 평생교육에서는 학교를 중심으로 한 공교육의 현장에서 벗어나 교육의 공간 개념이 더욱 확대되어야 한다는 점이 강조된다. 일반적으로 학습자는 교실 안에서 형식적인 정규 교육에 참여하는 사람을 지칭하는 것으로 알려져 왔다. 그러나 학교가 가장 중요한 교육의 공간으로 여겨져 왔던 것에서 점차 탈피하며, 이제는 개인이 속할 수 있는 모든 영역인 가정과 학교 및 사회에서 교육이 가능한 것으로 인식되고 있다. 이처럼 학습이 교실이라는 한정된 공간을 뛰어넘어 일어날 수 있다는 개념은 매우 고무적이다.

교육이 일어나는 공간의 개념은 확장을 거듭하여, 단순한 물리적 차원을 초월해 크고 작은 조직과 기관은 물론 IT 기술과 통신망의 발달로 SNS(Social Network Service)를 비롯한 가상의 세계로까지 계속 확대되고 있다. 실제로 외국의 유명 강좌나 기술의 시범, 문화나 예술의 감상 및 현장학습도 전 세계적으로 실시간 접근과 공유가 가능할 정도로 스마트한 교육환경은 폭넓은 진화를 계속하고 있다(신용주, 2012). 따라서 현대사회에서 평생교육을 향유할 수 있는 교육 공간이 개방된다는 것의 의미는 매우 혁신적이다. 한 개인에게 직업적 발전이나 기술향상이 필요할 때, 새로운 것을 배우기를 희망할 때, 또는 개인적 자아실현이나 여가활용 등을 원할 때 표출되는 다양한 교육 요구를 공간의 제약 없이 참여하여 충족시킬 수 있기 때문이다.

셋째, **교육 형식의 개방성**이다. 교육에서 **형식적 교육**(formal education)은 주로 학교교육을 지칭하는 것으로 인식되어 왔다. 초등학교, 중학교, 고등학교, 대학교를 중심으로 하는 구조화된 형식적 교육체계에서는 교육 기회를 얻기 위하여는 일정한 조건을 충족시켜야 한다. 또 사회적으로 권위를 부여받은 교육 전문가들에 의해 이미 개발되어 운영되고 있는 교과 과정을 통해 교육을 받은 후 공인된 학위나 자격을 취득하는 것이 특징이다. 근래 전 세계적으로 일반적인 학령기에 속하지 않는 성인들이 학교교육 기회를 갖고 입학하여 교육을 받는 사례가 많이 증가하였다. 이들은 **비전통적 학습자**

(nontraditional students)로 불리며 근래 가장 빠르게 증가하는 학습자 집단으로 파악된다.

한편, **비형식적 교육**(nonformal education)은 제도적으로 구축되어 있는 형식적 교육 체계가 아닌 다른 교육 체계에서 일어나는 교육 활동이다. 즉, 학교 외의 다양한 기관이나 조직 또는 시설들, 예를 들면, 평생교육 기관, 지역사회 주민 시설, 기업이나 종교 단체, 박물관이나 도서관, 문화센터 등에서 제공되는 교육 프로그램이 주를 이룬다. 이러한 프로그램은 형식적 교육보다는 교수자 자격 요건이나 학습자 자격 제한이 비교적 유연하며, 학습자의 교육 요구가 더 신속하게 반영될 수 있다. 또한 교과 과정이나 교육 활동의 운영도 형식적 교육에 비해서는 획일적이지 않으며 덜 경직되어 있다. 그러나 일반적으로 이러한 비형식적 교육의 결과물로서 취득한 학위나 자격은 사회에서 크게 인정을 얻지 못하는 것이 특징이다.

무형식학습(informal education)이란 계획된 교육 설계나 교육 목표 등 형식적 틀에 따르는 것이 아닌 무계획적이고 우연적으로 발생하는 학습을 의미한다(신용주, 2012). 우리는 거리의 광고 전단이나 무심코 듣게 된 이야기에서, 신문이나 TV를 보다가, 또는 특별한 의도 없이 만난 사람들에게서도 무엇인가를 알게 되고 배우게 된다. 우리 삶에서 발생하는 학습의 많은 부분은 계획되지 않은 채 우연적으로 일어난다. 이처럼 특별히 의도하지 않았던 상황에서 일어나는 무형식적인 학습은 많은 성인들이 매일의 삶의 현장에서 자주 경험하는 학습 형태이다.

4. 평생교육의 역할

평생교육은 인간의 삶의 질을 향상시키는 것을 근본 목적으로 한다. 평생교육은 평생을 통해 확대되면서, 가능한 모든 수단을 사용해서 지식과 기술은 물론 태도, 가치, 행동양식의 변화를 모색하고 모든 개인의 완전한 인성 개발을 이룰 수 있도록 기회를 제공하는 데 의의가 있다. 학습은 교실에서만 일어나는 것이 아니며, 교실에서 학습하는 사람만이 학습자는 아니다. 평생교육의 주 대상은 자신을 개발하여 스스로의 삶을 향상시키려는 성인학습자들이다. 따라서 이들의 학습 요구를 충족시키면서 사회발전을 이끄는 역할을 하는 것이 평생교육의 주요 기능이 된다. 이러한 다원적이며 포괄적인 평생교육의 이념은 근래 학습의 시대(the learning age)를 맞아 더욱 보편화되며 확장되어 왔다.

학습사회의 특징은 학습사회에서의 지식은 더 이상 정적이지 않다는 것이다. 지식은 너무도 빠르게 진화하므로 이를 단순히 배우고 암기할 것이 아니라 적절한 때에 떠올리고 활용될 수 있어야 하며, 특히 창의성의 개발과 연관되어야 함을 강조한다. 따라서 우리 모두가 항상 무언가를 배우고 있다는 사실이 학습사회의 근간을 이루는 동시에 평생교육의 명제가 되는 것이다.

이제 지식기반사회를 사는 현대인들은 매일의 삶에서 느끼는 필요에 의해, 또는 도전에 봉착했을 때나 새로운 도약을 원하는 등 다양한 이유로 학습에 참여한다. 롱(Long, 1983)은 학습지향적인 행동은 인간의 기본적 특성이라고 하였다. 학습사회의 기본 전제는 인간은 누구나 평생 동안 학습을 하면서 살아가는 것이다(신용주, 2012). 평생교육은 인류의 발전과 인간정신의 자유와 풍요로움을 추구하며, 평등하고 민주적인 학습사회를 만드는 데 기여한다. 학습사회에서 개인 학습자는 평생 동안 교육에 참여하며 자신의 잠재력을 실현할 수 있게 된다. 그럼으로써 삶에서 매일 부딪히는 위기에 대처하고, 성장을 모색하면서 새로운 배움을 실천하게 된다. 학습사회는 평생교육의 잠재력을 실현하는 사회이다. 우리는 어디에서 무엇을 하고 있든지

간에 항상 배우고 성장하고 실천하는 평생교육에 참여함으로써 개인적으로 더 충만한 삶을 살게 되고 사회적으로 훨씬 더 깨어 있는 시민이 될 수 있다. 또한 어린 시절의 교육부터 은퇴 무렵 및 그 이후까지 적극적으로 평생교육을 실현하는 것은 미래의 고용, 경제 발전, 민주주의와 사회통합을 모색하는 중요한 동력이 될 것이다.

5. 평생교육의 전망

평생교육의 미래를 전망하기 위하여 학습사회의 미래를 전망해 볼 필요가 있다. 영국정부의 보고서 'The Learning Age'(DfEE, 1998: 13)는 학습사회에 대해 다음과 같이 설명한 바 있다.

> 학습시대(Learning Age)를 맞아 우리는 상상력과 자신감을 가진 인력을 필요로 하게 될 것이며 다양한 기술들이 요구될 것이다. 모든 직업들은 각기 다른 지식과 이해, 그리고 이를 적용할 수 있는 기술을 필요로 한다. 기술이란 이러한 것을 의미하는 것이고 우리는 교수자 등의 도움으로 학습을 통해 이 기술을 습득 할 수 있다.

즉, 학습사회가 원하는 인력은 바로 상상력과 자신감을 가진 인력이며, 이들은 다양한 지식과 기술에 대하여 개방적 태도로 이를 수용하고 이해하는 능력을 갖출 것이 요구된다. 따라서 미래사회에서는 생애의 모든 단계에서 평생교육을 적극적으로 실현하는 것이야말로 일과 고용 관련 쟁점은 물론, 민주주의를 실현하여 사회적 통합을 이루기 위한 중요한 요소가 될 것으로 예측하고 있는 것이다.

더 나아가 평생교육은 일 외에도 인간의 삶의 모든 영역에서 많은 가능성을 열어줄 것으로 예상된다. 로스웰(Rothwell, 2008)은 일곱 가지의 희망적인 예측을 토대로 다음과 같이 **평생교육의 미래 전망**을 제시하였다(신용주, 2012).

첫째, **비형식적이며 부수적인 학습**이 증가할 것이다. 이는 평생교육의 형태 중에서 비형식적이며 우연적 학습이 증가할 것을 의미한다. 즉, 제도적 교육기관 밖에서 크고 작은 경험을 통해 계획이나 감독 없이 발생하는 비형식적 학습의 증가를 예측한다. 또한 학습자의 직접적인 경험이나 관찰, 실수나 실패, 다른 사람과의 상호작용에서도 배울 수 있는 우연적 학습도 증가할 것이 예상된다.

둘째, **감정, 가치, 윤리, 문화와 관련된 학습**이 증가할 것이다. 전통적 교육에서는 지식의 습득을 중시해 왔다. 그러나 미래의 평생교육은 인지적 영역을 뛰어넘는 감정이나 가치, 윤리나 문화적 의식과 같은 지금까지는 크게 주목받지 못했던 요소들에 주목하게 될 것이다.

셋째, **노년층의 욕구**에 더 큰 관심을 갖게 될 것이다. 전 세계적으로 급속한 인구 고령화 현상이 심화됨에 따라 평생교육 분야는 확대된 노년기를 맞게 된 노년층의 요구 및 관심사에 부응하기 위해 더 많은 노력을 기울이게 될 것이다. 특히 베이비부머 세대부터 초고령 노인까지 더욱 다원화되어 가는 노년층의 특성과 노년기 학습에 대한 인식이 증진될 것이다.

넷째, **다양한 배경을 가진 학습자**에 대한 배려가 확대될 것이다. 평생교육에 참여하는 학습자의 개인적 특성과 배경에 대한 교수자의 인식이 향상되어야 한다. 여기서 학습자의 다양성이란 단순한 인종이나 성별의 차이뿐이 아닌 연령, 종교, 언어, 사회경제적 지위, 신체적·정신적 능력, 성적 지향성 등을 포함하는 것이다. 또한 이들의 국가적, 문화적 배경을 이해하고 존중하며 학습자 간의 소통을 지원해야 할 것이다.

다섯째, 더욱 **새로운 테크놀로지**가 평생교육과 교육 방법을 혁신할 것이다. 최근 예측되고 있는 바와 같이 인간과 비슷한 사고 능력을 가진 인공지능형(AI) 테크놀로지와 혁신적 정보기술의 도입이 이루어지면 교수-학습의 맥락이 크게 진화할 것이다. 평생교육 현장에서 테크놀로지의 발전이 미치는 영향은 더욱 지대해질 것이다. 따라서 평생교육의 교수자들은 계속 새롭게 등장하는 미디어나 첨단 기술을 활용한 학습 환경을 통해 학습자가 의미 있는 학습 경험을 획득하도록 이끌 수 있는 능력을 갖추어야 한다.

여섯째, **학습하는 법을 배우는 것**(learn how to learn)에 대한 관심이 더욱 증가할 것이다. 미래의 평생교육은 지금보다 학습자의 주도권을 더욱 확대하는 방향으로 전개될 것이다. 또한 학습 경쟁력을 높이기 위해 효율적인 학습 방법을 배우는 것에 대한 관심이 더욱 증가할 것이다. 왜냐하면 계속 혁신되는 테크놀로지가 활용되는 교육 맥락에서는 학습자에게 더 큰 책임을 부여하기 때문이다. 특히 자기주도적 학습을 통한 학습자의 적극적인 성장과 발전을 추구하는 추세가 더욱 확대될 것이므로, 학습자의 주도적 학습을 촉진할 수 있도록 그 방법과 전략을 개발해야 할 것이다.

일곱째, **학습이 일어나는 맥락**에 대한 관심이 더 커질 것이다. 미래사회에서는 점차 심화되는 세계화의 추세 속에서 변화하는 환경이 학습자와 학습에 미치는 영향에 대한 연구가 본격화될 것으로 보인다. 특히 다양한 기업 내에서 학습 조직 형성과 학습 문화 정착을 위한 노력이 증가할 것이 예상된다.

이상과 같은 미래의 평생교육에 대한 예측내용을 조명해 볼 때 미래의 평생교육은 더욱 경쟁력을 갖추고 새로운 테크놀로지에 숙달되고 다양한 배경을 가진 학습자들을 대상으로 전개될 것으로 보인다. 평생교육자들은 참신하고 유용한 교육 프로그램으로 이들의 행복하고 건강한 미래를 이끌어 가야 할 책임을 갖는다. 더 많은 정보와 기술이 적용될 미래의 평생교육 현장에서 학습자들은 더 큰 책임을 갖고 주도적으로 학습을 수행하게 될 것이다. 평생교육 기관과 교육자들은 미래의 평생교육이 기존의 교육의 틀에서 한 걸음 더 나아가 학습자의 요구, 감성과 가치에 집중하며 학습자의 자기주도적 학습 수행을 지원해야 할 것이다.

결론적으로 **평생교육의 미래는 매우 밝을** 것으로 전망된다. 학습은 개인의 재능이 빛을 발하도록 돕는 도구이며 평생교육이 이를 촉진할 것이다. 또한 대부분의 조직은 구성원의 재능과 혁신을 극대화시킴으로써 미래의 경쟁에서 앞서려는 포부를 갖고 있으므로 모든 조직은 다양한 형태로 평생교육을 전개하게 될 것이기 때문이다. 따라서 평생교육은 변화와 혁신을 실행하는 매개체로서의 역할과 함께 새로운 지식과 기술의 교류를 촉진하며 개인 및 조직적 차원에서 역동성과 임파워먼트를 이끌어 가는 기제가 될 것이다.

6. 평생교육 프로그램의 개념

앞에서 살펴본 평생교육의 이념과 특성에 대한 이해는 새로운 평생교육 프로그램 개발에 대한 필요성의 확대로 이어진다. 평생교육은 사회 변화에 민감하며 또 변화 추세를 프로그램의 내용에 담아 반영하기 때문이다. 프로그램을 통해 개인과 사회가 원하는 요구를 충족시킬 수 있다는 점에서 프로그램 개발의 당위성이 존재한다. 보통 평생교육 프로그램은 주로 평생교육 기관이나 조직에서 주관하는 조직적인 교육 활동의 산물로 인식된다.

슈로더(Schroeder, 1980)는 평생교육 프로그램을 조직과의 관계를 기초로 하여 실시되는 학습활동으로 인식하였으며, **평생교육 프로그램의 특성**을 다음과 같이 네 가지로 제시하였다.

- 성인학습자들이 지역사회에서 이용 가능한 모든 교육 활동
- 평생교육 기관이나 조직에서 학습자에게 제공하는 모든 교육 활동
- 특정 집단을 위해 고안된 교육 활동
- 이와 같은 교육 활동들을 서로 연계시키는 사회적 활동

여기에는 요구 사정에서부터 기획과 홍보, 교수, 평가 및 보고서 작성에 이르는 모든 과정이 포함된다. 더 나아가 프로그램에는 사회적 이념이나 가치 또는 교육 철학적 차원의 기대와 요구 등이 반영되며, 프로그램의 수행 결과 역시 개인적 및 사회적 차원으로 그 영향을 미칠 수 있다.

1) 광의의 평생교육 프로그램의 개념

거시적 개념을 포함하는 광의의 평생교육 프로그램 개념의 특징은 장소와 시간 형태, 그리고 규모에 있어서의 개방성과 융통성이라 하겠다. 광의의 개념을 좀 더 구체적으로 알아보면 다음과 같다.

첫째, 평생교육 프로그램은 장소를 불문하고 학습이 일어나는 모든 공간에서 실시되는 것이라고 할 수 있다. 공간 및 영역의 차원에서 가정이나 직장, 지역사회 등 어느 곳에서나 일어날 수 있다. 학습자나 잠재적 참여자의 편의성을 중시하므로 학습 장소의 제한성을 극복할 수 있다. 따라서 학교와 강의실 위주의 기존의 형식적 교육이 일어나는 정형화된 장소에 국한되는 프로그램의 개념에서 벗어나는 공간적으로 유연한 개념이 적용된다 하겠다.

둘째, 평생교육 프로그램은 시간적 개념에 있어서도 매우 탄력적으로 실시

된다는 점이 특징이다. 즉, 규정된 시간이나 얼마 동안의 정해전 기간에 걸쳐 제공되는 전통적 프로그램과는 달리 시간적 제한이나 규제에서 벗어나 학습자가 자유롭게 원하는 시간에 참여할 수 있다는 장점을 갖는다.

셋째, 평생교육 프로그램은 그 **유형**에 있어서도 **개방적**이다. 형식적 교육을 중심으로 하는 학교교육은 물론 비형식적 교육도 포함될 수 있다. 다양한 교육 방법론이 적용되는 개별 또는 집단 학습의 경험이 모두 포함된다. 또한 학습자의 체험을 중시하는 멘토링이나 코칭으로 진행되는 교육 프로그램이나 워크숍, 협동 학습, 현장 학습은 물론 여행이나 공연 감상과 같은 경험적 교육 프로그램도 모두 가능하다. 또한 사이버 공간에서의 학습이나 화상 콘퍼런스 등도 포함될 수 있다.

끝으로, 평생교육 프로그램은 그 **규모**에 있어서도 매우 **포용적**이다. 1:1 개별지도나 소집단 대상 프로그램과 같은 적은 인원을 대상으로 하는 것에서부터 대규모 강연이나 인터넷 강의와 같은 다수의 대중을 상대로 제공되는 프로그램도 급속히 증가하고 있다.

[그림 1-1]에 제시된 바와 같이 광의의 평생교육 개념은 **확장된 공간, 시간, 규모, 유형**의 개념에 기초해 자유롭고 유연하게 통합되는 것을 알 수 있다.

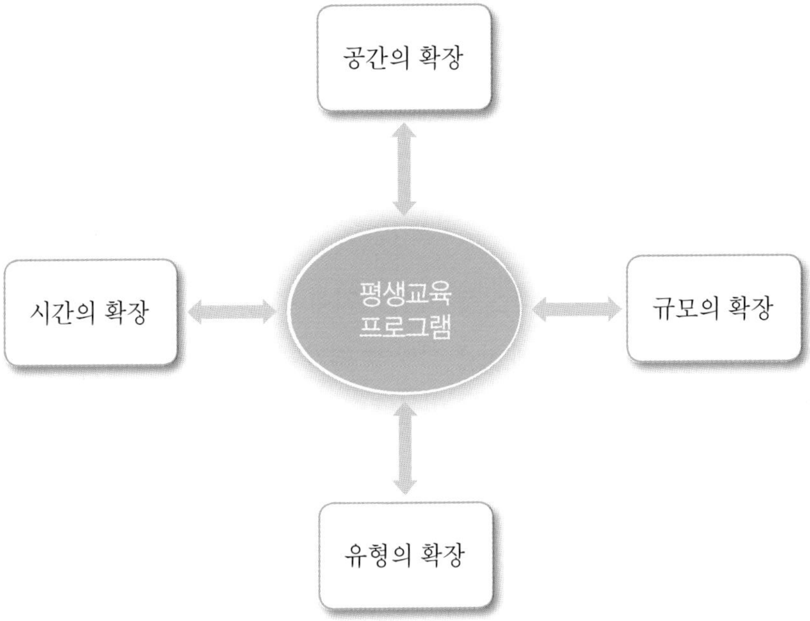

[그림 1-1] 광의의 평생교육 프로그램 개념

2) 협의의 평생교육 프로그램의 개념

평생교육 프로그램의 정의는 다양하게 제시되어 왔으나, 협의의 개념은 평생교육 프로그램이 추구해야 할 요소들을 중심으로 알아보기로 한다.

첫째, 평생교육은 궁극적으로 개인의 삶의 질 향상을 목적으로 한다. 따라서 기본적으로 평생교육 프로그램은 참여하는 학습자들의 학습 요구를 충족시키는 동시에 이들의 성장과 발달을 이끌 수 있어야 한다.

둘째, 학습자 개인이나 집단, 조직이 급속한 사회변화 속에서 직면하게 되는 문제나 요구를 해결하기 위한 학습 요구를 파악하고 이에 부응하는 프로그램을 제공하는 것이 중요하다.

셋째, 평생교육 프로그램은 구체적으로 학습자의 지식이나 기술, 가치, 행동, 태도의 변화를 유도하는 데 있어서 효과적이어야 한다. 현대사회의 학습자는 대개 이러한 목표를 가지고 변화를 추구하기 위해 프로그램에 참여하므로 학습자가 원하는 성과를 얻을 수 있도록 프로그램의 내용과 형식을 적절하게 설계할 필요가 있다.

넷째, 평생교육 프로그램은 장기적, 단기적 프로그램 목표와 활동 계획을 제시할 수 있어야 하며 이에 따른 실행 및 평가 계획이 수립되어야 한다. 또한 목표 달성을 위한 효율적인 실시 전략을 제시하여야 한다.

끝으로, 평생교육 기관을 둘러싸고 있는 환경 및 상황 맥락을 충분히 파악하여 평생교육 프로그램에 기관의 비전과 가치, 목적과 목표가 충실히 반영되도록 해야 할 것이다. 또한 평생교육 프로그램을 통해 기관의 비전이 민주사회의 가치 실현과 조화를 이루도록 해야 할 것이다.

3) 프로그램과 커리큘럼

프로그램과 유사하게 사용되는 용어로 커리큘럼(curriculum) 이 있다. 커리큘럼은 보통 학교를 중심으로 한 제도적 공교육에서의 교육과정으로 인식된다. 따라서 커리큘럼은 주로 공교육 체제에서의 학습활동을 위한 계획이라는 의미로 이해되고 있다.

나에미와 나글(Niemi & Nagle, 1977)이 분류한 바와 같이 학교교육에는 커리큘럼이, 평생교육에는 프로그램이 적절한 용어로 적용될 수 있다. 왜냐하면 내용에 초점을 맞추는 학교교육에서는 주요 관심사가 교과목인 데 반해 문제에 초점을 맞추는 평생교육에서는 개인의 요구 또는 문제에 집중되며, 학교교육이 학점 취득 중심인 데 반해 평생교육은 학점 위주가 아니라는 특징이 있기 때문이다. 학교교육의 설계자가 전문가와 자문가임에 비해 평생교육의 설계자는 학습자와 평생교육자라는 차이점을 갖는다. 또한 학교교육의 주제는 전문가가 제시하는 지식, 기술, 태도, 가치임에 반해 평생교육에서는 학습자의 요구나 문제 해결 중심의 주제를 주로 다룬다는 특징이 있다. 따라서 학교교육의 주요 개념으로 인식되는 커리큘럼은 뚜렷한 학습 목표에 따른 학습 방향의 제시로 학습 내용이 체계적으로 조직화되며 계열성을 갖는다는 유용성이 있다. 반면에 평생교육에서 주로 사용되는 개념인 프로그램에서는 학습자의 경험을 중시하여 활용하며 학습자의 요구에 민감하게 부응한다는 장점이 있다.

〈표 1-2〉에는 커리큘럼과 프로그램의 특징이 비교되어 제시되어 있다.

〈표 1-2〉 프로그램과 커리큘럼의 비교

	커리큘럼	프로그램
주요관심	• 교과목	• 개인의 요구와 문제
학점인정	• 학점화	• 비학점화
설 계 자	• 선정된 전문가와 자문가	• 학습자와 평생교육자
주 제	• 전문가가 확인한 지식, 기술, 태도, 가치 등	• 학습자의 요구나 문제 해결 관련
초 점	• 내용 중심	• 문제 중심
장 점	• 명료한 학습 목표로 학습 방향 제시 • 학습 내용의 체계적 조직화로 계열성 보유	• 학습자 경험의 최대한 활용 • 학습자 요구에 즉각 부응

출처: Niemi & Negle(1977).

그러나 실제로 교육 현장에서 커리큘럼과 프로그램의 차이점에 대해 명확히 구분하기가 쉽지 않다. 근래 평생교육 기관에서 제공하는 다양한 교육 프로그램의 이수 결과를 학력으로 인정해 주는 제도가 점차 확대되고 있기 때문이다. 또한 공교육 체제 내에서도 사회 변화에 따른 교육 요구를 충족시키기 위해 정규 커리큘럼 외에 특별히 개발하여 운영하는 프로그램이 적지 않다. 따라서 최근 학문 간의 경계가 모호해지면서 융 · 복합 교육과정에 대한 인식이 높아지는 것과 같이 커리큘럼과 프로그램의 경계도 더욱 유연해질 것으로 보인다.

참고문헌

교육과학기술부, 한국교육개발원(2007). **평생교육백서**. 서울: 대한인쇄사.

김한별(2010). **평생교육론**. 서울: 학지사.

신용주(2012). **평생교육 방법론** 서울: 학지사.

황종건(1980). 사회교육법 진흥을 위한 과제. 1979년도 문교부정책연구과제보고서.

Dave, R. H. (Ed.). (1976). *Foundations of lifelong education*. Oxford, NY: UNESCO Institute for education by Pergamon Press.

Department for Education and Employment (DFEE). (1998). *The learning age: A Renaissance for a new Britain*.

DfEE (1998). The learning age: A Renaissance for a new Britain.

Faure, E. et al. (1972). *Learning to be: The world of education today and tomorrow*. Paris: UNESCO.

Husen, T. (1974). *The learning society revisited*. Oxford: Pergamon.

Hutchins, R. M. (1968). *The learning society*. New York: Prager.

Jarvis, P. (Ed.). (2006). *The theory and practice of teaching* (2nd ed.). Oxon: Routledge.

Lengrand, P. (1970). *Introduction to lifelong education*. Paris: UNESCO.

Lengrand, P. (1979). Prospects of lifelong education. In A. J. Cropley (Ed.), *Lifelong education: A stocktaking*. Hamburg: UNESCO Institute for Education.

Lengrand, P. (1988). *Lifelong education: growth of the concept, Lifelong education for adults: An international handbook*. In Colin J. Titmus (Ed.), Oxford: Pergamon Press.

Long, H. B. (1983). Adult learning: Research and practice. NY: Cambridge University Press.

Niemi, J. A., & Nagle, J. M. (1977). Learners, agencies, and program development in adult and continuing education, In P. D. Langerman & D. H. Smith (Eds.), *Managing adult and continuing education program and staffs*. Washington DC: National Association of Public Continuing and Adult Education.

Rothwell, W. J. (2008). *Adult learning basics*. Virginia: ASTD press.

Schroeder, W. L. (1980). Typology of adult learning systems. In J. M. Peters, & Associates, *Building an effective adult education enterprise* (pp. 41-77). San Francisco, CA: Jossey-Bass.

UNESCO (1996). *Learning: The treasure within*. Report to UNESCO of the International Commission on Education for the Twenty-first Century. Paris: UNESCO Publishing.

UNESCO (1997). *50 Years for Education*. Paris: UNESCO.

제2장

평생교육 프로그램 개발의 이해

프로그램 개발은 정책이나 기관의 목적을 달성하기 위한 계획적이고 조직적인 활동이다. 따라서 이에 요구되는 교육 활동 계획, 교육 내용, 교육 방법의 선정은 물론 조직, 시설, 인력, 예산, 지원체계 등과 같은 사회적 활동 계획이 수반된다. 평생교육에 있어서 프로그램 개발은 평생교육을 현장에서 실현하기 위한 가장 근본적인 방법이며 과제이다. 이념적으로 평생교육 프로그램 개발은 교육 프로그램을 통해 삶의 이상적인 조건과 상황을 확대시키는 것을 추구해 왔다. 근래 프로그램 개발은 변화하는 교육 여건에 부응하면서 목표달성을 추구하는 동시에 책임을 함께 나누는 민주적이며 교육적으로 건전한 행정 기능으로 이해되는 추세이다.

이 장에서는 평생교육 프로그램 개발의 기초를 익히기 위하여 프로그램의 개념과 유형, 프로그램 개발의 특성과 의의를 정리해 보고, 프로그램 개발과 관련된 개념들에 대해 알아본다.

1. 프로그램의 개념 및 의미

1) 프로그램의 개념

프로그램(program)이란 용어를 어원적으로 살펴보면 라틴어의 'pro'와 'graphein'의 합성어로 '미리(before)'와 '써 놓은 것(to write)'의 의미가 내포되어 있다. 즉, 프로그램이란 앞으로 진행될 일이나 활동의 계획 및 순서 등을 체계적으로 정리한 목록이라 할 수 있다. 또는 어떤 활동을 실시하기 위해 필요한 요소와 절차들을 미리 계획해 놓은 것이라고도 한다. 여기서 계획이란 추상적으로 존재하는 일을 실행하기 위하여 순서와 방법을 미리 구체적으로 설계하는 것을 말한다. 목록이란 계획된 일이나 활동에 소요되는 인력, 예산, 내용, 방법 등을 지침으로 구체화한 것이며, 순서란 목록에 포함된 활동 내용들이 어떠한 차례로 전개되어야 하는지를 명시한 것이다(신용주, 김혜수, 2016). 프로그램은 상황에 따라서도 다르게 정의되며, 목적에 따라 다른 의미를 갖기도 한다.

프로그램의 개념은 학자에 따라 다양하게 정의된다. 요크(York, 1983)는 광범위하게 프로그램을 '목표를 달성하기 위한 일련의 상호 의존적 활동'이라 정의한 바 있다. 버너(Verner, 1964)는 프로그램을 '정해진 기간에 특정한 학습 목적을 달성하도록 고안된 학습경험'이라고 하였다. 코왈스키(Kowalski, 1988)는 보다 구체적으로 '조직적 · 의도적 학습 활동의 설계이며 환경 · 조직 · 프로그램 · 학습자 간의 상호작용'으로 정의하였다. 보일(Boyle, 1981)은 프로그램의 의미를 보다 확대하여 '전문가와 학습자가 참여하는 프로그램 개발을 통해 도출된 결과물'로 정의하였다. 카파렐라(Caffarella, 1994)는 '교육자와 학습자 간의 상호작용, 활동, 행정적 기능이 서로 연결되어 이루어지는 의사결정의 연속적, 역동적 과정'으로 정의하였

〈표 2-1〉 학자별 프로그램의 정의

구분	정의
요크	목표를 달성하기 위한 일련의 상호 의존적 활동
버너	정해진 기간에 특정한 학습 목적을 달성하도록 고안된 학습 경험
코왈스키	조직적 · 의도적 학습 활동의 설계이며 환경 · 조직 · 프로그램 · 학습자 간의 상호작용
보일	전문가와 학습자가 참여하는 프로그램 개발을 통해 도출된 결과물
카파렐라	교육자와 학습자 간의 상호작용, 활동, 행정적 기능이 서로 연결되어 이루어지는 의사결정의 연속적, 역동적 과정

다. 슈로더(Schroeder, 1980)는 학자들의 프로그램의 정의에는 대체로 지역사회에서 이용 가능한 모든 교육적 활동 또는 조직 및 기관에서 제공하는 모든 교육적 노력의 의미가 포함된다고 하였다.

〈표 2-1〉에 제시된 여러 학자들의 프로그램의 정의를 비교해 보면 목표 달성, 교육 과정, 학습 경험, 상호작용 등의 용어가 공통적으로 포함되어 있음을 알 수 있다.

2) 프로그램의 의미

프로그램은 평생교육 기관이나 조직이 교육 현장에서 학습자들을 대상으로 교육목표에 기초한 교육내용을 직접 전달하는 가장 보편적인 매개체이다. 근래 지식정보화 사회에서는 프로그램의 제공 기관은 물론 프로그램의 특성도 시간과 장소의 제약을 점점 벗어남에 따라 프로그램의 유형과 제공 형태가 더욱 유연해지고 있다.

김진화(2001: 65-66)는 프로그램의 개념을 일상적 의미, 교육적 의미 및 평생교육적 의미의 세 가지로 나누고 이를 각각 다음과 같이 설명하였다.

(1) 일상적 의미

일상적 의미의 프로그램은 단순히 앞으로 진행될 절차나 사건, 순서와 활동만을 강조한다. 방송이나 행사, 컴퓨터 프로그램 또는 연극이나 음악회 등 각종 공연장에서 공연 내용을 안내 또는 소개하기 위해 배포되는 팸플릿이나 작은 책자 등을 통해 앞으로 진행될 내용을 쉽게 짐작할 수 있다. 따라서 일상적 의미의 프로그램은 단순한 시간적 흐름에 따라 진행될 활동의 내용이 어떠할지를 알려주는 계획에 불과하다. 프로그램 참여자에 대한 인식과 고려는 없으며 시간 흐름에 따라 열거한 사전 계획표라 할 수 있다.

(2) 교육적 의미

교육적 의미의 프로그램이란 대개 학교교육에서 사용되는 **커리큘럼**과 동일한 의미로 사용된다. 단순하게 시간에 따라 진행되는 활동을 지칭하는 것이 아니라 학습자 참여와 관련된 영역의 가치를 인식하고, 학습자의 행동 변화를 모색하기 위해 체계화된 교육 내용을 의미한다. 전통적 의미의 커리큘럼에서는 주로 학습자가 반드시 익혀야 할 내용을 외부의 교수자와 전문가들이 합리주의 전통에 기초해 사전에 준비한 지식과 정보, 기술 및 교과 등의 교육 내용을 강조한다.

따라서 지금까지 규범적, 폐쇄적으로 인식되어 온 커리큘럼의 특성을 평생교육 현장에 그대로 적용하기는 적절치 않다. 평생교육 프로그램은 구체적인 학습 목표를 달성하기 위한 구조화된 학습 기회로 인식되므로, 커리큘럼에 비해 그 내용과 형식이 훨씬 유연하고 학습자의 자율성을 존중하는 것이 특징이라 할 수 있다.

(3) 평생교육적 의미

평생교육에서 말하는 프로그램은 단위나 형식, 내용이 다양하며, 그 자체가 하나의 계획이고, 내용이며, 또 활동이기도 하다. 따라서 지금까지 커리큘럼이라는 용어를 사용하던 것에서 벗어나 평생교육 고유의 **프로그램**이라는 용어를 적용할 수 있다. 즉, 커리큘럼이 의미하는 바와 같은 순차적 활동 계획이라는 개념에서 벗어나, **학습자의 체험**을 강조하는 교육 내용을 토대로 하는 프로그램이라는 용어를 사용하게 된 것이다.

그러므로 평생교육적 의미의 프로그램이란 일정한 기간 동안 미리 계획했던 학습 결과를 성취하기 위해 체계적으로 설계한 **조직화된 일련의 학습 내용, 학습 방법, 학습 활동의 통합된 교육적 실체**를 말한다(Rothwell & Cookson, 1997). 아울러서, 프로그램은 놀즈(Knowles, 1970)의 안드라고지 원리에 기초하여 개인이나 조직, 지역사회가 교육적 경험에 의해 변화를 일으킬 수 있도록 학습 내용, 학습 목표, 학습 대상, 학습 활동과 함께 학습 방법과 학습 장소, 학습 시기, 학습 매체 등 모든 요소가 유기적 네트워크를 형성하고 있는 하나의 체계라 할 수 있다.

2. 프로그램 개발의 개념과 기능

프로그램 개발(program development)은 **프로그래밍**(programming)이나 **프로그램 기획**(program planning)으로 불리기도 한다. 특히 평생교육 프로그램은 그 유형과 내용이 다양하므로 더욱 고유한 의미로 프로그램 개발의 개념이 규정될 필요가 있다. 보일(Boyle, 1981)은 프로그램 개발을 사람들과 그들이 속해있는 지역사회의 상태나 조건 또는 상황을 증진시키는 데 기여할 교육 프로그램을 설계하려는 노력으로 보았다. 그는 효과적인 프로그램 개발을 위해서는 상황의 개선에 필요한 변화가 무엇인지를 파악하고 알려야 한다고 하였다. 또한 이러한 상황을 변화시키기 위해 개발가에게는 전문적 지식과 태도 및 기술이 요구된다는 사실도 강조하였다. 더 나아가 보일(Boyle, 1981)은 프로그램 개발을 잠재적 프로그램의 영향을 받는 사람들의 대표자들이 과제수행을 위해 프로그램 개발가와 함께 참여하는 일련의 계획적인 활동 및 결정으로 규정하였다.

1) 프로그램 개발의 개념

프로그램 개발이란 교육 활동이 전개될 수 있도록 고안하고 실시한 후 평가하는 모든 과정을 포함한다. 즉, 교수-학습 과정을 설계하여 이 과정을 순차적으로 조직하고, 동원 가능한 자원을 확보하여, 교육 환경을 구비하고 학습자의 적극적인 프로그램 참여를 촉진한 후 그 효과를 측정하여 프로그램의 성과를 파악하기까지의 일련의 과정이라 할 수 있다. 따라서 좁게 본다면 프로그램 개발은 단지 교수-학습 활동을 체계적으로 조직화하는 작업의 의미로 이해되기도 한다. 그러나 넓게 본다면 프로그램 개발은 프로그램 기획에서 시작하여 프로그램을 실시한 후 평가하여 프로그램을 수정·보완하게 되는 전 과정을 지칭하는 것이다.

프로그램 개발의 명료한 개념 정립을 위해서는 다음과 같은 사항들에 대한 고려와 실천이 필요하다(Boyle, 1981).

첫째, 변화 또는 개선되어야 할 문제 및 상황을 분석하고, 의사결정을 위한 조직 구조를 개발한다.

둘째, 사람 및 지역사회에 대한 연구와 분석을 위하여 자원을 효율적으로 활용한다.

셋째, 실천 계획을 수립할 때 바람직한 변화가 필요한 영역의 문제와 상황에 대한 분석, 주민과 지역사회가 프로그램을 통해 달성해야 할 바람직한 결과를 제시한다.

다섯째, 수업계획을 설계할 때 학습자가 적절한 학습 경험을 통해 적극적으로 참여할 수 있도록 한다.

여섯째, 효과적인 홍보와 프로그램의 효율적 진행을 위하여 동원 가능한 자원 및 지원체계를 파악한다.

일곱째, 회의·워크숍·상담이나 라디오 및 TV 프로그램을 활용한 학습 기회를 제공하기 위한 실천 계획을 실행한다.

여덟째, 프로그램의 가치에 대한 효과적인 판단을 위해 타당성에 기초한 접근 방법(accountability approach)을 개발한다.

아홉째, 재정적 의사결정자, 관심 있는 사람들 및 관련 단체와 함께 프로그램의 가치에 대한 의견을 교환한다.

2) 프로그램 개발의 기능

프로그램은 기관과 조직 속에서 존재하며 기능하게 된다. 조직이 수행하는 모든 교육 활동은 프로그램으로 실현된다. 프로그램은 프로그램 목표를 토대로 활동 목표와 내용, 운영을 포함하는 많은 요소들로 구성되므로, 효과적으로 기능하기 위한 체제를 갖추는 것이 중요하다.

프로그램의 기능은 여러 차원에서 정의될 수 있으나, 그 기본 기능을 살펴보면 다음의 네 가지로 요약할 수 있다.

첫째, 프로그램은 조직화된 활동으로 문제 해결이나 요구의 충족을 가져올 수 있다.

둘째, 프로그램은 참여자 개인의 성장과 발달을 촉진할 수 있다.

셋째, 프로그램은 조직 또는 기관의 목적 달성을 촉진할 수 있다.

넷째, 프로그램은 바람직한 사회변화를 일으키는 데 기여할 수 있다.

따라서 프로그램의 실시 과정과 그 결과에 대하여는 조직 내·외의 평가와 함께 개인적으로는 물론, 사회적으로도 그 기능과 효과성을 파악하기 위해 노력하게 된다.

〈표 2-2〉에는 카파렐라(Caffarella, 1994)가 제시한 프로그램의 기능과 각 기능별 프로그램의 사례가 제시되어 있다.

〈표 2-2〉 프로그램의 기능과 예

프로그램의 기능	프로그램 사례
개인 성장 및 발전 촉진	• 알기 쉬운 세계사 • 코딩 입문 • 스포츠 댄스
발달 단계 및 삶의 문제 해결	• 한부모 교육 • 퇴직 준비 교육 • 노 · 노 케어 교육
현재 또는 미래의 직업적 발전	• 직무 교육 • 장 · 단기 연수
조직의 목적 달성	• 세계 경제 포럼 • 멘토링과 코칭
사회 문제의 고찰	• 친환경 프로젝트 • 다문화 가정과 함께

출처: Caffarella (1994), p. 2 수정.

3. 평생교육 프로그램 개발의 특성 및 의의

1) 평생교육 프로그램 개발의 특성

평생교육 프로그램은 학습자 개인뿐 아니라 집단과 지역사회를 대상으로 바람직한 변화가 일어나도록 추구하는 것을 목적으로 한다. 현대사회를 사는 개인은 급속히 변하는 사회 환경과 개인의 생애발달 주기의 전환에 따라 요구되는 새로운 역할과 과업을 수행하기 위한 학습요구를 갖게 된다. 평생교육 프로그램은 이러한 개인적 학습 요구를 충족시키는 데 있어서 매우 유용한 기제가 될 수 있다.

평생교육 프로그램은 그 교육 내용이나 형식에 있어서 제도화된 틀에서 벗어나 유연한 것이 특징이다. 즉, 학교교육의 커리큘럼이 제도화된 학습과정을 전달하는 의도적인 것임에 반해 평생교육은 가정과 사회, 학교를 포함한 인간의 삶의 다양한 영역과 시기에서 이루어질 수 있다는 점에서 프로그램의 범위와 주제 및 내용은 상당한 융통성을 갖는다. 따라서 정형화된 학교교육으로는 얻기 어려우며 급속한 사회변화에 부응하는 새로운 학습내용을 익히기에는 평생교육 프로그램이 더 효과적인 것으로 인식된다. 특히 상황과 대상, 목표 및 내용에 따라 적절한 프로그램으로 잠재적 학습자들의 참여를 권장할 수 있으며, 학습자의 규모도 1인에서부터 불특정 다수까지 포함할 수 있다는 점에서 더욱 포용적이다. 평생교육 프로그램이 제공되는 장소와 시간도 교수자와 학습자가 교육 현장에서 대면하여 실시하는 교육에서부터 사이버 공간에서 원하는 시간에 이루어지는 교육 등으로 더욱 자유로운 형식으로 진화하고 있다.

분(Boone, 1985)은 평생교육 프로그램 개발을 학습자 개인이나 학습자 집단 및 체제의 계획적인 행동변화를 모색하는 포괄적이고 기본적인 과정으로 보았다. 즉, 학습자 및 그가 속해 있는 환경의 바람직한 변화를 촉진시키기 위해 평생교육 기관, 변화 매개자(change agent), 프로그램 개발가 및 학습자의 계획적 · 협력적인 노력을 총망라하는 종합적 · 체계적인 과정으로 인식하였다. 또한 프로그램을 계획 · 설계 · 시행 · 평가하는 수단 및 방법까지 포괄하는 역동적이고 순환적인 개념으로 규정하였다. 일반적으로 평생교육 프로그램 개발 과정에는 학습자의 행동 변화를 목적으로 프로그램을 기획 · 설계한 후 학습자를 대상으로 이를 실행하고 평가하는 절차가 포함된다. 더 나아가, 프로그램 개발에는 참여자의 요구는 물론 프로그램 개발을 주도하는 조직의 요구도 반영된다.

2) 평생교육 프로그램 개발의 의의

평생교육 프로그램 개발은 개인과 기관 및 조직과 사회적 차원으로 나누어 그 의의를 찾아볼 수 있다.

우선, 개인적 차원에서 학습자는 삶의 질 향상을 추구하며 프로그램에 참여한다. 스스로 삶에서 직면하는 문제나 어려움을 해결하거나, 성장과 발달에 대한 동기유발이 이루어진 것이다. 프로그램 참여로 인해 습득한 학습 경험이 삶의 만족도를 높여줄 뿐 아니라 여러 가지 문제 해결에도 도움을 얻게 됨을 말한다. 다음으로, 프로그램 개발은 조직의 차원에서 사회 변화에 따라 새롭게 대두되는 조직 발전의 목표를 달성하고, 조직이 당면한 여러 문제를 해결하는 것을 지원한다.

프로그램 개발이 평생교육 기관과 학습자 및 지역사회에 미치는 의의는 매우 크다. 대부분의 학습자는 개인적 목적을 가지고 프로그램에 참여하기도 하지만, 때로는 자신이 속해 있는 기관이나 조직의 일원으로 참여하기도 한다.

분(Boone, 1985)은 프로그램 개발의 의의를 다음과 같이 설명하였다.

첫째, 학습자의 행동 변화를 위해 설계된 교육 프로그램을 실행하는 평생교육자의 노력에 의미를 부여하고 관리하기 위한 합리적인 틀이다.

둘째, 일반 학습자들을 분석하고 교육 대상자와 지도자를 파악한 후 그들의 교육요구를 측정하고 이를 충족하기 위한 프로그램을 설계하고 실행함으로써 평생교육 기관과 일반 대중을 연결시키는 수단이 된다.

셋째, 학습자의 생활 방식에 많은 영향을 미치는 학습 지도자 및 현장에서 실천하는 평생교육자들의 활동 영역이다.

넷째, 평생교육 기관이 교육을 통해 달성할 수 있는 여러 조건들을 형성하기 위한 기회이다.

즉, 평생교육 기관은 교육 프로그램 개발 과정을 통해 대중의 학습 요구를 충족시키는 한편, 기관의 지속적인 발전을 추진하기 위한 체계적인 방법을 모색할 수 있는 것이다.

3) 평생교육 프로그램의 특징

평생교육 기관에서 제공되는 프로그램은 다양한 형태와 내용으로 수행되며, 대개 다음과 같은 특징을 갖는 것으로 인식된다.

첫째, 평생교육 프로그램의 대상에는 개인 학습자뿐 아니라 집단과 지역사회까지 광범위하게 포함된다.

둘째, 평생교육 프로그램 내용은 학문 중심적인 내용보다는 실생활과 관련되어 있는 경향이 있다. 또한 단순한 지식의 전달에 그치지 않고 문제 해결 능력을 향상시키는 교육 활동을 추구한다.

셋째, 평생교육 프로그램의 수준은 프로그램 목표, 기관의 특성 및 지원 체계 그리고 학습자 집단의 특성, 수준 및 요구에 따라서 다양하게 나타난다.

넷째, 평생교육 프로그램은 대개 장·단기 프로그램으로 나뉘며, 단계적 순서를 따른다.

한편, 평생교육에서 프로그램과 조직의 관계는 매우 밀접하게 연관되어 있다. 슈로더(Schroeder, 1980)나 보일(Boyle, 1981)을 비롯한 많은 학자들은 프로그램과 조직 간의 관계를 중시하였다. 조직이 갖는 여러 가지 목적 중 학습을 지원하기 위한 활동은 프로그램으로 나타나게 된다. 조직은 주로 두 가지 목적을 가지고 프로그램을 실시하게 된다. 하나는 **교육을 실현**하기 위한 것이고, 다른 하나는 **체제 유지**를 위한 것이다.

교육을 목적으로 하는 조직은 주로 외부의 참여자들을 위해 강의나 강연, 워크숍 등의 프로그램을 제공한다. 그러나 대부분의 경우, 교육이 조직의 일차적 목적으로 설정되지는 않으며, 조직의 목적 달성을 위한 수단이 되는 경우가 많다. 즉, 조직의 발전을 위해 자체적으로 교육 프로그램을 실행하며, 이 프로그램을 통해 내부 스태프들의 리더십 등 관리 역량을 향상시키는 것을 지원한다. 따라서 조직의 **최고위층**에 속한 관리자는 조직의 목적과 참여자들의 목적을 충족시킬 수 있는 프로그램을 기획하며 이에 대한 장기적인 정책을 수립한다. **중간 관리층**은 중단기 프로그램 계획의 개발 및 목표의 보완 작업을 수행하며 **감독 관리층**은 구체적 프로그램 계획 및 프로그램의 원활한 실행과 관리를 담당한다. 프로그램을 담당하는 **일선 실무자들**은 학습자에게 직접 프로그램을 전달하는 교·강사 및 행정 업무 지원의 역할을 맡게 된다. 따라서 조직에서 프로그램을 개발할 때는 프로그램의 규모나 차원이 거시적 또는 미시적인지, 또 어느 위계 수준에 속하는지를 먼저 파악한 후 진행할 필요가 있다.

〈표 2-3〉 위계 수준과 프로그램 개발의 역할 수행

위계 수준	프로그램 개발의 역할 수행
최고 관리층	조직 목표에 기초한 프로그램 기획, 장기적 프로그램 계획, 전략적 계획
중간 관리층	중단기 프로그램 계획, 목표의 보완, 운영 계획
감독 관리층	구체적 프로그램 계획, 일정표, 프로그램의 실행 및 관리
일선 실무자	직접 프로그램 전달, 교·강사 및 행정 업무 지원

조직의 위계 수준에 따른 프로그램 개발에서의 역할 수행은 〈표 2-3〉에 제시되어 있다.

4. 평생교육 프로그램의 유형 및 개념

1) 프로그램의 유형

평생교육 프로그램의 유형은 매우 다양하며, 학자에 따라 그 분류방식이나 내용도 각기 다르게 제시되어 왔다. 평생교육 프로그램의 유형은 프로그램의 목적과 특성, 학습자 및 참여자가 추구하는 변화의 영역이나 활동 수준, 시간 등의 준거에 따라 달라진다. 보일(Boyle, 1981)은 평생교육 프로그램의 유형을 대부분의 프로그램이 지향하는 목적에 따라 **개발 프로그램**, **기관 프로그램** 및 **정보 프로그램**의 세 가지로 분류하였다.

각 프로그램의 유형별 특징은 〈표 2-4〉에 제시되어 있다.

(1) 개발 프로그램

개발 프로그램(developmental program)은 고객(client)이나 지역사회(community) 또는 더 광범위한 사회(society)가 가지고 있는 중요한 문제가 무엇인지 파악하고, 사람들이 이러한 문제를 해결하거나 이에 대처하는 데 도움을 주는 교육 프로그램을 개발하는 것을 목적으로 한다. 따라서 **문제 해결 프로그램**으로 불리기도 한다. 근래 급속한 사회변동에 따른 적응기제로서 개발 프로그램의 의의가 강조되고 있다.

개발 프로그램은 다음과 같은 네 가지의 특징을 지닌다.

〈표 2-4〉 프로그램 유형

구분	개발 프로그램	기관 프로그램	정보 프로그램
프로그램 목표	개인 · 집단 · 지역사회 문제의 확인과 해결	개인의 기초 능력과 기술 · 지식의 향상	새롭고 유용한 정보의 교환과 전달
목표 설정의 원천	개인 · 집단 · 지역사회의 요구 및 문제	지식 분야 전문가 및 교수자	새로운 법과 제도, 연구 결과 및 혁신적 정보
유용성	요구 충족 및 문제 해결의 수단	기초 능력 · 지식 · 기술의 획득 및 숙달	즉시 사용 가능한 정보의 전달
학습자 참여	요구 및 문제의 표출로 프로그램의 범위와 성격 규정에 참여	학습 기회를 통한 학습 과정에 참여	정보의 수용자로서 참여
프로그램 개발가의 역할	요구 및 문제의 확인, 프로그램 운영과 촉진 및 프로그램의 합법화 추진	교수-학습 활동을 통한 지식 전수의 역할	정보 요구에 대한 해답 제공
효과성 평가 기준	문제해결의 수준과 정도	학습 내용의 숙달정도	정보 수용자의 숫자와 전달된 정보의 양

출처: Boyle (1981), p. 7.

① 개발 프로그램은 흔히 명확한 목표가 설정되지 않은 상황에서 시작하는 경우가 많다. 문제 및 문제 해결 요구에 대한 막연한 인식에서 출발한다는 비판을 극복하기 위해서도 개발 프로그램의 설계자는 먼저 철저한 상황 분석을 수행한 후 프로그램의 목표를 설정할 필요가 있다.

② 문제 해결을 위한 수단으로 지식이 활용된다.

③ 프로그램 개발가는 문제 파악과 요구 사정을 거쳐 평가에 이르는 전 교육 과정을 통해 촉진자의 역할을 수행한다.

④ 개발된 프로그램에 대한 평가는 고객의 요구 충족이나 문제 해결과 관련된 목표 달성 여부에 의해 이루어진다.

(2) 기관 프로그램

기관 프로그램(institutional program)은 평생교육 기관이 주체가 되어 개발하는 프로그램으로 개인의 기초능력을 제고하는 역할을 강조한다. 프로그램의 목표가 고객의 요구와 관련되어 설정되는 개발 프로그램과는 달리, 기관 프로그램의 목표는 어떤 특정 분야의 전문가나 지식 영역으로부터 도출된다. 학습자들은 프로그램 개발 과정에 직접적으로 참여하기보다는 수업 상황에 참여함으로써 교수자가 제시하는 내용을 습득하게 되며, 프로그램 개발가 또는 교수자는 수업과정을 통하여 학습자들에게 지식을 전달한다. 따라서 프로그램의 평가는 프로그램을 통해 교수자가 제시한 내용에 대해 학습자가 얼마나 충분히 숙달했는지를 파악하는 것이다.

(3) 정보 프로그램

정보 프로그램(informational program)은 새로운 지식이나 법과 제도의 변화 또는 새로운 연구 결과에 대하여 알고 싶어 하는 정보 추구자와 정보 소유자 간의 정보 교환을 목표로 한다. 이러한 의미에서 정보 프로그램을 정보교환 프로그램(informational exchange program)이라고도 한다. 따라서 필요한 정보를 얻기를 원하는 사람에게 그 정보를 제공하는 것이 이 프로그램의 주된 목표이다. 그러나 앞의 두 가지 프로그램과 달리 정보 프로그램은 피드백 메커니즘(feedback mechanism)을 갖추고 있지 않아서 목표 달성 여부를 평가하기가 매우 어렵다. 고객은 정보를 요구하고, 정보 소유자는 고객에게 정보를 제공하는 것에만 집중하므로 고객이 그 정보를 얼마나 잘 습득하고 유용하게 활용했는지를 파악하기는 쉽지 않다. 따라서 고객과의 접촉 시간이나 접촉한 고객의 숫자 등 주로 양적인 평가에 의해 프로그램의 효과를 판단하게 된다.

2) 프로그램 개발과 관련된 제 개념

프로그램 개발에 있어서 고려해야 할 요소는 매우 많지만 보일(Boyle, 1981)은 프로그램 개발에 반드시 포함되어야 할 열다섯 가지의 주요 개념을 다음과 같이 제시하였다.

(1) 프로그램 개발에 대한 철학적 신념

평생교육 프로그램 개발가의 철학적 신념(philosophical credo)은 프로그램 개발에 있어서 큰 영향을 미치는 요소이다. 자신 및 학습자의 역할, 프로그램의 목표 및 프로그램 개발의 전반적인 과정에 대해 가지고 있는 신념은 그가 개발하는 프로그램의 내용과 방향에 중대한 영향을 미친다.

(2) 상황 분석

상황 분석(situational analysis)은 프로그램의 고객과 지역사회에 대한 정확한 분석과 판단을 강조한다. 프로그램 개발가는 적절한 상황 분석의 방법은 물론 참여자의 범위, 참여자들의 역할과 책임을 규정하고 이들의 구조화 방안을 제시해야 한다. 또한 고객과 지역사회에 대한 꾸준한 연구와 분석이 이루어져야 한다.

(3) 잠재적 학습자의 참여

잠재적 학습자의 참여는 프로그램 개발 과정에 시민이 참여할 수 있음을 의미한다. 즉, 다양한 수준의 사람들을 잠재적 참여자로 보고 여러 가지 방법을 통해 이들이 프로그램 개발에 참여하도록 격려하는 과정이다.

(4) 잠재적 학습 참여자의 지적 수준 및 배경의 이해

학습과정이 진정으로 활기차고 능동적인 과정이 되도록 하기 위해서는 프로그램 개발가가 학습자 또는 잠재적 참여자들 간에는 많은 개인차가 존재하며 또 성인학습자는 아동학습자와는 다르다는 사실을 인식해야 한다. 잠재적 학습 참여자들이 가진 다양한 경험과 배경을 이해하는 것은 프로그램 개발 과정에 긍정적 영향을 미친다.

(5) 프로그램 목표 결정을 위한 자료 분석

프로그램의 목표를 설정하기 위하여 프로그램 개발가는 광범위한 자료를 수집하고 분석해야 한다. 타일러(Tyler, 1949)는 프로그램 목표를 결정하기 위하여 학습자 자신, 시대적 상황, 학습자의 사회경제적 배경이나 교과영역과 관련된 정보를 분석할 필요가 있다고 하였다.

(6) 프로그램의 장해 요인에 대한 인식

프로그램을 개발하는 과정에서 예기치 않았던 상황이나 변수들이 나타나서 프로그램 개발가가 어려움에 처할 수 있다. 이러한 장해 요인은 프로그램 목표 달성에 제약을 주기도 하므로 반드시 파악할 필요가 있다.

프로그램 개발 과정에서는 다음과 같은 장해 요인이 발생할 수 있다는 사실을 인지하고 이에 미리 대비할 필요가 있다.

① 특정 참여자 집단이나 이슈와 관련된 프로그램 개발 기관의 이념 및 철학
② 프로그램 개발을 위한 자원의 부족함으로 인한 문제

③ 외부의 재정 결정자들의 프로그램 우선순위에 대한 가치 및 신념
④ 조직 내 행정가들의 프로그램 우선순위에 대한 가치 및 신념
⑤ 프로그램 개발가의 프로그램 우선순위에 대한 가치 및 신념
⑥ 특정 프로그램에 대한 고객 및 지역사회의 가치 및 전제
⑦ 기관과 개발팀 간의 갈등

(7) 프로그램의 우선순위 설정

프로그램 개발을 할 때 무엇이 더 중요한지의 순위를 정하는 우선순위(priority)의 설정은 각 단계마다 의사결정을 통해 이루어진다. 우선순위를 설정할 때 가장 중요한 과제는 의사결정의 기준을 채택하는 것이다. 명확한 기준의 설정은 합리적인 의사결정에 도움을 주며, 이때 잠재적인 참여자들을 참여시킴으로써 더 큰 효과를 얻을 수 있다.

(8) 프로그램의 경직성 및 융통성

프로그램 개발과 관련된 모든 절차를 일률적으로 통제하기는 쉽지 않다. 따라서 측정된 요구의 충족을 위해 가용한 자원을 효과적으로 활용하여 적절한 교육 경험을 제공할 수 있도록 개발되어야 한다. 또한 프로그램 목표를 설정하거나 실행 방법을 결정할 때, 또는 대안적 수단을 모색할 때는 더 많은 융통성을 발휘할 것이 요구된다.

(9) 공식적 · 비공식적 권력을 통한 정당성 및 지지의 확보

정당성(legitimation)의 개념은 프로그램 개발 과정에서 알맞은 시기에 다양한 수준을 고려하여 적용되어야 한다. 프로그램 개발가는 고객 집단의 특성과 요구를 파악하고 이에 적절하도록 스스로를 적응시켜야 한다. 또한 프로그램 개발 기관은 지역사회에 뿌리를 내리고 지역사회의 지지를 얻음으로

써 프로그램 개발의 정당성을 확보하고 프로그램의 성공에 대한 지원을 얻을 수 있다.

(10) 학습 경험의 선정과 조직

학습 경험을 통해 새로운 변화를 얻기를 기대하는 학습자는 더욱 능동적으로 학습 과정에 참여하도록 해야 한다. 프로그램 개발가는 학습자의 학습이 효과적으로 일어나도록 촉진하기 위해 적절한 학습 경험을 선정하고 조직할 책임이 있다. 특히 평생교육에서는 **학습 효과**에 관한 다음의 **전제**들에 기초하여 학습자의 적극적 참여를 격려한다.

① 학습자가 학습에 대한 강한 **열망**을 가지고 있을 때 학습 효과가 가장 높다.
② 학습자가 명확한 학습 **목표**를 가지고 학습에 임할 때 학습 효과가 가장 높다.
③ 학습자가 학습 내용을 **실천**할 때 학습 효과가 가장 높다.
④ 학습자가 자신의 학습에 대하여 **만족**할 때 학습 효과가 가장 높다.

(11) 수업설계

바람직한 수업을 설계하기 위해서는 가장 효과적인 교육방법 및 기법, 그리고 교수매체를 검토하여 프로그램 개발에 반영하는 것이 중요하다. 각각에 대한 설명은 다음과 같다(신용주, 2012).

① 교수방법: 프로그램에서 학습자를 조직하여 교육내용을 전달하는 데 활용되는 방법으로 보통 학습자 중심 방법, 교수자 중심 방법, 개인 중심 방법, 집단 중심 방법, 체험 중심 방법, 그리고 이러닝 및 모바일 테크놀로

지를 사용한 방법 등으로 분류된다.

② 기법: 프로그램을 실시할 때 포함되는 학습 활동을 이끌어 가는 데 활용되는 다양한 기법들로 강의법, 토의법, 브레인스토밍, 감수성 훈련 집단 등이 대표적이다.

③ 교수매체: 학습 내용을 전달하여 학습을 촉진하도록 돕는 모든 설비나 기계, 자료 및 시청각 기자재를 의미한다. 여기에는 TV나 VTR, 모바일 기기, 컴퓨터 및 컴퓨터의 소프트웨어 등도 모두 포함된다.

프로그램 개발가는 학습 경험을 설계할 때 학습자의 참여를 촉진하면서 학습자의 요구를 충족시키고 목표를 달성할 수 있도록 지원하는 데 최선을 다해야 한다. 따라서 다양한 교수방법과 기법 및 교수 매체들의 활용방안을 프로그램 설계에 효과적으로 포함하여 프로그램을 개발할 수 있는 능력을 갖추어야 할 것이다.

(12) 효과적인 홍보 매체의 활용

홍보란 뉴스나 광고, 마케팅 등 다양한 커뮤니케이션 채널과 기법들을 활용하여 가능한 한 많은 잠재적 학습자들이 프로그램에 참여하도록 촉진하는 것이다. 프로그램을 성공으로 이끌기 위하여 프로그램을 널리 알릴 수 있는 효과적인 홍보가 필요하다. 그러기 위해서는 우선 홍보의 목표와 대상을 파악하고 각 매체의 특성과 조건, 비용 등을 비교 · 분석하여 홍보를 진행하는 체계적인 계획이 필요하다.

(13) 프로그램 운영을 위한 자원의 획득

사람들이 평생교육기관을 찾는 이유는 자신들이 가지고 있는 문제를 해결하거나 요구를 충족시키기 위한 것이다. 그러나 대부분의 평생교육 기관에서 자체적으로 교육 프로그램을 개발하고 실시하기 위한 재정 자원을 확보하기는 매우 어렵다. 따라서 프로그램 개발가는 좋은 프로그램을 개발하기 위해 가장 우선적으로 필요한 자원을 파악하는 것이 중요하다. 또한 프로그램 개발에 필요한 재정 자원을 얻기 위하여 정당성을 확보하고 적극적 후원 활동이 이루어지도록 해야 한다. 후원 활동의 확대를 위해서는 지역사회의 유력한 인사들에게 프로그램의 취지와 유용성에 대해 알리고 프로그램 개발과 관련된 의사결정 과정에 참여시킴으로써 더욱 많은 이해와 호응을 얻을 수 있다.

(14) 효과성 평가

모든 프로그램은 대부분 종결 시에 전반적인 프로그램의 운영과 목표 달성 결과에 대한 평가를 받게 된다.

평생교육 프로그램 개발가는 다음의 준거에 기초하여 프로그램의 효과성을 체계적으로 평가할 방법을 개발한다.

① **효과성**: 얼마나 충실히 프로그램 목표를 달성했는가?
② **수월성 또는 적합성**: 프로그램 참여자에게 얼마나 훌륭하고 적절한 학습경험이 제공되었는가?
③ **접촉성**: 얼마나 많은 사람들이 프로그램에 참여했는가?
④ **중요성**: 프로그램 개발을 통해 프로그램에 참여한 고객과 지역사회에 얼마나 기여했는가?

(15) 프로그램의 가치에 대한 피드백

대부분의 평생교육 프로그램은 공적인 지원에 의해 유지된다. 따라서 프로그램의 후원자들은 프로그램의 가치와 한계를 분명히 이해할 필요가 있다. 평생교육 프로그램 개발가에게는 적절한 방법을 동원하여 프로그램과 관련된 여러 사람들의 프로그램에 대한 의견을 교환하고 정확한 피드백을 얻는 것이 중요한 과제이다. 그러므로 다양한 형식적, 비형식적 피드백 경로를 통해 의사결정자들과 의견을 나누고 소통하는 노력이 필요하다.

참고문헌

기영화(2001). **평생교육 프로그램 개발**. 서울: 학지사.

김진화(2001). **평생교육 프로그램 개발론**. 서울: 교육과학사.

신용주(2004). **평생교육의 이론과 방법**. 서울: 형설출판사.

신용주(2012). **평생교육 방법론** 서울: 학지사.

신용주, 김혜수(2016). **노인복지론**. 경기: 공동체.

Boone, E. J. (1985). *Developing program in adult education*. Englewood Cliffs. N. J: Prentice-Hall, Inc.

Boone, E. J., Safrit, R. D., & Jones, J. (2002). *Developing programs in adult education: A conceptual programming model* (2nd ed.). Long Grove, IL: Waveland Press, Inc.

Boyle, P. G. (1981). *Planning better programs*. New York: McGraw-Hill.

Caffarella, R. S. (1994). *Planning program for adult learners: A practical guide for adult educators, trainers, and staff developers*. San Francisco, CA: Jossey-Bass.

Knowles, M. S. (1970). *The modern practice of adult education: Andragogy versus pedagogy*. New York: Association Press.

Kowalski, T. J. (1988). The organization and planning of adult education. NY: State University of New York Press.

Rothwell, W. J. & Cookson, P. S. (1997). *Beyond instruction: Comprehensive program planning for business and education*. San Francisco, CA: Jossey-Bass.

Schroeder, W. L. (1980). Typology of adult learning systems. In J. M. Peters & Associates (Eds.). *Building and effective adult education enterprise*. San Francisco, CA: Jossey-Bass.

Tyler, R. W. (1949). The use of tests in measuring the effectiveness of educational programs, methods, and instructional materials. In R. W. Tyler & R. M. Wolf (Eds.), *Crucial issues in testing* (pp. 143-156). Berkeley, CA: McCutchen.

Verner, C. (1964). Definition of terms. In G. Jensen, A. A. Liveright, & W. C. Hallenbeck (Eds.), *Adult education: Outlines of an emerging field of university study*. Washington, D. C.: Adult Education Association of the U. S. A.

York, R. O. (1983). *Human service planning: Concepts, tools and methods*. Chapel Hill, NC: University of North Carolina Press.

제 3 장

프로그램 개발 이론

평생교육자는 현장에서 프로그램 개발을 주도하게 된다. 교육 현장에서 교육 프로그램을 통해서 학습자들과 만나고 그들이 의미 있는 학습 경험을 얻을 수 있도록 이끌어 가는 역할을 수행하기 때문이다. 평생교육자가 교육 현장에서 학습자들에게 효과적으로 교육을 실천하는 전문가가 되기 위해서는 프로그램 개발에 대한 이론적 기초와 실무의 노하우를 익힐 필요가 있다.

특히 프로그램 개발 담당자에게는 빠르게 변화하는 교육 현장의 상황 변화 추세를 파악하고 학습자의 요구를 충족시킬 수 있도록 전문적 지식과 기술을 익혀 프로그램 개발에 반영하는 노력이 요구된다. 프로그램 개발에 대한 다양한 이론과 정보 및 실무와 관련된 역량을 갖추는 것은 숙달된 전문가로서의 자질을 함양하기 위한 우선적 과제라 할 수 있다. 특히 그동안 많은 학자들에 의해 제시되어 온 이론적 틀에 대한 이해는 프로그램 개발가로서 자신감을 가지고 학습자들에게 성공적인 프로그램의 실행에 대한 믿음과 확신을 줄 수 있다.

이 장에서는 프로그램 개발의 기초가 되는 주요 이론 중 **전통적 이론**, **상호작용 이론**, **체제 이론**, **정치적 이론** 등 네 가지 이론을 중심으로 알아보기로 한다.

1. 전통적 이론

전통적 이론(classical theory)은 프로그램 개발의 여러 이론 중에서 가장 일찍 소개된 이론이다. 전통적 이론에서는 프로그램 개발을 기술적 과정으로 보고, 교육의 효과를 높이기 위하여 프로그램 개발의 절차와 이에 대한 기술적 지식을 제시하는 것을 중시한다. 전통적 이론은 프로그램 개발이 이루어지면서 거치게 되는 일련의 순차적 과정에 대한 지식을 제공하는 것을 목표로 한다. 따라서 프로그램 개발의 절차와 관련된 지식을 제공하는 것에 그 초점을 둔다.

1) 타일러의 모형

타일러

프로그램 개발 이론 중 가장 일찍부터 알려지기 시작한 것이 전통적 이론이며 이 중 대표적인 학자는 타일러(Tyler, 1949)로, 고전적 이론은 대부분 그가 제시한 모형을 기초로 삼고 있다. 타일러의 모형은 성인학습자를 위한 프로그램 개발 모형 중에서 가장 처음 만들어진 것이며, 또 가장 오리지널한 것으로 인식된다. 타일러의 모형은 교육목표의 설정이나 학습경험의 조직, 학습 과정 및 결과의 평가로 이어지는 큰 틀을 따르는 것이 특징이다. 타일러 이후의 학자들, 특히 전통적 프로그램 개발 모형들에서는 대부분 타일러 모형의 기본적 구조를 따르고 있는 것으로 보아 타일러가 큰 영향을 미쳤음을 알 수 있다.

[그림 3-1]에는 타일러의 교육과정 개발 모형이 제시되어 있다. [그림 3-1]의 과정을 간략히 요약하면 타일러가 제시한 모형의 절차는 다음과 같은 일련의 과정을 거치는 것이라 할 수 있다.

① 적절한 학습 목표의 설정

② 학습 경험의 선정

③ 학습 경험의 조직

④ 학습 경험의 평가

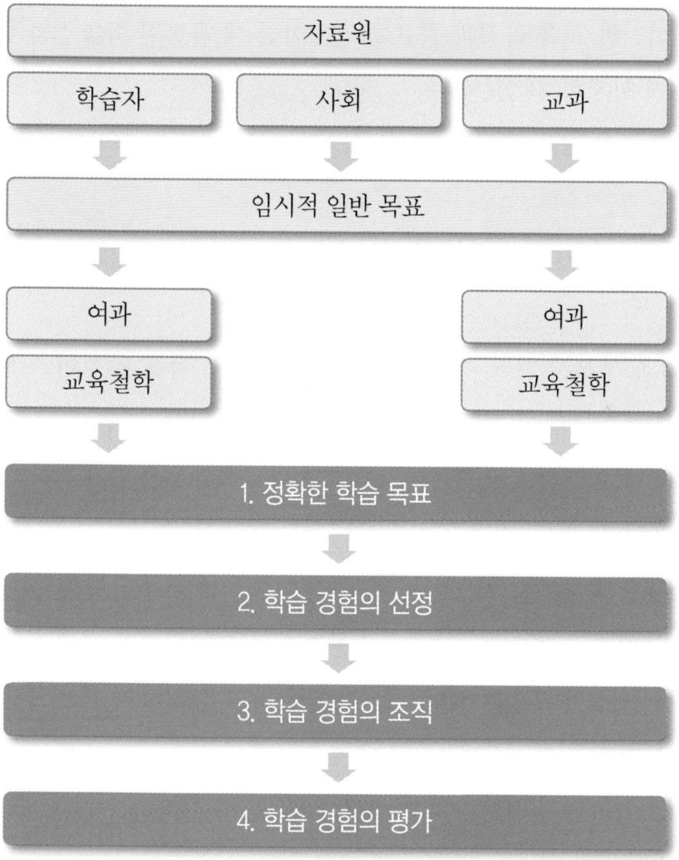

[그림 3-1] 타일러의 프로그램 개발 모형

출처: Tyler (1949): 김진화(2001), p. 136 재인용.

타일러(Tyler, 1949)의 프로그램 개발 모형은 그의 저서 『Basic Principles of Curriculum and Instruction』에서 제시한 네 가지 질문을 중심으로 구축되었다.

타일러가 제시한 네 가지 주요 질문은 다음과 같다.

첫째, 교육 기관이 달성하고자 추구해야 할 **교육 목적과 목표**는 무엇인가?

둘째, 이러한 교육 목적과 목표를 달성하는 데 유용한 **학습 경험들**을 어떻게 선정할 수 있는가?

셋째, 효과적 교수 활동을 위해 선정된 **교육 경험들이 어떻게 조직**될 수 있는가?

넷째, 이러한 **학습 경험들의 효과성**은 어떻게 평가될 수 있는가?

타일러 모형에서 가장 흥미로운 점은 프로그램 목표 달성이 이루어지지 않는다면 프로그램이 성공할 수 없다는 것이다. 타일러는 프로그램 개발에서 가장 중요한 부분은 분명한 **프로그램의 목적과 목표**를 설정하는 것이라고 주장하였다. 만약 개발자가 목적이 무엇인지를 결정할 수 없다면 더 이상 이 모형을 따르기는 어렵다는 것이다. 타일러는 프로그램의 목적과 목표가 복잡할 필요는 없으며 한두 개의 문장으로 요약되어야 한다고 설명하였다. 따라서 **목적과 목표의 진술은 짧지만 명료**하고 강력하여 프로그램에 참여한 모든 사람들로 하여금 왜 그들이 프로그램에 참여했으며 또 프로그램에서 무엇을 얻기를 기대하는지를 깨닫게 해 줄 수 있어야 한다고 하였다. 프로그램의 마지막 단계는 프로그램 목표가 명확히 성취되었는지에 대한 효과성을 측정하는 평가 작업을 수행하는 것이다.

타일러 모형은 교육 및 평생교육 분야에 적용할 수 있는 가장 기본적인 틀을 제시했다는 점에서 프로그램 개발 분야에서 중요한 학문적 의의를 갖는다. 타일러는 학습 경험(learning experiences)을 학습자의 행동과 학습 환경 간의 상호작용으로 정의하였으며, 학습 경험을 선정하기 위해 고려해야 할 다섯 가지 원칙을 제시하였다.

타일러가 제시한 학습 경험을 선정하기 위한 다섯 가지 원칙은 다음과 같다(Boone, Safrit, & Jones, 2002).

① 원하는 행동을 실습해 보는 기회가 제공될 것
② 생성된 행동에 대해 만족을 얻을 수 있을 것
③ 기대하는 반응이 실현될 것
④ 많은 경험들로 교육 목표를 충족시킬 것
⑤ 하나의 경험이 다양한 결과로 이끌 것

이와 같은 학습 경험과 관련해서 타일러는 앞서 설명한 그의 모형의 기초를 형성하는 네 가지 기본 질문 중 두 번째 질문인 교육 목적과 목표를 달성하는 데 유용한 학습 경험들을 어떻게 조직하는지를 파악하기 위한 세 가지 준거를 제시하였다.

그 세 가지 준거는 다음과 같다.

① 지속성(continuity)
② 계열성 (sequence)
③ 통합성(integration)

타일러는 이러한 준거들에는 가치관, 기술, 그리고 개념과 같은 학습 요소들이 내포되어 있다고 설명하였다. 더 나아가 타일러는 이미 구축해 놓은 틀 안에서 학습 경험의 조직을 위한 원칙으로 연대기(chronology)적 방법론의 응용 및 활동 범주와 내용의 분석 등을 제시하였다. 타일러는 또한 평가는 원하는 결과를 얻었는가 하는 것이며, 다음으로는 교과과정의 장점과 단점을 파악하는 것이라고 보았다.

지금까지 타일러의 프로그램 개발 모형에 대해 살펴보았다. 타일러의 모형은 그 개념과 내용이 매우 합리적으로 제시되어 있어 대부분의 학교 및 교육기관은 물론 다양한 맥락의 프로그램 개발에서 가장 대표적인 모형으로 지금까지 활용되고 있다. 타일러 모형의 합리성은 명료한 학습 목표 설정의 중요성을 부각시키고 이에 따른 학습 내용과 학습 활동을 일관성과 계열성을 갖추어 바람직한 학습 경험을 구성하도록 하는 데서 찾을 수 있다. 또한 학습 결과는 학습 목표를 토대로 하여 평가되어야 한다는 기본적인 과정과 절차를 제시하였다는 점에서 학문적으로 큰 의의를 가지며, 프로그램 개발의 가장 전형적 모형이라 할 수 있다.

타일러 모형은 대부분의 교육 현장에서 프로그램 개발에 보편적으로 적용될 수 있으며, 특히 워크숍이나 심포지엄과 같은 소규모의 프로그램 개발에 유용한 것으로 인식된다. 모형의 분명하고 직접적인 특성으로 인해 신참 개발자들이 활용하기에 비교적 용이한 것으로 알려져 있다. 다만 교육 프로그램이 수행되는 환경 맥락에 대한 고려가 부족한 점, 그리고 프로그램 개발 담당자의 경험이나 가치관, 윤리와 관련된 요인들이 고려되지 않았다는 점에서 비판도 존재한다(Brookfield, 1986; Sork & Caffarella, 1989).

2) 분의 모형

분(Boone, 1985)은 그의 **개념적 프로그램 개발 모형**(conceptual programming model)을 통해 프로그램 개발의 통합적 모형을 제시함으로써 프로그램 개발의 일반화에 공헌하였다. 특히 대학 확장교육 분야의 프로그램 개발에

분

힘썼으며 교육 요구 사정 및 관련자들과의 상호작용을 중시하였다. 분은 특히 여러 단계의 하위체제의 상호작용과 피드백을 통해 조직의 재생을 추구하는 프로그램 개발 과정을 중시하였다. [그림 3-2]에는 그 과정에서 발생하는 거시적, 미시적 피드백의 관계도식이 제시되어 있다.

분은 프로그램 개발 과정을 크게 **기획**, **실행**, **평가**의 3단계로 분류하고 각 단계는 모두 타당화, 모니터링 및 검토의 과정을 거친다고 설명하였다. 각 단계의 특성을 살펴보면 다음과 같다.

첫째, **프로그램 기획**(program planning) 단계이다. 이 단계는 행동변화를 목표로 거시적 요구 및 미시적 목표를 진술하는 과정을 거친다. 그다음으로는 목표 달성을 위한 일반적 교육 전략의 구체화, 그리고 프로그램 기획의 거시적 결과의 구체화로 이어진다.

둘째, **프로그램 실행**(program implementation) 단계이다. 이 단계는 프로그램 참여자의 요구 충족을 위한 액션 플랜 및 활동 전략으로 나뉜다. 액션 플랜은 목표 달성을 위한 구체적인 교수 계획이며, 활동 전략은 시장 조사, 자원 조달, 피드백 등을 말한다.

셋째, **프로그램 평가와 책무성**(evaluation and accountability)의 확보이다. 프로그램 평가는 학습자가 프로그램 참여의 결과로 획득한 지식, 기술, 태도를 토대로 목표 달성 정도를 측정한다. 이처럼 프로그램 실행의 결과를 파악하여 프로그램 투입과 산출에 대한 결론을 도출할 수 있다. 또한 프로그램 결과를 판단함으로써 프로그램 투입 요소에 변화를 가져오기도 한다.

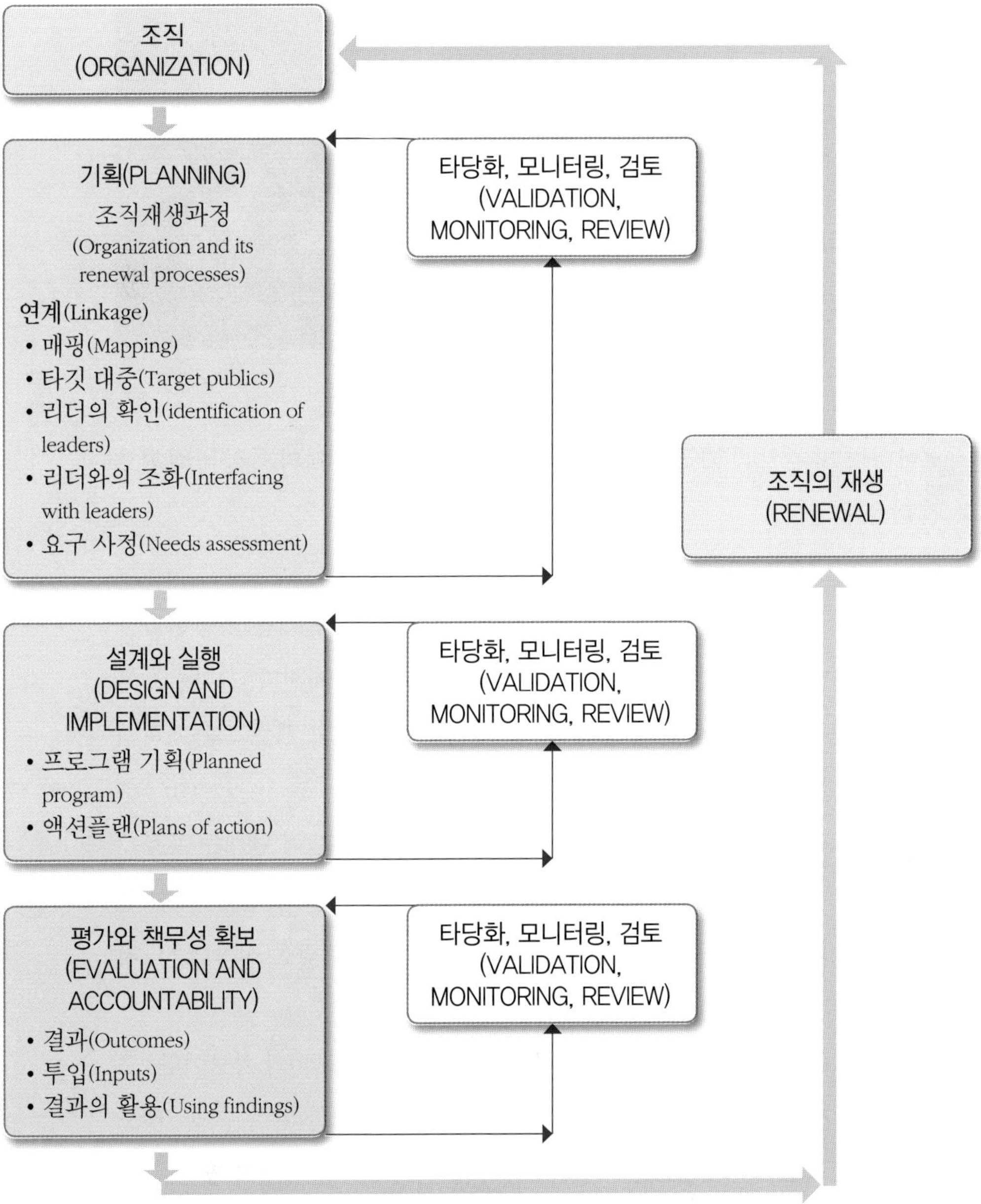

[그림 3-2] 분의 프로그램 개발 과정에서 거시적 · 미시적 피드백의 관계도식

출처 : Boone, Safrit, & Jones (2002), p. 205.

2. 상호작용 이론

상호작용 이론(interaction theory)은 프로그램 개발이 이루어지는 과정에서 일어나는 **역동적인 상호작용**에 **초점**을 맞추는 것이 특징이다. 프로그램이 개발되는 실천적 맥락과 무관하게 프로그램의 원리를 강조하던 것에서 벗어나 자연스럽게 프로그램 개발가의 영향을 받으면서 이른바 과정에 초점을 두는 이론이다. 따라서 프로그램 개발에 개입되는 다양한 요소들의 유동적 상호작용을 중시한다. 또한 프로그램 개발을 선형적으로 진행되는 과정이 아니라 다양한 요인들 간에 일어나는 상호작용의 결과물로 인식한다는 점이 특징이다. 프로그램 개발과정에서 발생하는 상호작용을 중시한다는 점에서 프로그램 개발의 절차나 순차적 과정을 중시하는 전통적 이론과는 차별화된다.

전통적 이론에서는 프로그램 개발을 일련의 단계적이며 직선적인 과정으로 파악하지만, 상호작용 이론에서는 실제로 많은 교육 현장에서 교육 프로그램의 성공적 실행에 큰 영향력을 미치는 것은 상황이라고 인식하고 상황을 중시한다. 그렇게 때문에 상호작용 이론을 **상황 이론**으로 지칭하기도 한다(Cervero & Wilson, 1994). 따라서 대부분의 상황에서 일반적으로 적용 가능한 프로그램 개발의 절차보다는 특정한 상황에서 어떤 결정이 이루어지는가에 대해 관심을 가지고 분석한다. 특히 프로그램 개발가의 역할과 관련된 다양한 요인들을 검토하며, 그가 자신의 경험과 가치관 등을 토대로 내리는 결정과 판단을 중시한다.

상호작용 모형에서는 프로그램 개발이 표준화된 순서에 따라 수행되는 것은 아니라고 보며, 프로그램 개발에 개입되는 다양한 요인들을 고려할 것을 강조한다. 또한 학습자의 요구에 관심을 갖는 것과 함께 프로그램 개발가, 학습자 및 기관 간의 조화로운 협력을 중시한다. 특히 상황에 따라 프로그램 개발가가 나타내는 역량과 판단 능력을 강조한다. 교육기관이나 조직에서 프로그램 개발을 시도할 때 영향을 미치는 다양한 사람들, 그리고 조직의 입장 및 이해관계 속에서 조화를 이끌어 내는 것이 상호작용 이론의 핵심이라 할 수 있다.

상호작용 모형을 제시한 대표적 학자로는 훌(Houle, 1972)과 카파렐라(Caffarella, 1994)가 있다. 이들의 모형들을 각각 살펴보기로 한다.

1) 훌의 모형

훌

훌(Houle, 1972)은 그의 저서 『The Design of Education』에서 상황 맥락에 알맞게 설계된 교육 프로그램을 기획할 것을 강조하였다. 그는 성인학습자를 위한 교육 프로그램을 계획할 때는 인간의 경험을 고려한 다양한 요소들이 상호작용하므로 이러한 측면이 포함되어야 한다고 주장하였다. 그는 교육은 실천적이고 협동적으로 이루어지며, 학습은 특수한 상황에서 발생한다고 믿었다. 훌은 자신의 프로그램 개발의 개념을 다음과 같은 일곱 가지 가정에 근거하여 제시하였다.

첫째, 학습은 구체적 상황에서 발생하며, 그 상황으로부터 영향을 받는다.
둘째, 교육 활동의 계획이나 분석은 인간의 경험과 지속적 변화에 기초해 이루어져야 한다.
셋째, 교육은 실천적 학문이다.

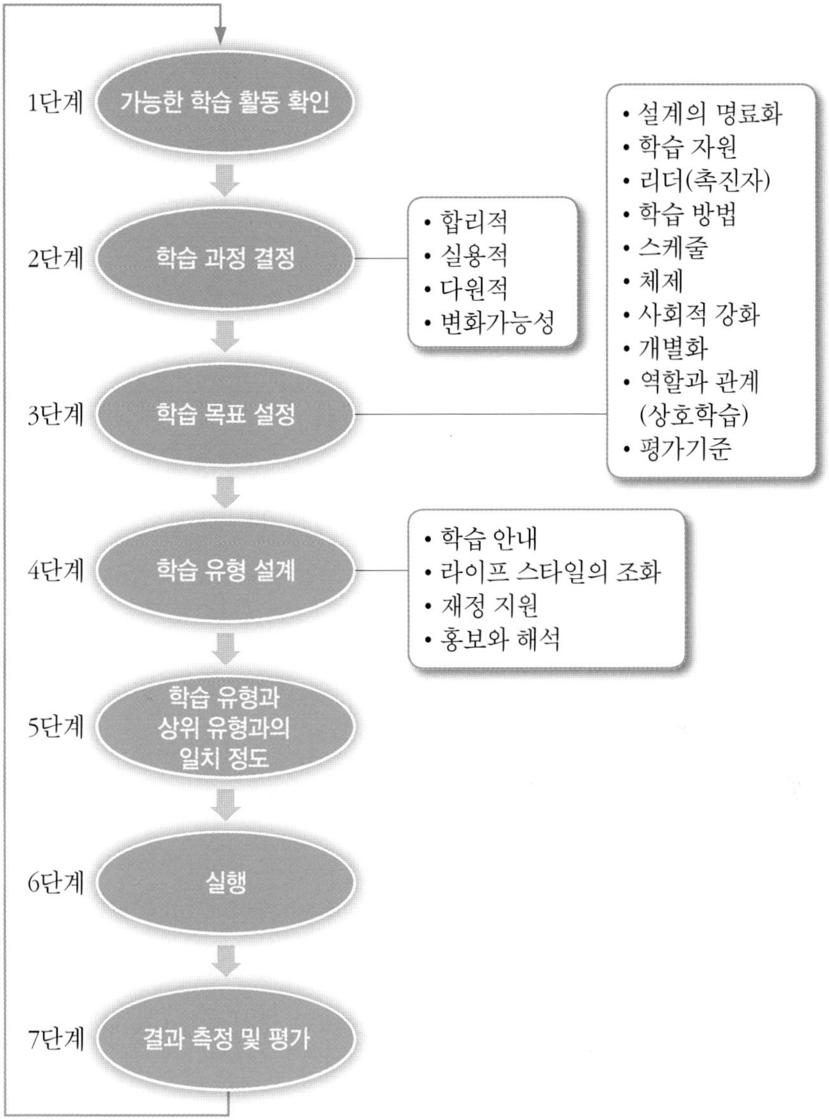

[그림 3-3] 훌의 프로그램 개발 과정

출처 : Houle (1972), p. 47.

넷째, 교육은 협동적인 것이다.

다섯째, 교육 활동의 계획이나 분석에는 복잡한 현실의 관념화 기간이 필요하다.

여섯째, 교육 활동의 계획이나 분석은 교육자, 학습자, 분석가 및 이들의 협력으로 수행된다.

일곱째, 교육 설계는 관련 요소들 간의 상호작용으로 가장 잘 이해된다.

[그림 3-3]에는 7단계에 걸친 홀의 프로그램 개발 과정이 제시되어 있다. 훌의 모형은 학습자의 라이프 스타일과 삶의 경험을 학습 유형의 설계에서 중요한 요소로 포함시켰다. 특히 다섯 번째 단계에서는 더 상위 단계인 학습자 개인의 삶의 범주를 학습 유형과 연계할 필요성을 부각시켰다는 점에서 새로운 시각으로 인식된다.

또한 훌은 평생교육 프로그램 개발에서 개인, 집단, 기관 및 대중을 대상으로 하는 11가지로 분류된 학습 유형을 소개하였다. 훌의 모형에서는 프로그램 기획을 추진하는 평생교육자는 우선 학습 유형을 선정한 다음, 프로그램 설계가 이루어지는 의사결정 과정을 진행할 것을 권장하였다. 그의 학습 유형 분류를 보면, 개인 중심 학습에는 학습자 및 타인에 의한 계획이, 집단 중심 학습에는 집단이나 교사, 자문위원회 등의 공동 계획이 포함된다. 또한 기관 중심 학습에는 기관들의 공동 계획이, 대중 중심 학습에는 개인, 집단 및 기관의 계획이 포함된다. 훌의 프로그램 개발 과정은 프로그램에 참여하는 모든 사람의 관점을 고려하려 했다는 점에서 역동적이라 할 수 있다.

2) 카파렐라의 모형

카파렐라(Caffarella, 1994)는 대부분의 기관에서 실행되는 교육 프로그램

카파렐라

을 개발하고 평가하는 사람들에 대한 사례연구를 중점적으로 수행하였다. 그녀는 자신의 저서『Planning Programs for Adult Learners』에서 상호작용적인 프로그램 개발 모형(interactive program planning model)은 함께 서로 영향을 미치는 다양한 요소들의 복합체로 인식할 수 있다고 주장하였다. 카파렐라는 프로그램의 목적은 기획 과정의 중요한 요소이며, 이 목적은 참여자들이 프로그램을 통해 학습할 것과 학습함으로써 발생할 변화를 반영하도록 진술되어야 한다고 믿었다.

카파렐라 모형의 주요 특징을 알아보면 다음과 같다.

첫째, 실제적인 경험과 적용이 가능하도록 프로그램 개발의 각 단계별로 실행되는 과제들이 구체적으로 제시되어 있다.

둘째, 프로그램 개발의 차원이 광범위하게 대학 확장교육과 기업교육 차원에서 제시되어 있다.

셋째, 평생교육 기관, 평생교육자, 학습자, 후원 집단 등으로 구축된 다원적인 프로그램 개발의 체제를 고려하여 이들 간의 상호작용을 추구하는 역동성을 보인다.

넷째, 프로그램 개발의 기초가 되는 학습자의 요구분석 개념을 프로그램 아이디어 및 프로그램 요구의 개념으로 광범위하게 인식하고 있다.

다섯째, 프로그램 아이디어에 우선순위 개념을 도입하였으며, 실제 프로그램 성패에 중요한 프로그램 마케팅의 개념을 프로그램 개발 모형으로 통합하였다.

또한 카파렐라는 자신의 상호작용 모형이 기초하고 있는 다음의 네 가지 전제에 대하여 설명하였다.

첫째, 프로그램 개발은 첫 단계와 마지막 단계를 정해 놓고 시작하지 않는다. 따라서 순차적으로 진행되는 것은 아니며 상황에 적절하도록 12가지의 활동을 실시하게 된다.

둘째, 상호작용 모형에서는 [그림 3-4]에 제시된 12가지의 활동이 수행될 때 개입되는 가치, 기대, 권력을 고려하지 않을 수 없다. 따라서 이러한 요소들을 효과적으로 조정 · 협상하는 자질이 요구된다.

셋째, 프로그램 개발에는 상황 맥락 및 문화적 가치가 영향을 미치며 이는 프로그램 개발에 대한 타당성의 확보와도 연계된다.

넷째, 프로그램 개발가에게는 특정 프로그램 개발 모형을 고수하기보다 상황을 정확히 파악하고 이에 유연하게 대처하여 상황에 적합한 프로그램을 개발하는 역량이 요구된다.

카파렐라의 프로그램 개발 모형은 다음과 같은 12개의 주요 활동을 거친다(Caffarella, 1994). 그러나 프로그램 개발이 이 순서대로 실시되지는 않으며, 프로그램 개발가가 원하는 단계부터 시작할 수 있다.

① 상황 분석(Discern the context)

② 확고한 지원 체제 구축(Building a solid base of support)

③ 프로그램 아이디어 확인(Identifying program ideas)

④ 프로그램 아이디어의 분류 및 우선순위 설정(Sorting and prioritizing program ideas)

⑤ 프로그램 목표 수립(Developing program objectives)

⑥ 교수 계획 설계(Designing instruction plans)

⑦ 학습 전이 계획 수립(Devising transfer-of-learning plans)
⑧ 평가 계획 수립(Formulating evaluation plans)
⑨ 제언 및 프로그램 결과에 대한 의견 교환(Making recommendations and communicating results)
⑩ 형식, 스케줄, 스태프 욕구 파악(Selecting formats, schedules and staff needs)
⑪ 예산 및 마케팅 계획 수립(Preparing budgets and marketing plans)
⑫ 시설 준비 및 현장 점검(Coordinating facilities and on-site events)

카파렐라가 개발한 프로그램 개발 상호작용 모형의 12가지 구성요소는 [그림 3-4]와 같이 제시될 수 있다.

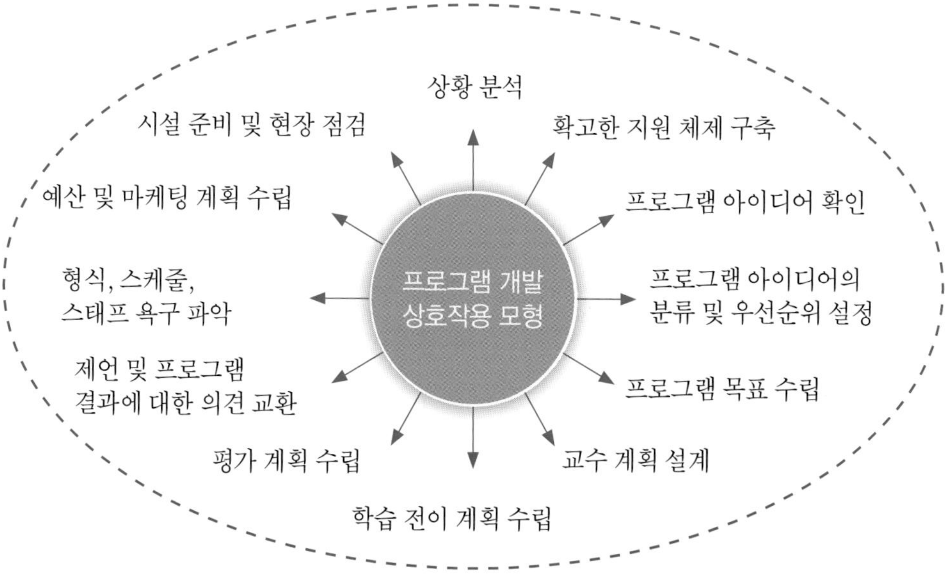

[그림 3-4] 카파렐라의 프로그램 개발 상호작용 모형의 12개 구성 요소

출처: Caffarella (2002), p. 21.

카파렐라의 상호작용 이론은 다양한 요소들을 고려하여 유연하게 이루어지는 프로그램 개발과정을 제시함으로써 실천적 차원에서 유용하다는 긍정적 평가를 받는다. 그러나 매번 상황에 따라 이에 적절한 원리를 찾아 적용해야 한다는 점에서 그 과정이 비논리적이며 명료하지 않다는 비판도 존재한다.

3. 체제 이론

체제란 정보, 에너지, 자원 등을 교환하며 역동적으로 존재하는 실체이며, 또한 여러 부분이 하나로 합쳐져 이루어진 전체이다. 근래 개방 체제와 폐쇄 체제에 대한 논의가 진행되고 있으며, 대부분의 조직은 개방체제로의 변화를 추구하고 있다. 프로그램 개발에 있어서도 환경과 조직의 관계 및 평생교육 기관, 학습자, 환경과의 상호작용을 중시하는 체제 이론(system theory)이 제시되어 왔다. 대표적 학자로는 상호작용하는 하위 체제들이 프로그램 개발의 통합을 이루는 것으로 인식한 분(Boone, 1985)과, 도식화된 교육 프로그램 개발의 체제 모형을 소개한 코왈스키(Kowalski, 1988)가 있다.

코왈스키

이 중 분은 평생교육 프로그램 개발에 있어서 기관에 영향을 미치는 사회기능적 맥락(social-functional context)과 사회문화적 맥락(social-cultural context)의 역학관계를 강조하고 전체적 체제(holistic system)의 개념을 제시하였다. 여기서는 코왈스키(Kowalski, 1988)의 모형을 중심으로 살펴보기로 한다.

1) 코왈스키의 모형

코왈스키(Kowalski, 1988)가 그의 저서 『The Organization and Planning of Adult Education』에서 제시한 프로그램 개발의 체제 모형은 **투입-과정-산출**에 이르는 틀을 기본으로 한다. **투입**은 **개인**, **조직**, **환경**의 세 가지 요소로 분류되며, 이것은 다시 이 세 가지 요소들이 갖고 있는 각각의 가치관 및 요구와 연계되어 프로그램 개발에 반영된다.

여기서 프로그램 개발가는 프로그램 개발이 일어나는 맥락을 잘 파악하고 다양한 대안 중 가장 바람직한 대안을 선택해야 한다. 이 모형은 프로그램 개발자가 개발 과정에서 도출되는 수많은 대안 중에서 **가장 효과적인 의사결정**을 내리도록 하는 데 그 핵심이 있다.

[그림 3-5]는 코왈스키가 제시한 체제 모형의 개념도이다. 이 그림은 코

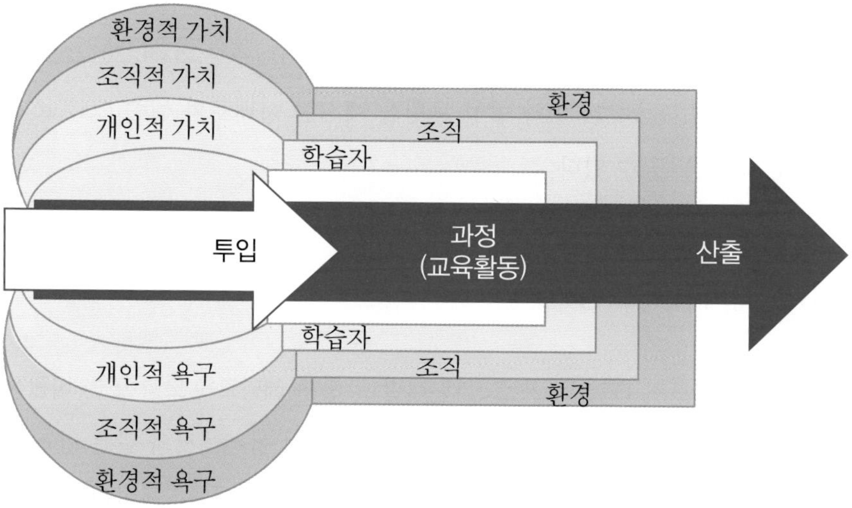

[그림 3-5] 코왈스키의 프로그램 개발 체제 모형

출처: Kowalski (1988), p. 101.

왈스키의 프로그램 개발 체제 모형에서 나타나는 다양한 요소 및 체제들 간의 관계를 잘 보여 주고 있다.

4. 정치적 이론

정치적 이론은 프로그램 개발 과정에 개입되는 인적 요소들 간의 **힘과 협상 과정**에 초점을 두고 있다. 정치적 이론은 **실천 이론**(practical theory)이라고도 불린다. 이 이론은 앞서 제시하였던 전통적 이론이나 상호작용 이론에서는 프로그램 개발 과정이 가치중립적이며, 권력 관계나 정치적 요소들이 고려되지 않았다는 비판에서 비롯되었다. 정치적 이론의 특징은 프로그램 개발에 있어서 작용하는 권력의 역할에 초점을 둔다는 점이다. 이해당사자들이 서로의 이익을 위해 협상을 전개하는 과정이나 대화를 통한 교수자와 학습자의 상호작용을 총체적인 프로그램 개발 과정으로 제시하고 있다. 정치적 이론의 대표적인 학자로는 해방교육 모형(신용주, 2004; 2012)을 주창한 프레이리(Freire, 1970)와 협상 모형을 제시한 서베로와 윌슨(Cervero & Wilson, 1994)을 들 수 있다.

1) 프레이리의 모형

프레이리(Freire, 1970)의 프로그램 개발 모형은 **해방교육 모형** 또는 **비판적 모형**이라 할 수 있다. 그는 프로그램 개발을 전통적 이론에서와 같은 합리적 절차를 중시하는 것이 아닌 총체적 과정으로 인식하였다. 프레이리는 그의 저서 『The Pedagogy of the Oppressed』에서 자신의 **문해 교육**에 대해 설명하였으며, 여기서 그의 비판적 모형의 기초가 제시되었다. 프레이리는 다양한 형태의 비형식적 교육을 실시함으로써 억압받는 자들의 해방과 인간화를 이룰 것을 주창하였다. 브라질의 빈민과 가난한 농부들로 하여금 억압되어 있는 상황에서 벗어나 자유를 얻고 인간화될 것을 추구한 프레이리의 문해교육 경험은 그가 프로그램 개발 과정에 대하여 비판적인 시각을 가지고 정치적으로 접근하는 계기가 되었다고 할 수 있다. 대부분이 변증법적 대화와 토론으로 진행되는 교육 프로그램을 통해 학습자들은 자신의 삶에 큰 영향을 미치는 정치적 권력의 힘과 자신들의 억압되어 있는 상황에 대해 깨닫게 되는 것에 의의가 있다.

프레이리

프레이리는 지식을 학습자에게 인식시키는 은행 저축식(banking) 교육이 아닌 자신의 현실과 세계에 대해 관심을 일깨우는 문제제기식 교육을 실천하였다. 이러한 문제제기식 교육과정의 궁극적 목표는 학습자의 해방과 프락시스(praxis)이며, 이는 학습자가 자신의 세계에 대해 성찰하고 행동함으로서 새로운 이해를 얻게 되는 것을 말한다(신용주, 2012). 이처럼 학습자가 억압에서 벗어나는 과정을 프레이리는 해방교육 모형으로 제시하였다. 이 모형에서 프로그램 개발은 미리 정해진 제3의 프로그램 개발가에 의해 수행되는 학습의 준비활동이 아니라 교육자와 학습자가 함께 참여하는 대화와 토론, 그리고 해방에 이르는 전 과정이 모두 포함되는 것이다.

프레이리의 해방교육 프로그램 개발 모형은 학습자의 인식 전환과 의식화, 자신의 상황에 대한 비판적 사고를 통한 성찰과 함께 행동으로 사회적 변화를 이끄는 혁신적 교육 프로그램 모형이라 할 수 있다. 그러나 변화의 속도가 빠른 급진적인 변화를 추구했다는 점과 사회변화에 대해 지나치게 낙관적 전망만 제시했다는 점에서 비판을 받고 있다. 또한 프로그램 개발의 이유와 명분, 방법 등에 있어서 프로그램 개발가의 이념과 가치관이 크게 작용한다는 지적이 있다.

2) 서베로와 윌슨의 모형

서베로와 윌슨(Cervero & Wilson, 1994)의 **협상 모형**에서는 프로그램 개발을 기관 및 사회적 맥락 속에서 **협동과 타협을 통해 이루어 내는 사회적 활동**으로 보았다. 그들은 프로그램 개발에 내재되어 있는 **정치적 성격**을 강조하였으며 프로그램 개발 과정에서 프로그램 개발가가 보여 주는 정치적 행동과 책임에 초점을 두는 협상 모형을 제시하였다. 서베로와 윌슨은 기존의 프로그램 개발 이론이 제시해 온 것과 같이 프로그램 개발을 기술적 과정으로만 보아서는 안 되며, **권력 및 파워 게임의 결과물**로서 그 특성을 인식하는 것이 중요하다고 하였다.

그들의 저서 『Planning Responsibility for Adult Education』에서 서베로와 윌슨은 프로그램 개발의 영역에 **권력**(power), **이해관계**(interests), **책임성**(responsibility) 및 **협상**(negotiation)의 개념을 가지고 접근하였다. 또한 프로그램 개발은 개인은 물론 조직 및 사회의 입장과 이익을 반영하게 되는 매우 정치적인 과정이라는 점을 강조하였다. 따라서 대부분의 프로그램 개발가는 교육적 요구나 이익을 위해 개인, 조직 및 사회 간의 끊임없는 협상과 타협을 거친 후에 교육 프로그램이라는 결과물을 얻게 된다고 주장하였다. 서베로와 윌슨의 모형에서 프로그램 개발가의 역할, 특히 정치적 협상 능력은 매우 중요하며 프로그램 개발에 관련된 이해 당사자들의 서로 다른 관심사가 민주적 가치에 기초해 공평하게 반영되도록 프로그램 개발을 이끄는 능력이 요구된다.

프로그램 개발가가 복잡한 권력관계 속에서 책임성을 가지고 다양한 이

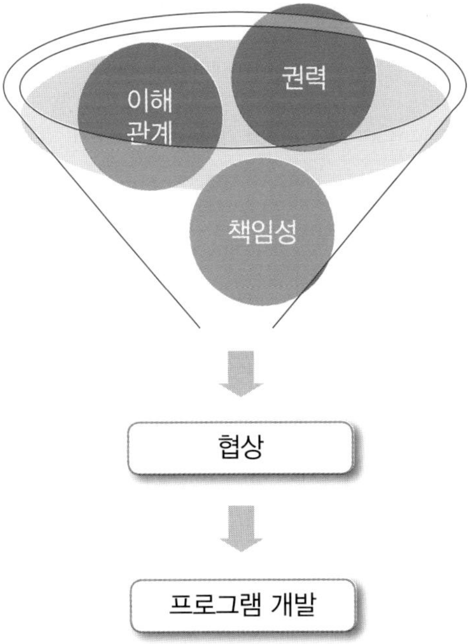

[그림 3-6] 서베로와 윌슨의 프로그램 개발 과정

해관계와 요구를 협상 과정을 통해 조정함으로써 프로그램 개발에 이르는 과정은 [그림 3-6]과 같이 도식화하여 제시할 수 있다.

이처럼 서베로와 윌슨의 협상 모형은 프로그램 개발을 협상, 타협 및 의사결정 과정으로서 인식하도록 하였다. 따라서 협상 모형에서는 프로그램 개발자의 전문적 지식은 물론 권력관계를 파악하고 이에 대응하는 정치적 역량과 협상 능력, 그리고 윤리성과 책임성이 강조된다. 서베로와 윌슨은 또한 프로그램 개발가가 민주주의 이념과 평등 의식, 인간 존중 사상, 공동선과 같은 가치에 대한 명확한 인식을 가질 것을 주장하였다. 이러한 가치가 분명히 정립되지 않았을 경우, 프로그램 개발은 불평등한 사회 체제를 답습하는 활동밖에 되지 못하기 때문이다. 이 모형은 지금까지 주로 단편적이고 기술적인 과정으로만 인식되어 왔던 프로그램 개발이 실상은 복잡한 정치적 파워게임의 결과이며, 프로그램 개발 시에 보여 주는 프로그램 개발가의 능력 및 책임감에 큰 비중을 두고 접근했다는 점에서 의의 있다고 할 수 있다.

참고문헌

기영화(2001). 평생교육 프로그램 개발. 서울: 학지사.

김진화(2001). 평생교육 프로그램 개발론. 서울: 교육과학사.

신용주(2004). 평생교육의 이론과 방법. 서울: 형설출판사.

신용주(2012). 평생교육 방법론. 서울: 학지사.

Boone, E. J. (1985). *Developing program in adult education*. Englewood Cliffs. N.J: Prentice-Hall, Inc.

Boone, E. J., Safrit, R. D., & Jones, J. (2002). *Developing programs in adult education: A conceptual programming model* (2nd ed.). Long Grove, IL: Waveland Press, Inc.

Brookfield, S. (1986). *Understanding and facilitating adult learning*. San Francisco, CA: Jossey-Bass.

Caffarella, R. S. (1994). *Planning program for adult learners: A practical guide for adult educators, trainers, and staff developers*. San Francisco, CA: Jossey-Bass.

Caffarella, R. S. (2002). *Planning programs for adult learners* (2nd ed.). San Francisco, CA: Jossey-Bass.

Cevero, R., & Wilson, A. (1994). *Planning responsibility for adult education*. San Francisco, CA: Jossey-Bass.

Freire, P. (1970). *Pedagogy of the oppressed*. NY: Seabury.

Houle, C. O. (1972). *The design of education*. San Francisco, CA: Jossey-Bass.

Kowalski, T. J. (1988). *The organization and planning for adult education*. NY: State University of New York Press.

Sork, T. J., & Caffarella, R. S. (1989). Planning programs for adults. In S. B. Merriam & P. M. Cunningham (Eds.) *Handbook of adult and continuing education* (pp. 233-245). San Francisco, CA: Jossey-Bass.

Tyler, R. W. (1949). *Basic principles of curriculum and instruction*. Chicago, IL: The University of Chicago Press.

제4장

평생교육 프로그램 개발의 접근 방법

프로그램 개발가는 평생교육의 현장에서 복잡 다양한 요소들을 고려하여 프로그램 개발을 추진해 나가게 된다. 프로그램 개발의 접근 방법은 프로그램을 설계할 때 프로그램 개발가가 거쳐야 할 과정이나 적용 가능한 방법과 전략 등 프로그램 개발을 어떻게 진행해야 할지를 알려주는 지침이다. 그러나 모든 상황에 적용 가능한 하나의 프로그램 개발의 접근 방법은 존재하지 않으며, 프로그램의 성격이나 기관의 특성 또는 상황 맥락에 따라 접근 방법이 달라진다.

평생교육 프로그램 개발의 접근 방법에 대해서는 학자들에 따라 다른 분류가 소개되어 왔으나 가장 널리 알려진 접근 방법으로는 코왈스키(Kowalski, 1988)가 제시한 다음의 다섯 가지 유형의 분류를 들 수 있다. 즉, **선형적** 접근 방법, **비선형적** 접근 방법, **비통합적** 접근 방법, **통합적** 접근 방법 및 **체계 분석적** 접근 방법의 다섯 가지이다. 각 접근 방법에 대해 알아보기로 한다.

1. 선형적 접근 방법

프로그램 개발의 **선형적 접근 방법**(linear approach)은 프로그램 개발을 시도할 때 가장 일반적으로 널리 사용되는 방법이다. 선형적 접근 방법에서는 단계별로 세분화한 **프로그램 개발 과정을 한 단계씩 순차적으로 실천**해 나간다. 프로그램 실행을 목표로 추구하는 방향성을 가지고 각 단계별로 수행할 절차를 계속 실행하게 된다. 프로그램 개발가는 선형 모형에서 제시된 절차를 순서대로 실행함으로써 최종 목표로 하는 프로그램 개발을 완수할 수 있다. 선형적 접근 방법은 프로그램 개발에서 고려해야 할 모든 요소들을 제시한 후 이들을 어떠한 순서로 균형 있고 조화롭게 배치할 것인지를 알려준다. 이 방법은 매 단계별로 실행해야 할 과제들이 분명하고 단순하게 제시되므로 합리적이고 안정적이라는 평가를 받아 왔다.

선형적 접근 방법을 적용한 프로그램 개발 모형은 놀즈(Knowles, 1970)나 보일(Boyle, 1981) 및 코왈스키(Kowalski, 1988) 등의 학자에 의해 체계적으로 제시된 바 있다.

놀즈(Knowles, 1970)나 보일(Boyle, 1981)의 주장에 기초한 프로그램 개발 과정을 단순화하면 [그림 4-1]과 같은 기본적인 모형으로 제시할 수 있다. 이 모형은 가장 보편적으로 활용되는 프로그램 개발의 선형적 모형을 대표한

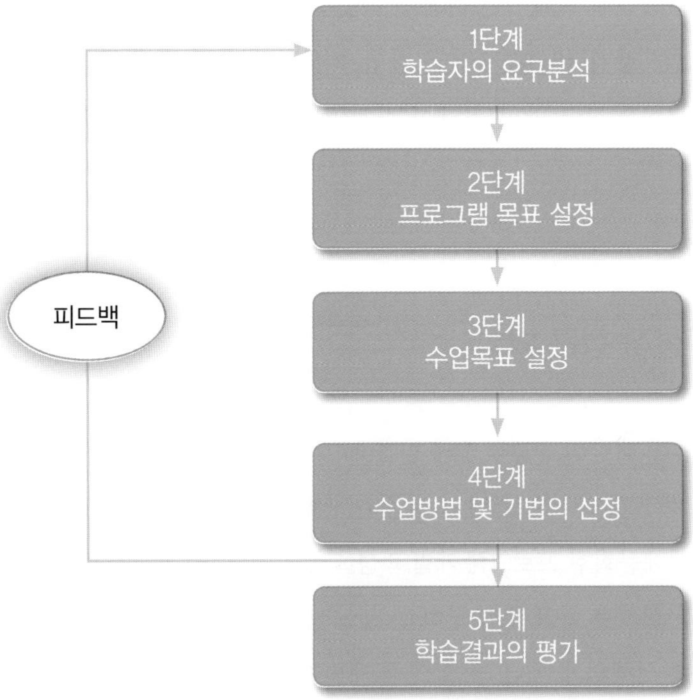

[그림 4-1] 프로그램 개발의 선형적 접근 모형

출처: 신용주(2004), p. 176.

다. 즉, 학습자의 요구 분석을 기초로 프로그램 목표를 설정하고 구체적인 수업 목표 및 수업 방법을 선정하여 실행한 후, 학습 결과를 평가하는 일련의 과정으로 나타낸 것이다.

한편, [그림 4-2]에서 제시된 선형적 접근 모형에서는 제 1단계로 우선 평생교육 기관이나 지역사회 및 프로그램의 잠재적 참여자가 될 수 있는 학습자의 교육 **요구 조사**를 실시한 후, 이 요구 조사 결과의 분석 내용을 토대로 프로그램 목표를 설정하는 기초 작업을 거친다. 그다음으로는 목표로 전환된 교육 요구를 충족시키기 위한 전반적인 교육 과정을 **기획**한다. 목표 달성에 적합한 프로그램의 내용과 교육 방법을 선정하는 등 교수-학습 과정을 구체적으로 실시하기 위한 다양한 요소들을 검토하며, 프로그램 실시에 필수적인 예산과 인력, **자원 및 시설**을 확보한다. 다음 단계는 프로그램을 널리 알리고 잠재적 학습자들의 참여를 권유하기 위해 효과적 **홍보**와 **마케팅**을 위한 전략을 세워 시행한 후 프로그램을 실시하게 되는 것이다. 이러한 일련의

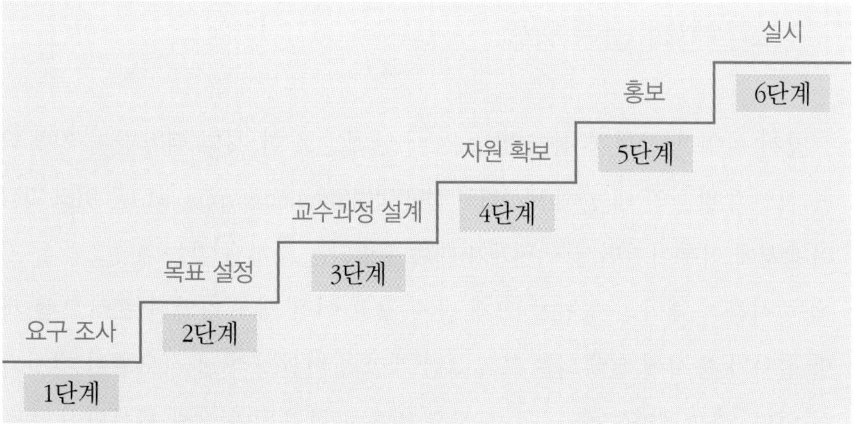

[그림 4-2] 프로그램 개발의 선형적 접근 모형

출처: Kowalski (1988), p. 95.

프로그램 개발 과정을 한 단계가 마무리된 후에 다음 단계로 진행되는 **연속적 과정**으로 이해하는 것이 선형적 개발 모형의 특징이다.

선형적 접근 방법은 프로그램 개발에 대한 순차적 절차를 합리적으로 알기 쉽게 제시함으로써 프로그램 개발의 경험이 적은 교수자들도 비교적 어려움 없이 프로그램 개발을 주도할 수 있다는 점에서 유용한 것으로 인식된다. 또한 각 단계별 과업이 비교적 **단순하며 안정감**이 있다는 장점 때문에 평생교육 현장에서 보편적으로 사용되는 모형이다. 그러나 급격한 사회 변화를 반영하며 혁신을 추구하는 현대사회의 교육 기관 및 조직에서는 선형적 접근의 획일적 방식에 따른 프로그램 개발이 환경 변화에 효과적으로 대응하기에는 미흡할 수 있다는 비판도 존재한다. 그럼에도 불구하고 프로그램 개발에서 고려해야 할 모든 요소들을 제시한 후 이들에 대한 절차를 논리적, 단계적으로 진행하는 선형적 접근 방법은 그 단순 명료한 특성으로 인해 아직도 많은 프로그램 개발자들이 자주 사용하고 있는 것으로 나타난다.

2. 비선형적 접근 방법

앞서 설명한 선형적 접근 방법은 매 단계별로 한 개의 절차만이 진행되는 획일적 방식인 데 반해 **비선형적 접근 방법**(nonlinear approach)은 **여러 과정이 동시**에 이루어지면서 각 단계가 계속 **순환**되는 특징을 갖는다. [그림 4-3]에는 시간적 제약의 영향을 크게 받지 않고 여러 개의 다양한 프로그램 개발 절차가 동시에 진행되는 프로그램 개발의 비선형적 접근 모형이 제시되어 있다. 카파렐라(Caffarella, 1994)를 비롯한 학자들에 의해 제시되어 프로그램 개발의 상호작용 모형으로 불리는 이 접근 방법은 학습자와 교수자 및 조직과 조직 간의 **상호협상**을 거치는 것이 특징이다.

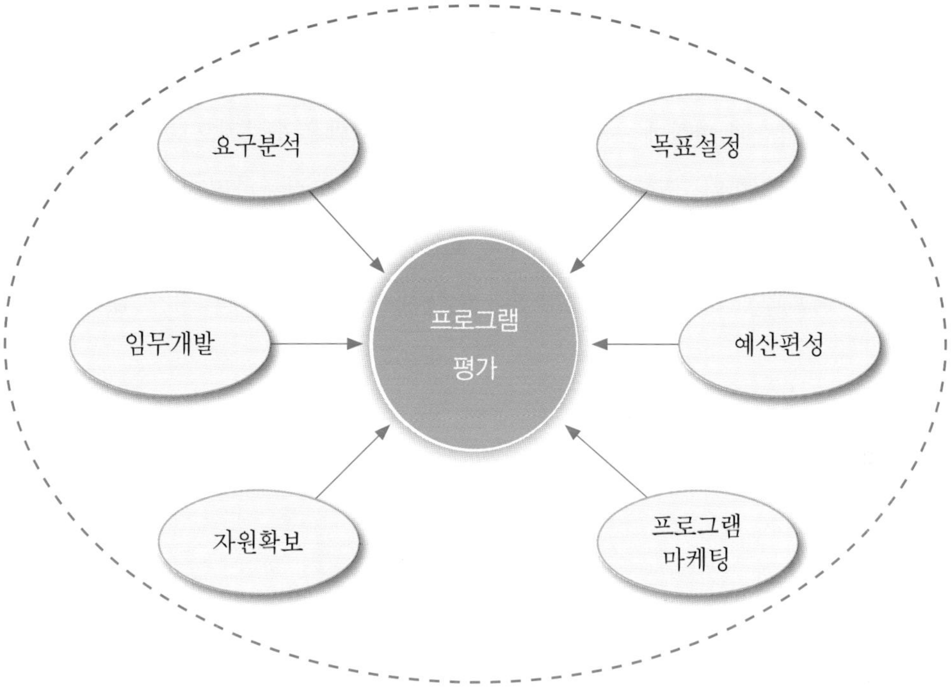

[그림 4-3] 프로그램 개발의 비선형적 접근 모형

출처: 김진화(2001), p. 92.

이 모형에서는 프로그램 개발의 특정 원리로 접근하거나 획일적 절차를 따르는 것이 아니라, 다양한 요소들을 고려하여 상황 및 여건에 따라 단계를 진행하는 것을 중시한다. 따라서 매 단계마다 평가를 계속 되풀이하며 절차를 진행하고, 그때마다 프로그램 개발가의 판단에 따라 특정 단계를 생략하거나 또는 여러 단계를 동시다발적으로 실시할 수도 있다.

[그림 4-3]에서 제시된 프로그램 개발의 비선형적 접근 방식은 사실상 순서에 따라 진행된다기보다는 각 단계별로 개발자의 판단에 따라 모든 요소들이 고려되면서 융통성 있게 진행되는 것이라 할 수 있다.

한편, [그림 4-4]에는 상호작용 모형과 같은 비선형적 프로그램 개발 모형이 기초하고 있는 고유의 가정들이 제시되어 있다. 즉, 학습자에게 일어나는 학습과 변화에 초점을 두며, 프로그램 개발은 순차적으로 진행되지 않음을 확인한다. 또한 상황맥락 및 협상의 중요성을 강조하며, 사전기획 및 최종기획의 요소들을 모두 고려하고 포함한다. 이러한 비선형적 순환 모형에서 프로그램 개발가들은 다양성과 문화적 차이를 검증하고 각자 업무수행 방

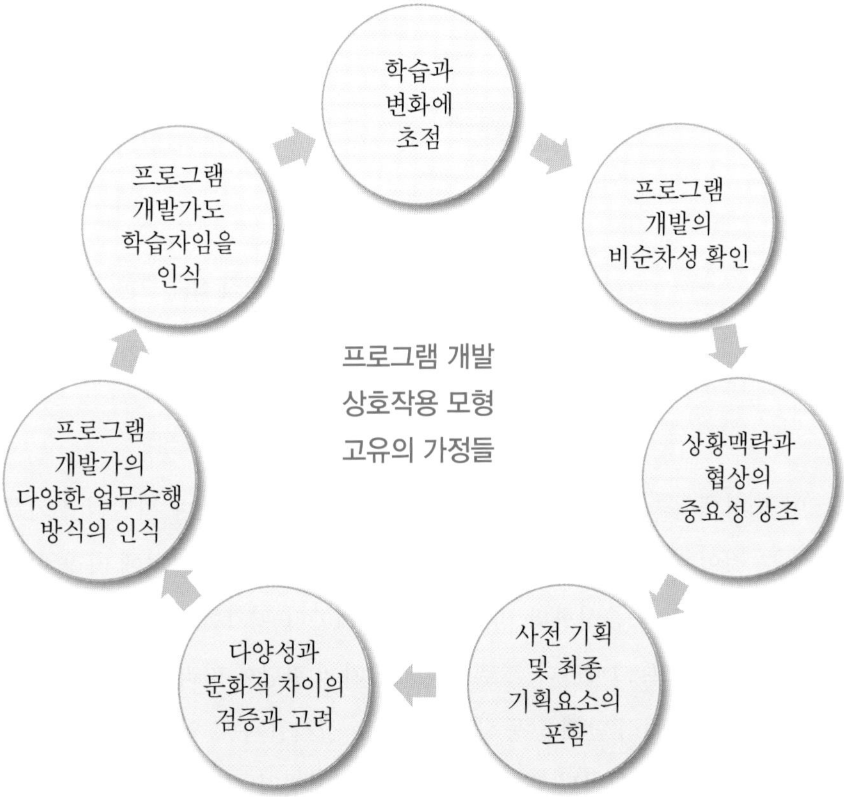

[그림 4-4] 프로그램 개발의 비선형적 접근(상호작용) 모형의 가정들

출처: http://www.slideshare.net/tjcarter/class-2-adlt-602-ppt

식이 서로 상이함을 인정하며, 프로그램 개발가 역시 학습자임을 인식하는 등의 가정을 중시한다. 이 가정들 역시 순차적으로 고려되고 진행되는 것은 아니며 상황에 적절하게 함께 반영되며 진행된다.

선형적 접근 방법에 비해 비선형적 접근 방법은 비교적 숙련된 전문성을 갖춘 프로그램 개발가가 주로 사용하는 방법이다. 왜냐하면 비선형적 접근 방법은 선형적 접근 방법과 같이 미리 정해진 전형적인 절차를 밟아 진행되는 것이 아니라 프로그램 개발가의 판단 및 재량에 따라 진행되기 때문이다. 프로그램 개발가의 경험과 처해 있는 상황을 반영하며, 전문성과 창조적 능력을 중시한다. 여러 개의 활동이나 절차가 동시다발적으로 진행되기도 하며 때로는 특정 절차가 생략될 수도 있으므로 시간이 절약될 수 있다는 장점이 있다. 또한 다른 접근 방법에 비해 시간 및 자원 분배에 대한 프로그램 개발자의 재량권이 더 크게 주어지며, 개발 절차가 더 유연하게 진행될 수 있다.

프로그램 개발에 있어서 이처럼 프로그램 개발가의 융통성이 중요하게 작용하는 것이 비선형적 접근 모형의 특징이며 개발가의 능력은 프로그램 목표 달성 정도에 큰 영향을 미친다. 예를 들어, 기관의 예산 부족으로 학습자의 프로그램 참여에 대한 지원이 부족할 경우 앞서 소개한 선형 모형에서는 기관의 상황에 조율하는 획일적인 진행에 초점을 두어 학습자 지원에 대한 적극적인 고려를 하지 못할 수도 있다. 그러나 상호작용 모형에서는 프로그램 개발가가 역량을 발휘하여 다른 재정지원 원천을 찾아 학습자의 프로그램 참여를 지원할 수도 있는 것이다.

비선형적 접근 모형은 모든 단계에서 평가를 계속 실시하며 프로그램 개발을 진행하는 점이 특징이다. 따라서 프로그램 개발에서 평가를 가장 중요한 요소로 꼽는다. 프로그램 개발의 매 단계 마다 피드백을 통해 적절한 평가를 받게 되므로 프로그램 평가의 기능이 더욱 필수적인 것으로 인식된다. 따라서 비선형적 모형을 도입할 때는 표준화된 절차를 밟는 선형적 접근 방식을 사용할 때에 비해 더 수준 높은 프로그램 개발 능력과 전문성을 필요로 한다. 비선형적 프로그램 개발 방법은 경험과 전문성을 갖추고 필요한 자원을 확보한 프로그램 개발가가 개발 과정을 창의적, 능동적으로 이끌어 가기에 매우 유용하다. 그러나 선형적 접근 방법에 비해 프로그램 개발의 초보자가 사용하기에는 상대적으로 어려움이 있으므로, 숙련된 지식과 기술을 보유한 전문가가 사용하기에 적절한 방법이라 하겠다.

3. 통합적 접근 방법

통합적 접근 방법(integrated approach)은 프로그램 개발에 영향을 미치는 수많은 **요인들을 종합적으로 파악**하고 검토하여 분석하는 방법이다. 통합적 접근 방법에서는 학습자를 프로그램 개발에 있어서 가장 핵심적인 영역으로 인식하며, 학습자를 둘러싼 다양한 요소들이 빠짐없이 포함되고 검토되는 것을 강조한다. 따라서 **미시적 요인**으로 학습자의 요구 및 동기, 학습참여 방법, 물리적 환경, 교육 과정을 비롯하여, 교육 기관의 목표, 자원 등에 대해 고려한다. 더 나아가 **거시적 요인**으로 지역사회와 사회의 요구 및 국가와 압력단체, 제도 및 정책 등도 포괄적으로 고려하는 것이 특징이다.

이처럼 통합적 프로그램 개발 방법은 그 전개 방식이 **총체적**(holistic)이고 **분석적**이며 프로그램 개발 과정이 복잡하기 때문에 프로그램 개발가는 구체적 분석력과 함께 융합적인 전문성을 갖출 것이 요구된다(신용주, 2004). 이 접근 방법은 다른 방법들에 비해 여러 요소들을 함께 고려한 분석을 실시하므로 프로그램 개발에서 기획으로 인한 **오류**(planning error) **발생이 최소화**된다는 점이 장점이라 할 수 있다(Kowalski, 1988). 또한 학습 참여자를 둘러싼 체계와 사회적 맥락의 관계를 철저히 분석하기 때문에 프로그램의 개발 과정이 광범위하다. 이처럼 프로그램 개발을 진행함에 있어서의 전문성과 많은 시간을 필요로 함에도 불구하고 그 포괄성으로 인해 가장 이상적이라 할 수 있는 프로그램 개발 방법이다.

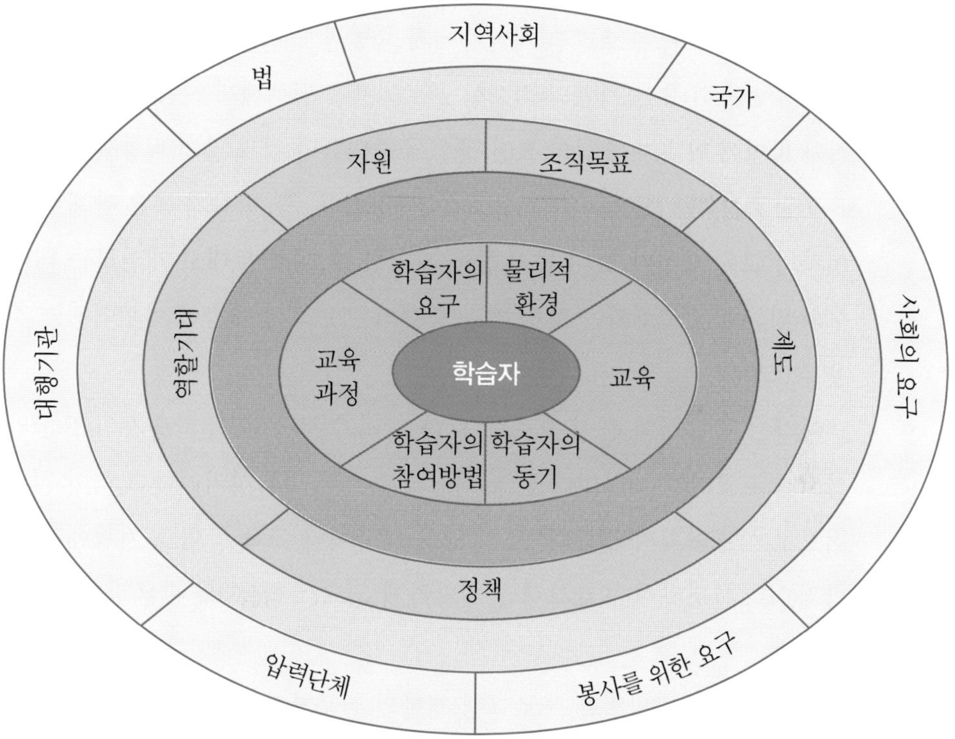

[그림 4-5] 프로그램 개발의 통합적 접근 방법

출처: 이해주, 최운실, 권두승(2002), p. 56.

4. 비통합적 접근 방법

프로그램 개발의 **비통합적 접근 방법**(non-integrated approach)은 다른 접근 방법에 비해 가장 사용하기가 용이한 방법이다. 새로운 프로그램을 개발하는 것이 아닌 타 기관에서 이미 개발해서 사용하고 있는 프로그램을 그대로 모방하는 것이다. 프로그램 개발가에게 특별한 경험이나 능력이 요구되지 않으며 단순히 유사 기관의 적절한 프로그램을 탐색해서 사용한다. 통합적 접근 방법이 학습자 중심의 요인 분석에 주력했던 것과 달리 비통합적 방법은 기관 중심적인 접근을 적용하는 점이 특징이다. 즉, 학습자 혹은 잠재적 참여자의 교육 요구나 참여 동기 등을 파악한 후 이를 토대로 개발하는 대다수의 다른 프로그램과는 달리 기관 중심의 프로그램 개발이 이루어지는 것을 강조한다.

따라서 학습자의 관심 요소에 대한 배려가 부족하고, 학습자의 요구와 가치를 프로그램 개발이나 환경 맥락의 수요와 결합시키려는 노력이 적극적으로 이루어지지 않는다. 또한 교육 내용이나 교육 방법도 기관에서 일방적으로 선정하여 프로그램을 개발하게 되므로 학습자의 관심과 참여는 배제된다.

비통합적 접근 방법은 프로그램 개발의 전문가가 아니라도 프로그램 개발을 담당할 수 있다는 점에서는 편리한 방법이라 할 수 있다. 누구나 쉽게 다른 조직에서 시행 중인 유사 프로그램을 개발할 수 있다는 점에서 시간과 비용을 절약할 수 있으므로 매우 유용하다고 할 수 있다. 또한 유사 프로그램의 시행 경험이나 성과 파악을 통해 프로그램의 결과를 예측할 수 있다는 장점이 있다. 그러나 프로그램 개발이 창의적으로 이루어지기 어렵고, 학습자의 프로그램 참여를 위한 동기유발을 확대할 수 있는 시대 변화를 반영하는 프로그램으로서 참신성이 부족하다는 비판이 있을 수 있다. 또한 학습자의 요구나 참여 동기 등을 충분히 고려하지 못하므로 프로그램의 목표 달성과 성공을 기대하기 어려우며, 프로그램 개발의 전문성이 미흡하여 프로그램의 지속성도 담보할 수 없다는 단점이 있다. 비통합적 프로그램 개발 접근 방법은 프로그램 개발의 사전 조사 등의 기초적 준비 절차를 생략할 수 있으며 제한점을 쉽게 보완할 수 있다는 장점을 갖는 반면에, 평생교육 기관과 학습자와의 연계가 단절됨으로 인해 심각한 문제가 발생할 수도 있다는 한계를 지닌다.

5. 체제 분석적 접근 방법

체제 분석적 접근 방법(system analysis approach)은 체제 이론을 적용하여 평생교육 프로그램 개발을 시행하는 방법이다. 이 접근 방법은 평생교육 기관을 사회 체제로 인식하며 학습자, 환경 등과 상호작용을 하면서 프로그램 개발을 수행하는 프로그램 개발가의 역할에 초점을 둔다. 프로그램 개발 과정에서 기관과 조직, 환경 및 학습자의 요구와 가치를 함께 고려하며 상황적 요소들을 체계적으로 파악하는 것이 특징이다.

체제 분석적 접근 방법의 기본적인 형태는 투입–과정–산출의 체제로 이루어져 있다. 앞서 제3장 코왈스키(Kowalski, 1988)의 프로그램 개발의 체제 모형([그림 3-5])에서 제시된 바와 같이, 여기서 투입의 요소는 개인, 조직, 환경의 세 가지이며 이들 각각의 가치와 요구가 프로그램 개발 과정에 투입되어 목표로 전환되고 상호작용을 거쳐 하나의 프로그램으로 나타나게 된다.

프로그램 개발에서 체제 분석적 접근 방법은 전체를 부분으로 분류한 후

부분들 간에 발생하는 관계를 탐색한다. 이 방법을 적용할 때는 다음과 같은 사항들을 실시할 필요가 있다(기영화, 2001).

첫째, 조직의 철학, 가치, 목표를 확인한다.
둘째, 조직의 구성 요소를 파악한다.
셋째, 조직 외부의 환경적 제한 요소를 파악한다.
넷째, 조직 내부의 제한 요소를 파악한다.
다섯째, 조직 외부 환경의 요구와 가치를 확인한다.
여섯째, 조직 내부의 요구와 가치를 확인한다.
일곱째, 학습자의 요구와 가치를 확인한다.
여덟째, 프로그램 목표를 설정한다.
아홉째, 기대하는 결과에 대한 정보를 확보한다.

체제 분석적 접근 방법은 학습자 개인을 중심으로 한 교육의 실현에 초점을 두는 것이 아니라, 평생교육 기관이나 조직을 중심으로 한 환경 및 상황 맥락에 대한 구체적 분석을 중시한다. 프로그램의 기획 단계에서부터 조직과 환경의 요구 및 가치를 함께 고려하기 때문에 정확한 정보를 가지고 프로그램 개발 작업을 진행할 수 있다. 이 접근 방법은 대부분의 조직에서 활용할 수 있으며 과학적으로 프로그램 개발에 접근하므로 비통합적 접근 방법보다 성공 가능성이 높은 편이다. 또한 새로운 프로그램의 개발이나 기존 프로그램의 보완에도 적용될 수 있다는 장점을 갖는다. 그러나 프로그램 개발가가 기관이나 조직의 전반적인 차원을 파악하는 능력과 환경을 정확히 분석하는 역량을 갖추지 못했을 때는 프로그램 개발의 실패 가능성이 높아진다는 단점이 있다.

참고문헌

기영화(2001). **평생교육 프로그램 개발**. 서울: 학지사.

김진화(2001). **평생교육 프로그램 개발론**. 서울: 교육과학사.

신용주(2004). **평생교육의 이론과 방법**. 서울: 형설출판사.

이해주, 최운실, 권두승(2002). **평생교육 프로그램 개발**. 서울: 한국방송통신대학교 출판문화원.

Boyle, P. G. (1981). *Planning better programs*. New York: McGraw-Hill.

Caffarella, R. S. (1994). *Planning programs for adult learners*. San Francisco, CA: Jossey-Bass.

Houle, C. O. (1972). *The design of education*. San Francisco, CA: Jossey-Bass.

Knowles, M. S. (1970). *The modern practice of adult education: Andragogy versus pedagogy*. New Your: Association Press.

Kowalski, T. J. (1988). *The organization and planning of adult education*. NY: State University of New York Press.

Tyler, R. W. (1949). *Basic principles of curriculum and instruction*. Chicago, IL: The University of Chicago Press.

http://www.slideshare.net/tjcarter/class-2-adlt-602-ppt

제2부

평생교육 프로그램 개발의 과정

제5장

평생교육 프로그램 기획

프로그램 기획(program planning)은 프로그램 개발이 전개될 전체적인 방향과 틀을 설정하고, 이에 따른 구체적 사항들을 결정하기 위한 핵심적인 기초 작업이다. 즉, 프로그램 개발가가 구상하는 교육 프로그램의 **필요성**과 프로그램 개발의 **당위성**을 확인하고, 기대하는 프로그램 결과를 창출하기 위한 모든 절차를 제시하는 과정이라 할 수 있다. 코왈스키(Kowalski, 1988)는 평생교육 프로그램 개발에서 기획은 **마스터플랜**의 역할을 하는 중요한 단계임을 강조하였다. 또한 기획은 미래지향적인 평생교육의 목적 및 목표 설정에 요구되는 근거를 제공하며, 기관의 경영과 관리에 필요한 지표를 제공하는 동시에 타 기관과의 갈등을 예방하는 기능을 수행한다. 따라서 기획은 교육 프로그램의 전반적인 수월성을 결정하는 가장 중요한 출발점이 되며 합리적이고 객관적인 프로그램 개발의 기초를 제공한다.

1. 프로그램 기획의 개념 및 특성

1) 프로그램 기획의 개념

기획은 평생교육 프로그램 개발에 있어서 가장 **기능적**인 부분이며 **필수적** 요소이다. 평생교육 프로그램의 역사를 살펴보면 기획의 개념은 광범위하게 확장되어 왔다. 기획은 과거 평생교육의 목표나 변화 추구 영역이 전통적으로 인지적 차원에 머무르던 것에서 더 나아가 다양한 개인적, 정치사회적인 영역으로 확대되면서 프로그램 개발의 핵심 과정으로 발전해 왔다.

기획의 개념이 진화해 온 과정을 살펴보면 역사적으로 평생교육 프로그램 개발에서 기획은 성인학습자들의 삶에 있어서 긍정적 변화를 추구한다는 전통적인 개념에서 출발하였다. 이후 기획의 개념은 성인학습자들로 하여금 공교육 기관의 지도나 후원 없이도 스스로 협력자와 옹호자가 되어 현대적인 풀뿌리 운동에 참여하고 개인과 사회변화를 일으키도록 하는 현대적인 개념으로 진화해 왔다(Boone et al., 2002). 특히 맥클렌돈과 카타니즈(McClendon & Catanese, 1996: 1)는 "평생교육 프로그램 개발에서 기획은 시민(civic)을 위한 도시 미화 운동과 같이 물리적 개선을 추구하던 과거의 추세에서 벗어나 점차 사회개혁(social reform)과 같은 사람을 위한 기획으로 변해 왔으며, 이제는 임파워먼트와 자조(self-help) 같은 성인학습자 스스로를 위한 기획으로 진화하고 있다."고 기획의 개념의 변천 과정을 설명하였다. 이는 평생교육 프로그램 개발의 기획의 초점이 거시적인 것에서 점차 미시적인 차원으로 변화해 왔음을 알려준다.

프로그램 기획이란, 프로그램 개발을 시작하여 프로그램을 실시하고 결과를 도출한 다음 이를 평가하기까지의 전체적인 틀을 구축하는 작업이다. 즉, 프로그램을 왜 개발해야 하며, 프로그램 개발 과정에서 무엇을 어떻게 할 것이며, 프로그램 개발의 결과로 어떠한 산출물을 내놓을 수 있는가, 그리고 프로그램의 가치는 어떻게 판단할 것인가 등에 대하여 체계적으로 설계하고 이를 단계별로 추진해 나가는 것이다. 기획의 의미는 목표 달성을 위한 조직적 사고와 선호하는 가치를 기반으로 **미래 행동에 대한 의사결정**을 하면서 계획을 세워가는 과정이라 할 수 있다. 반면에 유사한 용어로 사용되는 계획은 기획을 통해 제시된 결론을 토대로 프로그램의 구성에 필요한 구체적인 요소들에 더 초점을 두는 기획의 하위 개념으로 볼 수 있다. 쉽게 설명하면, **프로그램 기획**은 프로그램을 개발하기 위한 **포괄적인 계획**을 **수립**하는 것이며, 계획은 이를 실현하기 위한 세부적 실행 방안을 마련하는 것이다.

[그림 5-1]에는 프로그램 개발이 이루어지는 전체적인 과정에서 실시되는 주요 단계들이 간략히 제시되어 있다. 이 그림에서 기획은 프로그램 개

발을 시작하여 매 단계별 환류와 함께 프로그램의 전반적인 설계 및 디자인, 프로그램의 홍보와 마케팅, 프로그램의 실행을 거쳐 평가에 이르는 전체적인 진행을 이끄는 중추적 기능을 하는 것으로 나타나 있다. 보다 구체적으로 프로그램 기획을 정의하면, 잠재적 프로그램 참여자 집단 및 상황 분석을 토대로 개발 주체의 이념과 철학을 고려하여 프로그램의 목표와 기본 방향을 설정하고 목표 달성을 위해 준비하는 활동을 말한다. 즉, 프로그램 개발 절차를 체계적, 합리적으로 실현해 나가기 위한 기초를 마련하는 작업이라 할 수 있다.

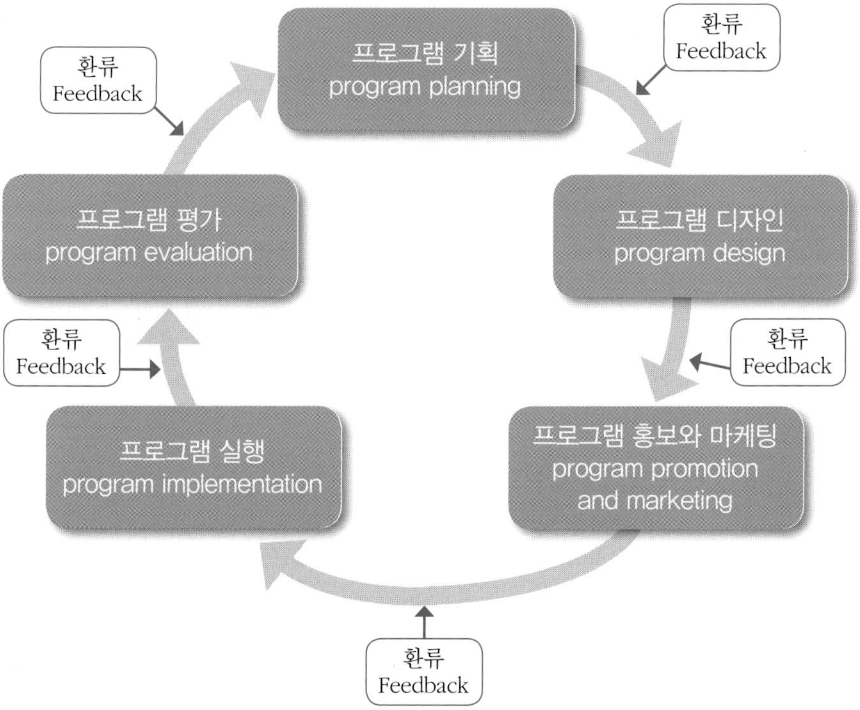

[그림 5-1] 프로그램 개발의 주요 흐름

출처: 김진화(2001), p. 78 수정 · 보완.

2) 프로그램 기획의 특성

평생교육 프로그램 기획은 일반적으로 다음의 다섯 가지 특성을 가지고 있는 것으로 인식된다(김진화, 2001; 신용주, 2004).

첫째, 프로그램 기획은 미래지향적인 활동이다. 프로그램 기획은 평생교육기관이 그 설립이념과 목적을 실천해 나가기 위한 교육 프로그램을 미리 준비하는 것이다. 따라서 미래를 위한 준비로서 현재의 프로그램 개발을 추진하는 과정이라는 의미를 갖는다. 기획을 통해서 평생교육기관이 설계하고 구상하는 모든 조치들이 실현 가능해지며, 미리 계획하고 준비함으로써 미래의 불확실성에 대비할 수 있다.

둘째, 프로그램 기획은 평생교육 기관이 살아남기 위한 활동이다. 평생교육 기관은 급속한 사회변화에 대해 능동적으로 대처하여 생존하고 발전하기 위하여 프로그램 기획을 실시한다.

셋째, 프로그램 기획을 통해 평생교육 기관은 운영 효율성을 제고시킬 수 있다. 기획을 통해서 향후 평생교육 기관의 프로그램 운영 방향에 대한 충분한 준비가 이루어지므로 자원의 효율적인 배분과 운영의 합리화를 모색할 수 있다. 그러나 철저한 기획 과정을 거치지 못한 즉흥적인 프로그램은 운영 효율성이 낮아지게 된다.

넷째, 프로그램 기획은 정보 수집과 분석, 요구 측정 및 분석의 전 과정을 포함한다. 제공할 프로그램에 대한 다양하고 깊이 있는 정보가 확보되고 학습자의 구체적인 요구가 반영될 때 효과적 프로그램의 개발이 가능하다.

끝으로, 프로그램 기획은 협동적(collaborative) 성격을 갖는다. 따라서 프로그램 개발 과정에 참여하는 관련 인사들이 함께 협력하여 다양한 요소들이 통합적으로 조화를 이루도록 노력해야 한다.

2. 프로그램 기획의 목적과 과정

프로그램 기획은 프로그램 개발을 통해 실현될 결과물로서의 프로그램의 형태와 규모, 실행 가능성을 예측하고, 이에 대한 수많은 의사결정을 진행하는 것이다. 프로그램 개발과 관련된 모든 사항들은 기획 단계에서 고려되고 검토되며 결정된다. 따라서 프로그램이 성공적으로 종료되기 위해서는 반드시 세밀하고 정교한 기획이 이루어져야 한다.

1) 프로그램 기획의 목적

프로그램 개발의 가장 첫 단계이며 가장 기본이 되는 프로그램 기획을 수행하는 목적은 다음의 다섯 가지로 제시할 수 있다.

첫째, 프로그램 개발의 **합리성**을 높이기 위한 것이다. 기획을 통해 가장 타당성이 높고 경험적으로 검증된 모형과 방법을 찾아 프로그램 개발에 적용함으로써 합리성을 향상시킬 수 있기 때문이다.

둘째, 프로그램 개발의 **효과성**을 높이기 위한 것이다. 적절히 설계된 기획은 평생교육 프로그램의 목표를 성공적으로 달성하도록 하여 프로그램의 효과를 증진할 수 있다.

셋째, 프로그램 개발의 **효율성**을 높이기 위한 것이다. 대부분의 평생교육 기관이나 조직이 가진 자원은 제한된 경우가 많으므로 기획은 최소한의 비용과 노력으로 프로그램 목표를 달성하도록 함으로써 프로그램 개발의 효율성을 증진할 수 있다.

넷째, 평생교육 기관과 조직의 **책임성**을 높이기 위한 것이다. 평생교육 기관과 조직은 대개 사회적 인가를 받아 공적, 사적 자원을 확보하여 운영되므로 사회와 학습자들에게 좋은 프로그램을 개발하고 제공할 책임이 있다. 기획은 이러한 책임감을 향상시키는 데 도움을 준다.

다섯째, 프로그램 개발의 **불확실성을 감소**시키기 위한 것이다. 평생교육을 둘러싼 환경은 계속 변화하고 있으며 미래의 교육 환경에 대한 불확실성도 계속 증가하고 있다. 정교한 기획은 평생교육 기관이나 조직이 수행하는 프로그램 개발의 불확실성을 감소시킨다.

2) 프로그램 기획의 과정

(1) 프로그램 개발 태스크포스 팀의 구성

프로그램을 기획하는 단계에서는 우선 프로그램 개발이 추구하는 기본 방향을 정하는 것이 중요하다. 효과적인 기획을 위해서 사전에 프로그램 개발을 위한 **태스크포스 팀**(task force team)을 구성할 수 있다. 태스크포스 팀은 프로그램 개발의 정당성과 타당성에 대한 검토와 함께 성공적인 프로그램 개발을 위해 협력하게 된다. 프로그램 개발의 차원은 다원적이며 한 사람의 개발가가 전담하기에는 어려움이 있을 수 있기 때문이다. 따라서 다양한 분야의 전문가로 구성된 태스크포스 팀이 프로그램 개발에 대한 각자의 전문 지식, 경험 및 의견을 공유하면서 기획에 참여하는 것이 좋다. 태스크포스 팀의 구성은 기관의 규모나 프로그램 개발 목적과 주제에 적합하도록 인원과 분야를 결정한다. 예를 들어, 기획전문가, 교수-학습과정 설계전문가, 요구분석 전문가 및 재정전문가의 참여가 이루어지는 것이 바람직하다. 팀원들은 각각 정보와 실무 경력 및 기관 간 협력 경험 등을 기초로 전문적 조언을 제시하고 타당성 확보 방안을 모색하는 등 프로그램 기획을 지원할 수 있다. 아울러 프로그램 후원자나 다양한이해당사자들과의 원활한 소통에 기여하는 역할도 수행한다.

(2) 프로그램 기획을 위한 체크리스트

프로그램 개발에 있어서 첫 단계인 프로그램 기획에 앞서 반드시 점검하고 검토해야 할 요소들에 대한 확인이 필요하다.

〈표 5-1〉에는 프로그램 기획을 시작할 때 고려해야 할 기초적인 질문으로 구성된 체크리스트가 제시되어 있다.

〈표 5-1〉 프로그램 기획 단계의 실무 체크리스트

- 프로그램 개발의 주체는 누구인가?
- 프로그램 개발의 의도와 목적은 무엇인가?
- 기획하고자 하는 프로그램 영역은 무엇인가?
  (교양교육/직업기술교육/지역사회 참여활동/시민정치교육/자연체험활동/전통문화활동/건강복지 생활교육/자아계발활동/사회봉사활동/조직계발 등)
- 본 프로그램을 통해서 얻고자 하는 기대 효과는 무엇인가?
- 우선순위 설정
- 누구를 대상으로 하는 프로그램인가? 그들이 원하는 것이 무엇인가?
  - 본 프로그램에 대한 요구가 실제로 존재하는가?
  - 본 프로그램에 대한 요구가 존재한다고 보는 근거는 무엇인가?
  - 본 프로그램에 대한 요구는 얼마나 널리 퍼져 있는가?

출처: 이해주, 최운실, 권두승(2002), p. 79.

(3) 프로그램 기획의 구체적 절차

프로그램 기획의 과정을 보다 구체적으로 분석해 보면 크게 두 가지 차원으로 분류된다(Boone et al., 2002). 하나는 조직의 맥락이나 조직을 개선하는 조직 재생 과정이고, 다른 하나는 학습자와 프로그램 개발가가 함께 협동하여 요구 조사, 사정 및 분석을 통해 타깃 집단 및 잠재적 학습자들과의 연계를 모색하는 것이다. 대부분의 평생교육 프로그램 기획은 여러 단계의 하위 절차(subprocess)를 밟아 진행된다.

평생교육 프로그램 개발가가 프로그램 기획을 수행할 때 반드시 수행해야하는 여섯 가지 절차 및 이와 관련된 사항들에 대하여 더 자세히 알아보기로 한다(Boone et al., 2002).

첫째, 우선 기관의 사명 · 비전 · 철학 · 목적 · 목표 및 기관의 기능을 명확하게 이해한다. 평생교육 프로그램 개발가는 기관의 설립 이념과 관련된 요소들을 철저히 파악하고 이해해야 한다. 기관의 사명과 기능에 대해 명확하게 인지하는 것은 기관이 성공적으로 활동하고 제대로 기능하기 위한 매개변수들 (parameters)이 무엇인지를 파악하게 해준다. 이를 통해 프로그램 개발에 있어서 중요한 명분과 당위성을 확보할 수 있다. 즉, 기관이 누구를 대상으로 무슨 프로그램 개발과 활동을 어느 정도로 진행할 수 있을지를 알게 되는 것이다.

평생교육자 개발가가 평생교육 프로그램 개발의 주체인 기관의 이념을 얼마나 잘 이해하고 또 이와 동일시하는가의 정도는 기관 내의 구성원들이 기관의 사명과 비전 · 가치 · 철학 및 목적을 얼마나 잘 이해하고 공감하고 있는가에 달려 있다. 또한 기관 차원에서 구성원들의 수고에 대해 어느 정도의 보상을 제공할 것인지와도 관련이 있다. 그다음으로는 프로그램 개발가가 자유롭게 프로그램의 목적이나 목표를 수정(modify) 또는 보완할 수 있는지와도 관련된다. 또한 프로그램의 타깃이 되는 사람들로 하여금 이들이 추구하는 행동 변화를 이끌기 위해 기관이 얼마나 유연하게 교육 목적과 목표를 설정할 수 있는지와 같은 중요한 쟁점과도 연관된다.

둘째, 평생교육 기관 내의 집단들의 기능, 역할, 책임, 소통 등의 역학 구조를 파악한다. 기관 내부에 존재하는 집단들을 파악하고 이들의 역할 및 이들 간의 상관 관계가 어떠한지를 파악할 필요가 있다. 우선 기관 내 소통 라인의 확인과 함께 직무와 관련된 각 집단의 책임 분담을 파악한다. 그다음으로는 조직 내부의 다양한 관계들과 소통라인을 확인한 다음, 기관이 보유하고 있는 전문가의 활동 내용 및 전문지식(expertise)의 활용 상황을 분석한다. 아울러서 프로그램 개발에 필요한 다양한 자원이 어떻게 확보되고 분배되는지를 확인한다.

셋째, 기관의 인력 관리, 스태프 개발과 평가 프로그램의 타당성 확보 방안 등 관리 체계에 대하여 파악한다. 평생교육 프로그램 개발이 효과적으로 진행되기 위해서는 기관의 인사 관련 체계를 정확히 파악해야 한다. 특히 슈퍼비전, 평가제도 및 전문적 직무교육 등의 스태프 개발과 평가 등 전반적 인력 관리 체계가 효과적으로 작동하는지를 확인할 필요가 있다. 기관에서 근무하는 모든 종사자는 수준 높은 직무 훈련을 받아 자신의 역량을 강화하고자 하는 요구가 있으므로 스태프 개발은 프로그램의 질 관리를 위해서도 중요한 과제이다.

프로그램에 대한 지속적인 재정 지원이 확보된다는 것은 그 프로그램을 제공하는 평생교육 기관이 효율적으로 기능하고 있으며, 프로그램이 긍정적 영향을 미치고 있다는 것을 나타낸다. 재정 지원을 조달하기 위한 근거로 프로그램의 타당성 확보는 매우 중요하다.

프로그램에 대한 타당성을 확보하는 과정(accountability process)은 다음의 다섯 가지 단계에 걸쳐 진행된다.

- 타깃 대중의 진정한 요구를 파악한다.

- 파악한 요구를 충족시킬 수 있도록 프로그램을 설계한다.
- 프로그램을 효과적으로 실시하기 위한 전달 체계를 마련한다.
- 프로그램의 영향력을 결정하기 위한 현실적이고 실현 가능한 평가 체계를 개발한다.
- 많은 사람들에게 프로그램의 결과가 전파될 수 있도록 효과적인 홍보 전략을 개발하여 기관과 프로그램이 신뢰를 받을 수 있도록 한다.

넷째, 기관 내에 존재하는 **조직 문화**를 이해한다. 프로그램 개발가는 프로그램 개발이 이루어지는 평생교육 기관 내의 조직 문화를 이해하고 이러한 문화와 친숙해지기 위해 노력한다. 특히 조직 문화가 작동하는 상황을 파악하고 다양한 조직 간의 소통을 확대하여 이들 간의 연계를 촉진하기 위해 노력한다. 프로그램 개발가가 기관의 조직 문화에 대해 잘 알고 친숙해져서 자신의 개인적 가치와 신념과 조화를 이룰 때 시너지를 창출하면서 프로그램 개발 과정을 촉진하게 된다.

다섯째, 효과적인 프로그램 개발 및 실행을 위해 필요한 **지식과 기술**을 파악한다. 프로그램 개발가는 평생교육 기관의 프로그램 개발에 필요한 지식과 기술을 획득하고 발전시켜야 한다. 또한 대중의 요구를 파악할 수 있어야 한다. 특히 학습자의 변화를 창출해 낼 프로그램을 개발하기 위해서, 검증된 **개념의 틀**(conceptual framework)의 활용능력이 요구된다.

여섯째, 지속적인 **체제 분석**을 실시한다. 프로그램 개발가는 프로그램 개발 사명에 충실하기 위해, 또 기관이 원하는 조직의 재생을 위해 지속적으로 체계 분석을 수행할 필요가 있다. 우선 대중의 변화하는 교육 요구를 충족시키는 과정에서 기관의 조직적 효과성과 타당성이 어느 정도 확보되었는지를 측정한다. 아울러 프로그램을 실행할 때 피드백을 사용하는 것에 대한 민감성과 책무성을 확인한다. 평가 결과를 토대로 평생교육 프로그램의 효과성과 관련성을 판단하기 위해서는 프로그램 개발 과정에서 얻게 되는 다양한 피드백을 활용하는 것이 좋다.

3. 프로그램 기획의 원칙

분(Boone, 1985)은 프로그램 기획을 수행할 때는 네 가지 원칙이 고려되어야 한다고 주장하였다. 네 가지 원칙은 계획된 변화(planned change), 연계(linkage), 민주성(democracy), 해석(translation)으로 각각에 대한 설명은 다음과 같다.

첫째, **계획된 변화의 원칙**이다. 이 원칙에는 프로그램 기획을 통해 평생교육에 참여하는 학습자에게 의도적인 변화를 일으키려는 목표가 내재되어 있다. 프로그램 기획에는 사전에 학습자의 변화에 대한 목표 설정이 반드시 포함된다. 목표 설정에는 평생교육 기관과 프로그램 개발가 및 기획 태스크포스 팀, 교수자 및 학습자가 함께 참여하는 것이 중요하다.

둘째, **연계의 원칙**이다. 연계의 원칙은 평생교육 기관과 학습자 간의 연계가 긴밀하게 이루어져야 함을 말한다. 즉, 프로그램 개발의 모든 과정에 학습자의 적극적 참여를 유도함으로써 평생교육 기관과 학습자 집단 간의 활발한 상호작용을 촉진하는 것이다.

셋째, **민주성의 원칙**이다. 민주성의 원칙은 프로그램 개발의 모든 과정에서 요구되는 크고 작은 의사결정이 민주적으로 이루어져야 함을 의미한다. 평생교육 기관에서는 물론이고 학습자 고객의 자발적인 참여를 통해 민주성이 실현되어야 함을 강조한다.

넷째, **해석의 원칙**이다. 해석의 원칙은 프로그램 개발가, 평생교육 기관 및 학습자가 각각의 사회문화적 환경과 가치관 및 방법론에 대한 이해와 해석이 가능해야 한다는 원칙이다. 즉, 프로그램 제공 기관, 프로그램 개발가 및 학습자 집단 간에 서로의 배경과 특성에 관한 정보를 파악하고 이해하기 위한 협력이 필요함을 말한다.

한편 영(Young, 1977)이 제시한 프로그램 개발가가 반드시 파악해야 할 프로그램 기획 원칙은 다음과 같다.

첫째, 기획의 목표 달성을 위해서 인간 행동에 대한 구체적인 이해가 필요하다.

둘째, 기획을 할 때 단순한 선형적 접근 방법보다는 다양한 체계를 고려한 접근 방법을 사용하는 것이 좋다.

셋째, 기획 과정에는 가능한 한 많은 사람들이 참여하는 것이 좋다.

넷째, 기획은 개인에 의해 이루어지기보다는 여러 사람의 집단적 노력과 협동으로 이루어지는 것이 좋다.

다섯째, 기획에 발생할 수 있는 불확실성과 모호함을 배제하기 위하여 방해 요소를 제거하고 명확성을 확보한다.

여섯째, 기획은 미래를 전망하는 예측 기능을 수행해야 한다.

일곱째, 기획에는 기계적인 접근이 아닌 인본주의적(humanistic)인 접근이 바람직하다.

4. 프로그램 기획의 환경 분석

다음으로는 지역사회의 타 기관의 상황 및 프로그램 실시 현황에 대한 분

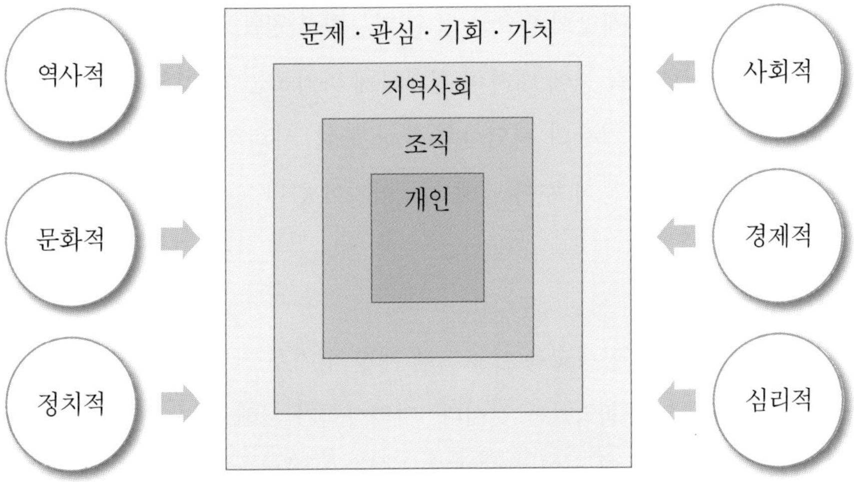

[그림 5-2] 프로그램 개발 환경 요인

석을 진행한다. 또한 후원자나 이해당사자 등 지역사회 내의 프로그램 관련자들에 대한 분석과 함께 이들의 성원과 지원을 얻기 위한 지원체계를 구축한다. 이러한 기초 작업이 이루어진 다음 지금까지의 환경 분석을 토대로 앞서 구성된 태스크포스 팀과 함께 논의를 진행하여 바람직한 프로그램 개발 모형을 선정한다. [그림 5-2]에는 프로그램 개발을 기획할 때 고려해야 할 다양한 환경 요인들이 도식화되어 있다. 그다음으로 프로그램 참여 가능성이 높은 일반 대중 및 잠재적 학습자 집단을 파악한 후, 이들을 대상으로 교육 요구를 파악하여 프로그램의 목표를 설정하게 된다.

1) 상황 분석

프로그램 개발의 상황 분석(situational analysis)은 프로그램 개발을 둘러싼 상황적 요소들에 대한 분석을 실시하는 것이다. 평생교육 기관의 이념을 비롯하여 프로그램 개발의 필요성, 동원 가능한 자원들, 그리고 정치 · 경제 · 사회 · 문화적 상황 맥락 등에 대하여 철저하게 파악하는 것이다. 상황 분석을 위해서는 평생교육 기관의 지역사회 특성 분석, 사회적 추세 분석 및 프로그램 개발의 타당성 분석 등이 함께 이루어져야 한다.

(1) 지역사회 분석

지역사회 분석은 평생교육 프로그램 개발의 기초 작업으로서 지역사회의 다원적인 측면에 대해 파악하는 것이다. 지역사회가 처해 있는 물리적인 조건뿐 아니라 학습자의 행동 및 자아개념에 영향을 미치는 심리 · 문화적 측면을 비롯하여 인구 사회학적 특성이나 정치적 요인 등 프로그램 개발에 거시적, 미시적으로 영향을 미치는 요인들에 대하여 분석하는 것이다. 따라서 프로그램 개발을 위해서는 지역사회의 다양한 여건을 수용하는 동시에 급속히 변화하는 상황에 적절히 대처하기 위한 노력이 필요하다.

(2) 평생교육 기관의 분석

평생교육 기관의 이념과 철학은 프로그램 개발의 전체적인 방향과 성격에 커다란 영향을 미친다. 평생교육 기관의 특성에 따라 교육의 이념과 목적이 달라지므로, 프로그램 개발가는 프로그램 개발의 주체로서의 기관의 성격과 임무를 제대로 파악하여 완성될 프로그램의 특성과 목적이 기관의 목표에 부합되도록 하여야 할 것이다. 또한 프로그램 개발 작업은 조직의 체제 및 상황 맥락 속에서 진행되는 만큼 평생교육 기관이 보유하고 있는 가용자원을 분석하여 프로그램 개발의 범위와 방향을 설정한다.

(3) 사회적 추세 분석

평생교육 프로그램은 사회적 추세를 반영할 때 더 좋은 반응을 얻으며 그

효용성이 더 높아진다. 전반적인 사회적 변화 추세에 효과적으로 부응하는 프로그램은 그 존재가치와 유용성이 더욱 높게 인식된다. 따라서 프로그램 개발에 있어서 사회적 추세 및 요구에 어느 정도로 부응할 것인가를 결정하는 것은 매우 중요한 과제이다. 이러한 사회적 추세의 파악은 주요 사회적 쟁점이나 지역사회 문제 또는 요구 그리고 기업이나 조직의 현안들을 분석함으로써 가능하다.

(4) 프로그램 개발의 타당성 분석

상황 분석의 최종단계는 다시 맨 처음으로 돌아가 프로그램을 개발하게 된 이유가 과연 타당한지에 대하여 확인하는 것이다. 프로그램 개발이 효과적으로 수행되기 위해서는 프로그램 개발이 반드시 필요하다는 당위성에 대한 확인이 필요하다. 만약 프로그램 개발의 타당성에 대한 확인 작업을 생략한 채 프로그램 개발이 진행되면 개발과정에서 대두되는 여러 가지 장해 요인들에 효과적으로 대처하지 못할 가능성이 높아진다.

평생교육 프로그램 개발은 평생교육 기관과 프로그램 개발가가 수행하는 미래지향적인 활동으로 사회변화로 인하여 표출된 개인, 집단 및 사회의 요구에 대한 교육적 부응이라 할 수 있다. 따라서 프로그램 개발을 왜 하는가에 대한 타당성의 분석은 프로그램 개발 과정에서 가장 먼저 이루어져야 할 과제라 하겠다.

2) 프로그램 학습자 분석

프로그램 학습자 분석은 앞으로 실시할 교육 프로그램에 참여하게 될 잠재적 고객의 특성과 상황을 파악하고 해석한다는 점에서 매우 중요하다.

학습자 분석에는 다음과 같은 사항들이 포함되어야 한다(김진화, 2001).

① 참여가 예상되는 학습자의 숫자는?
② 학습참여자의 프로그램 참여 가능 시간은?
③ 학습참여자의 거주 지역은?
④ 학습참여자의 연령층은?
⑤ 학습참여자의 교육 수준은?
⑥ 학습참여자의 성별과 사회적 배경은?
⑦ 학습참여자의 장애 여부는?
⑧ 제공될 프로그램의 내용과 관련하여 학습참여자가 현재 가지고 있는 지식, 기술, 경험은?
⑨ 학습참여자가 선호하는 학습 스타일은?
⑩ 학습참여자의 프로그램 참여 이유는?
⑪ 학습참여자가 부담하게 될 비용은?

이상의 내용을 확인하기 위해서는 잠재적 학습참여자에 대한 분석, 학습참여자의 요구 분석 및 우선순위 설정 등이 선행되어야 한다.

(1) 잠재적 고객에 대한 매핑

매핑(mapping)이란 일정한 기준에 의해 경계를 정하여 구획하는 것을 의미한다. 평생교육 프로그램 개발에서 잠재적 학습참여자의 매핑이란 평생교육 기관이나 프로그램 개발가가 개발될 교육 프로그램에 참여가 예상되는 **잠재적 학습자 집단의 윤곽을 파악**하는 것이라고 할 수 있다(김진화, 2001; 신용주, 2004).

프로그램 개발가가 프로그램을 개발하는 과정에서 행해야 할 매핑의 방법에는 사회체제 분석, 사회계층화, 사회차별화 그리고 문화 분석의 네 가지가 있다(Boone, 1985).

첫째, **사회체제 분석**(social system analysis)이란 사회체제 속에 소속된 인간 집단의 사회적 구조를 신념·정서·목표·역할·규범·권력 등의 기준에 의해 분석하여 유형화시키는 것이라 할 수 있다.

둘째, **사회계층화**(social stratification)는 특정 사회 구성원을 소득·직업·교육·가문 등 사회경제적 변인에 의해 우등–동등–열등의 척도로 서열화시키는 것을 의미한다.

셋째, **사회차별화**(social differentiation)는 사회계층화와는 달리 사회 구성원을 특정 기준이 아닌 사회 구성원이 가지고 있는 고유한 특성에 의해 차별화시키는 매핑 기법이다. 사회 구성원을 차별화시키기 위한 요인들로는 성별, 사회적 역할, 사회경제적 상태, 윤리적 배경 및 교육 경험이 있다.

넷째, **문화 분석**은 문화인류학자들이 주로 사용하는 분석 틀로서 커다란 사회집단 속에 소속된 사회 구성원을 사람들의 축적된 삶의 방식인 문화를 통해 이해하는 매우 유용한 기법이다. 이어서 잠재적 학습참여자 집단에 대한 다양한 매핑을 통해 정치·사회·경제·종교 및 지리적 범주로 분류할 수 있다.

(2) 학습참여자의 요구 및 필요 분석

평생교육 프로그램의 학습자는 물론 평생교육 기관이나 프로그램 개발가 또는 사회로부터 교육 요구가 표출될 수 있다. 이들 요구를 정확하게 측정하는 것은 학습 효과를 향상시키는 기초가 된다. 교육 요구는 주로 요구분석, 직무 분석, 능력 분석, 결정적 사건 기법 및 델파이법 등에 의해 분석된다.

3) 우선순위 설정

프로그램 기획의 최종 단계는 측정되고 분석된 교육 요구에 대하여 우선순위를 정한 후, 이를 프로그램의 목표로 전환시키는 것이다. 그러나 확인된 모든 교육 요구를 프로그램 목표로 반영하는 것은 쉽지 않으며 또 비효율적이다. 따라서 평생교육 기관이나 조직의 이념과 함께 전반적인 상황 맥락을 고려하여 이미 제시된 선정 기준에 따라 여과한 다음 우선순위를 정하는 것이 바람직하다.

4) 프로그램 개발가의 과제

프로그램 개발가는 프로그램 기획을 성공적으로 실시하기 위하여 다음과 같은 과제들을 반드시 수행해야 한다(Boone, 1985).

첫째, 자신이 소속되어 있는 평생교육 기관의 이념과 철학, 목적 및 기능을 정확히 파악하는 것이 중요하다. 또한 평생교육 기관에 영향을 미치는 사회경제적 맥락을 파악하고 타 기관과의 관계도 고려해야 한다.

둘째, 프로그램 개발가는 평생교육 기관이라는 조직적 체계의 구성원으로서 스스로의 역할을 정립하여야 한다.

셋째, 프로그램 개발가는 프로그램 개발을 위해 적용 가능한 검증된 개념의 모델을 선정하고 이를 실시할 수 있어야 한다.

넷째, 프로그램 개발가는 평생교육 기관이 잠재적 학습자들의 요구 변화 추세를 정확하게 파악하여 충족시킬 수 있도록 체계적인 요구 측정을 실시할 수 있어야 한다.

다섯째, 프로그램 개발가는 평생교육 기관의 잠재적 고객들의 매핑

(mapping)을 위해 매핑의 과정과 방법에 숙달되어야 한다.

여섯째, 프로그램 개발가는 잠재적 교육 대상자에 대한 철저한 진단능력을 갖추어야 하며, 이들 중에서 누가 공식적 또는 비공식적 지도자인지를 파악하고 이들과 긴밀한 연계를 맺을 수 있도록 전략을 수립해야 한다.

끝으로, 프로그램 개발가는 잠재적 학습참여자는 물론 이들의 지도자들과의 상호 협력을 통해서 교육 요구의 분석과 충족을 모색해야 한다.

참고문헌

기영화(2001). **평생교육 프로그램 개발**. 서울: 학지사.

김진화(2001). **평생교육 프로그램 개발론**. 서울: 교육과학사.

신용주(2004). **평생교육의 이론과 방법**. 서울: 형설출판사.

이해주, 최운실, 권두승(2002). **평생교육 프로그램 개발**. 서울: 한국방송통신대학교 출판문화원.

Boyle, P. G. (1981). *Planning better programs*. New York: McGraw-Hill.

Boone, E. J. (1985). *Developing program in adult education*. Englewood Cliffs, NJ: Prentice-Hall, Inc.

Boone, E. J., Safrit, R. D., & Jones, J. (2002). *Developing programs in adult education: A conceptual programming model* (2nd ed.). Long Grove, IL: Waveland Press, Inc.

Boyle, P. G. (1981). *Planning better programs*. New York: McGraw-Hill.

Caffarella, R. S. (1994). *Planning program for adult learners: A practical guide for adult educators, trainers, and staff developers*. San Francisco, CA: Jossey-Bass.

Kowalski, T. J. (1988). *The organization and planning of adult education*. NY: State University of New York Press.

McClendon, B. W., & Catanese, A. J. (1996). *Planners on planning*. San Francisco, CA: Jossey-Bass.

Young, K. M. (1977). Educational planning. In H. J. Burbach & L. E. Decker (Ed.). *Planning and assessment in community education*. Michigan: Pendell Publishing company.

제6장

평생교육 프로그램 요구 분석

1. 프로그램 요구 분석의 이해

1) 요구의 개념

모든 평생교육 프로그램은 가장 기본적으로 학습자의 교육 요구를 기초로 하여 개발된다. 욕구 또는 요구라 불리는 **니즈**(needs)의 의미는 학문 영역에 따라 조금씩 다르게 정의되며 주로 교육학과 심리학 및 경영학 분야를 중심으로 한 사회과학 분야에서 많이 연구되어 왔다.

요구란 개인이 느끼고 있는 무엇인가에 대한 결핍상태(deficiency)를 충족시키기 위해 필요로 하거나 원하는 상태 또는 상황을 의미하는 것으로 알려져 있다. 보다 자세히 살펴보면 요구는 **결핍**, **불균형** 또는 조절(adjustment)의 부족, 현재 상황과 더욱 바람직하다고 인식되는 사회적 규범과의 격차, 현재 있는 것과 앞으로 되어야 할 것 간의 격차라 할 수 있다(Boone, Safrit, & Jones, 2002: 281). 타깃 대중의 교육 요구는 규정된 내용 영역에서의 그들의 현재 상황과 가능한 상황, 그리고 이상적인 상황에 대한 분석을 통해 결정된다. 교육적 요구는 [그림 6-1]에 제시된 바와 같이 **현재 처해 있는 상태**(what is)와 **미래의 바람직한 상태**(what ought to be) 사이에 존재하는 **격차**(gap) 내지 **조건**(conditions)을 지칭한다(Boyle, 1981).

한편, 놀즈(Knowles, 1970)는 교육 요구를 교육을 받음으로써 부족함을 충족시키려는 요구라 하였다. 즉, **교육 요구**는 능력 · 지식 · 기술 · 학력 등 학습자가 처해 있는 **현재의 교육 수준**과 도달하기를 희망하는 **바람직한 교육 수준** 사이에 존재하는 차이 또는 격차라 할 수 있다. 또한 교육 요구는 학습자가 지각한 현재의 능력 수준이나 교육적 수준의 미흡함을 교육적 행위를 통해 향상시키려 할 때 유발된다고 하였다.

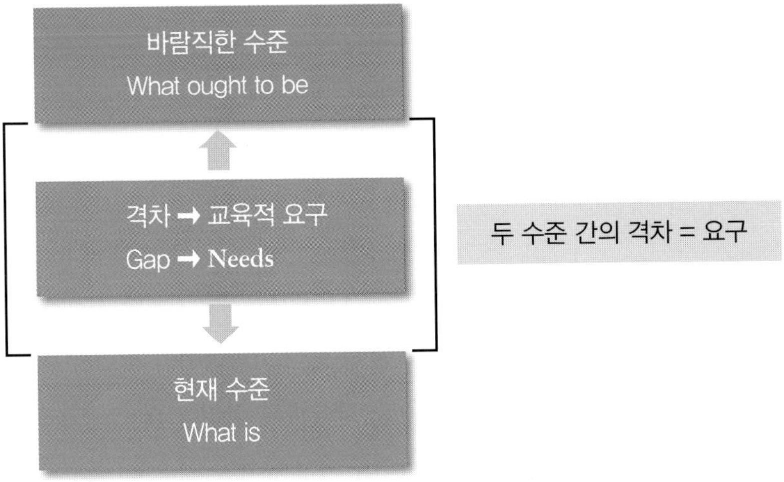

[그림 6-1] 교육적 요구

평생교육 프로그램 개발에서 요구는 프로그램 전체의 방향과 내용을 결정짓는 데 있어서 가장 중요한 기초를 제공한다. 파악된 학습자들의 요구에 기반하여 교육 프로그램이 계획될 뿐 아니라 모든 후속 절차가 진행되기 때문이다. 평생교육의 학습자들은 대부분 자기주도적으로 교육 프로그램에 참여하는 특성을 갖는다. 따라서 학습자들의 요구를 정확히 측정하여 이에 부응하는 프로그램을 개발하는 것은 이들의 교육 참여를 촉진하고 프로그램이 종료될 때까지 학습 동기를 가지고 계속 프로그램에 참여하여 교육을 끝마치도록 하는 데 큰 영향을 미친다.

요구 분석을 통해 잠재적 학습자의 요구를 정확히 파악함으로써 더 많은 학습자들의 참여를 유도할 수 있으며 또한 **평생교육 프로그램**의 질 향상을 가져올 수 있다. 예를 들어, 독거노인의 증가에 따른 노인 문제의 심화현상을 완화시킬 수 있는 참신한 노인교육 프로그램을 기획할 때 노인 인구 증가라는 막연한 추세 분석에 기초한 취미나 여가 위주의 기존 프로그램과 유사한 프로그램으로는 차별화가 어려울 수 있다. 따라서 독거노인 대상으로 실시된 정확한 요구 조사 결과 파악된 요구를 중심으로, 따뜻한 음식 만들기, 텃밭 가꾸기, 자서전 쓰기나 치매 예방 운동과 같은 프로그램을 개발한다면 노인 학습자의 참여율과 프로그램의 성공 가능성을 훨씬 더 높일 수 있을 것이다.

2) 요구의 유형

요구의 유형에 관한 학자들의 많은 연구 결과가 발표되어 있으나, 여기서는 매슬로우(Maslow, 1970)와 놀즈(Knowles, 1970)의 이론을 중심으로 한 인간의 기본적 요구에 대하여 살펴본 후, 브래드쇼(Bradshaw, 1972)가 [그림 6-2]에서 제시한 바와 같이 **규범적 요구, 감촉적 요구, 표현적 요구, 비교적 요**

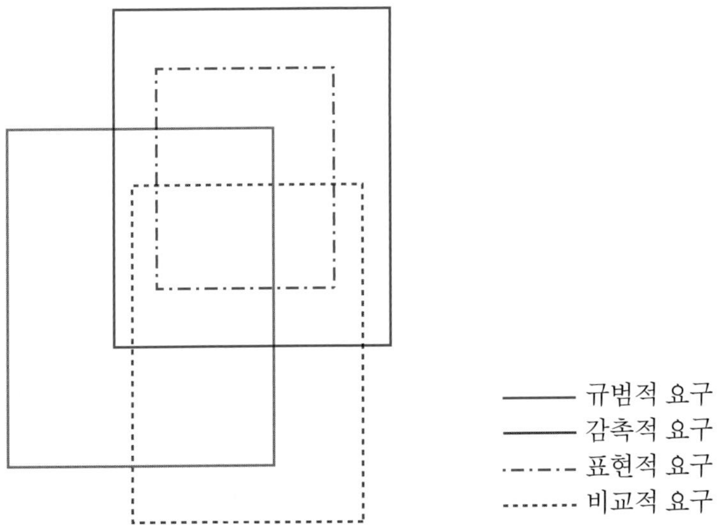

[그림 6-2] 네 가지 요구의 상관관계

출처: Bradshaw (1972), p. 293 수정.

구 등 네 가지 요구에 대하여 알아본다. 또한 분과 동료들(Boone, Safrit, & Jones, 2002)의 미시적 및 거시적 요구 위계의 도식도 검토해 본다.

(1) 기본적 요구

기본적 요구(basic needs)는 인간이 **생존을 위해 반드시 필요로 하는 요구**이다. 인간에게는 누구나 허기짐과 목마름, 성적인 요구의 충족을 추구하는 가장 기본적 요구가 있다. 이는 **생리학적 요구**(physiological needs)에 해당되며, 인간의 생존에 반드시 필요한 것으로 삶을 유지하기 위해 원하는 것이다. 이러한 기본적인 인간의 요구는 결핍된 부분을 채우려는 충동적인 부분이며 타고나는 것으로 인식된다. 인본주의 심리학자인 매슬로우(Maslow, 1970)는 자신의 **요구 위계**(needs hierarchy) 이론에서 이러한 생리학적 요구가 채워진 이후에는 인간은 누구나 안전을 추구하고, 사랑과 소속감을 얻고자 하며, 주변에서 인정 받기를 원하고, 궁극적으로는 자아실현을 추구하는 것으로 이어지면서 심리학적 성장 요구를 표출하는 것으로 진화한다고 하였다. 대개 **학습동기**가 유발되는 것은 이러한 **심리학적 요구**(psychological needs)에 의한 것이라고 파악된다.

한편, 놀즈(Knowles, 1970)는 평생교육 프로그램 개발에 있어서 고려해야 할 학습자의 요구를 **기본적 요구**(basic human needs)와 **교육적 요구**(educational needs)의 두 가지로 분류하였다. 첫 번째인 **인간의 기본적 요구**는 인간의 가장 보편적인 **생물학적, 심리학적 요구**로 구성되어 있다. 놀즈가 제시한 기본적 요구에는 신체적 요구, 성장 요구, 안전에 대한 요구, 새로운 경험에 대한 요구, 애착에 대한 요구, 인식에 대한 요구 등 여섯 가지가 포함된다. 두 번째로 놀즈가 설명하는 **교육적 요구**는 매슬로우의 요구위계론의 영향을 받은 것이다. 즉, 낮은 **단계의** 요구 위계에 속한 학습자는 더욱 **높은 수준으로 상승하려는 요구**를 갖게 되며, 이러한 요구를 충족시키는 역할을 하는 것이 **교육**이라고 설명한다. 따라서 사람들은 누구나 자신뿐 아니라, 자신이 속한 집단이나 사회 전체의 이익을 위해서 학습하게 된다는 사실을 시사한다.

다음으로는 브래드쇼(Bradshaw, 1972)가 제시한 규범적, 감촉적, 표현적, 비교적 요구에 대하여 알아보기로 한다.

(2) 규범적 요구

브래드쇼(Bradshaw, 1972)에 의하면 규범적 요구(normative needs)는 요구 충족의 최고 수준 또는 정해 놓은 바람직한 요구 충족의 수준과 실제로 충족된 상태와의 차이를 의미한다. 주로 전문가에 의해 규정된 **일반적인 기준**(norm)**이나 표준**(standard)**에 의한 요구**를 말한다. 규범적 요구는 객관적 차원에서 진단이 이루어지는 요구이지만, 규범의 의미는 사회 변화 및 환경, 지식과 기술의 발달 수준에 의한 변화로 인해 달라지기도 한다. 또한 프로그램 개발 현장에서는 규범적 요구와 함께 개발가의 철학과 가치가 반영되는 경우가 많다. 평생교육 프로그램 개발가는 주로 규범적 요구를 토대로 전문가가 측정한 요구 및 여러 지표에 의해 나타난 객관적 요구를 진단하여 학습자의 교육 요구를 측정하게 된다.

(3) 감촉적 요구

앞서 설명한 규범적 요구가 객관성을 갖는 데 반해 감촉적 요구(felt needs)는 개인학습자 당사자의 **느낌에 의해 인식되는 요구**이다. 즉, 주관적 차원에서 바라거나 희망하는 것을 느끼는 요구이다. 잠재적 학습자가 가지고 있는 학습에 대한 **필요**(wants) 또는 **욕망**(desire)을 의미하며, 학습자는 자신이 원하는 것을 인식하고 있지만 실제로 학습에 참여하지는 않고 있는 요구를 말한다. 감촉적 요구는 평생교육 프로그램 개발의 중요한 기초가 된다. 학습자가 원하고 필요로 하는 프로그램을 개발하는 것이야말로 평생교육 프로그램의 의의와 목표를 달성하는 것이기 때문이다. 그러나 다양한 특성을 가진 평생학습자들의 감촉적 요구가 객관적 측정을 거쳐 실제적인 프로그램의 개발로 이루어지기는 쉽지 않다. 따라서 평생교육 프로그램 개발가는 학습자의 감촉적 요구를 기초로 프로그램 개발을 시작하되, 타당성과 실현 가능성을 충분히 검토하여 진행해야 할 것이다.

(4) 표현적 요구

표현적 요구(expressed needs)는 학습자가 느낀 요구가 실제의 요구 충족을 추구하는 행위로 나타난 것을 말한다. 즉, 학습자의 실제 언어, 행동, 태도 등으로 표출된 요구이며, 요구 수요(demand)라고도 해석이 가능하다. 학습자의 표현적 요구는 매우 다양하게 나타나며, 예를 들자면 특정 프로그램의 등록을 위한 대기자 명단에 의하여 파악될 수 있다. 수많은 수강자가 지원하는 문화센터의 인기 강좌의 경우 이 분야를 배우고 싶어 하는 학습자의 표현된 요구가 나타난 것이라 할 수 있다. 그러나 이러한 표현적 요구에 기초하여 프로그램 개발을 실행하는 것은 학습자의 실제적 참여 비율을 예측할 수 없으므로 신중하게 접근하는 것이 좋다.

(5) 비교적 요구

비교적 요구(comparative needs)는 다른 개인이나 집단과의 비교에 의해 생성되는 요구이다. 예를 들어, 외국어 말하기에 능숙하지 않은 학습자 집단이 외국어를 유창하게 구사하는 학습자 집단의 교육 수준과 교육 환경을 부러워하면서, 실용적인 외국어 학습에 대한 교육 요구가 생겨나는 것과 같은 경우이다. 이와 같이 상대적 요구는 타인이나 타 집단을 자신이나 자신의 집단과 비교함으로써 비롯되는 요구이므로, 바람직한 요구 측정의 방법으로 인식되지 않는다.

앞서 살펴본 [그림 6-2]에는 규범적 요구, 감촉적 요구, 표현적 요구와 비교적 요구 간의 상관관계가 제시되어 있다. 이 네 가지 요구는 상이한 인식 기준에 의한 정의이므로 모든 상황에서 반드시 적용되지 않을 수도 있다. 그러나 실제로 평생교육 프로그램의 기획과 실천에 있어서는 이 네 가지 요구 중에서 **규범적 요구**와 **표현적 요구**가 중요하게 고려되는 것으로 인식된다.

(6) 미시적 · 거시적 요구

한편, 분과 동료들(Boone, Safrit, & Jones, 2002)은 **미시적 차원에서 거시적 차원으로 전환되어** 가는 **교육 요구**를 **위계적**으로 설명하였다. [그림 6-3]에는 표현적 요구에서 출발한 미시적 요구가 거시적 요구에 이르는 과정이 요구 위계의 도식으로 제시되어 있다. 청년층의 무분별한 신용카드 사용을 줄이고 건전한 신용카드 사용을 권장하기 위한 교육 프로그램을 개발할 때 미시적 요구의 위계가 점차 구체화되며 거시적 요구로 전환되는 절차를 확인할 수 있다. 즉, 청년들이 실제 삶에서 경험하는 신용카드에 대한 더 많은 정보를 원하는 느낌을 표출한 미시적 요구에서 출발하여 나중에 한 개인으로서 건전한 신용을 쌓기 위한 포트폴리오 작성 및 바람직한 카드 사용을 위한 거시적 요구로 확대 발전하는 과정을 보여 준다. 따라서 처음의 미시적 요구는 활용 가치와 내용수준이 더 높은 거시적 요구로 통합 · 전환된 것을 알 수 있다.

2. 요구 분석의 목적 및 필요성

요구 분석(needs analysis)이란 **현재 상태와 바라는 이상적 상태 간의 격차를**

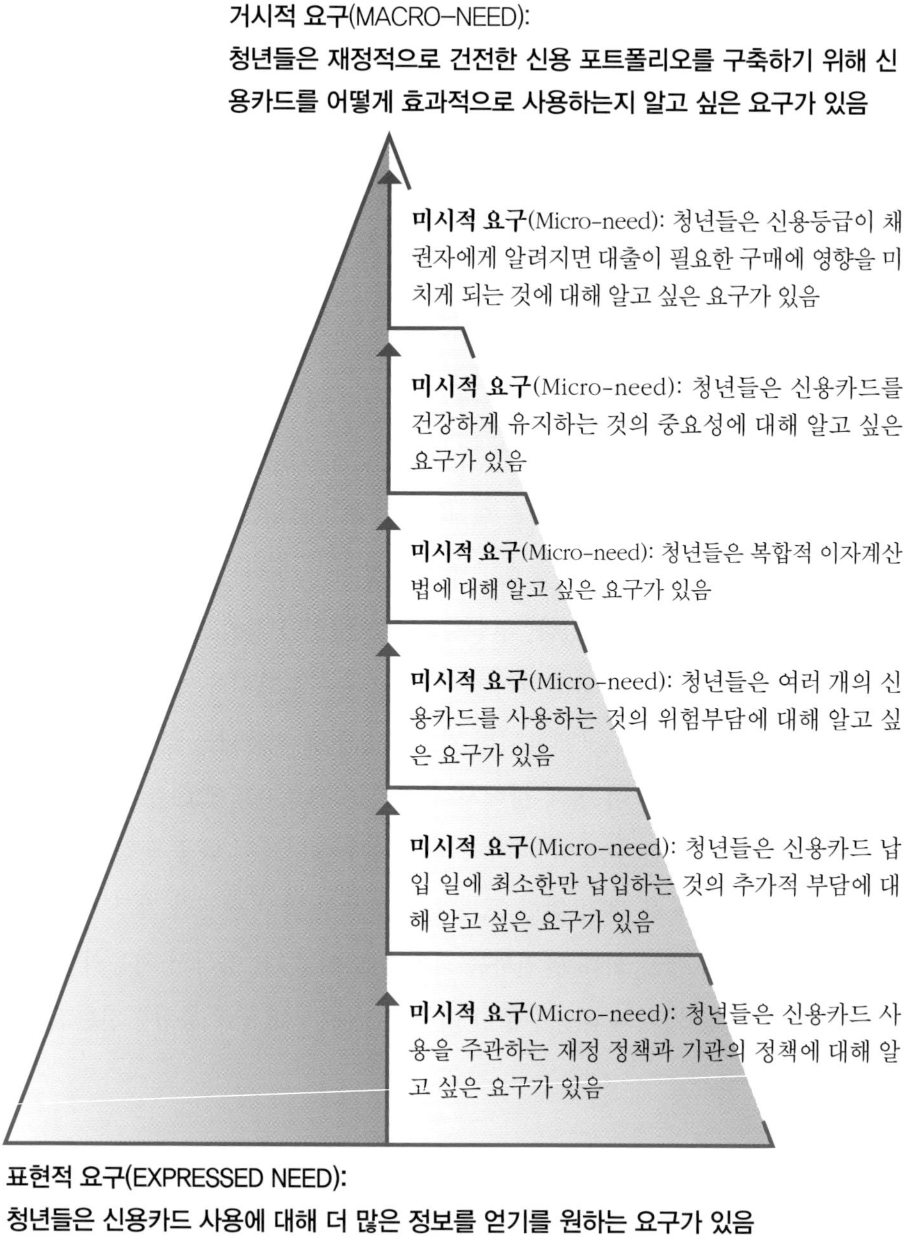

[그림 6-3] 요구 위계의 도식

출처: Boone, Safrit, & Jones (2002), p. 162.

파악해 내는 것으로 **요구 사정**(needs assessment)이라고도 한다. 평생교육 프로그램 개발에 있어서 요구 분석은 잠재적 학습 대상자의 교육 요구를 다양한 방법으로 측정하여 분석한 후 프로그램의 목표를 설정하기 위한 기초가 되는 단계이다. 상황, 학습자 및 기관 특성 등이 영향을 미칠 수는 있지만, 요구 분석을 실시하는 목적은 대부분 같다. 즉, 평생교육 프로그램을 효과적으로 계획하기 위해 반드시 필요한 정보를 수집하고 이를 분석하여 프로그램의 전반적인 방향과 목표를 설정한 후 기타 구체적 사항들을 결정하기 위한 것이다. 따라서 프로그램 개발의 모든 절차와 과정은 실제적으로는 가장 첫 단계인 요구 분석에서 출발한다고 볼 수 있다.

1) 요구 분석의 목적

요구 분석은 다음과 같은 여러 가지 목적을 달성하기 위해 수행된다.

첫째, 요구 분석은 프로그램 개발을 기획하는 첫 번째 단계로 프로그램의 **전반적인 방향**을 설정하기 위한 것이다.

둘째, 요구 분석은 잠재적 학습자들이 가장 필요로 하는 교육 프로그램을 식별하여 **우선순위**를 정하기 위한 것이다.

셋째, 요구 분석은 이미 실시되고 있는 프로그램을 **수정 · 보완**을 통해 개선할 것인가 또는 **폐지**할 것인가를 결정하기 위한 근거를 얻기 위한 것이다.

넷째, 요구 분석은 이미 실시되고 있는 프로그램의 평가에 필요한 **보조 자료**를 얻기 위한 것이다.

다섯째, 요구 분석은 평생교육 기관의 **목표와 비전**을 확인하는 기준이 되며, 아울러 잠재적 학습자들이 희망하는 교육 주제나 내용, 교육 방법론 등을 파악함으로써 교육 시장의 추세에 부응하기 위한 것이다.

2) 요구 분석의 필요성

요구 분석은 프로그램 개발의 가장 기본이 되는 핵심적 절차이므로 그 필요성을 살펴보면 다음과 같다.

첫째, 요구 분석은 프로그램 개발의 정당성을 제공한다.
둘째, 요구 분석의 결과로 얻어진 정보를 토대로 프로그램 개발의 매 단계별로 요구되는 합리적인 의사결정의 기초를 얻을 수 있다.
셋째, 요구 분석의 결과를 반영해 개발된 프로그램은 잠재적 학습자의 요구와 평생교육 기관의 비전을 함께 수용한다는 점에서 기관의 목표를 충족시킨다.
넷째, 요구 분석의 결과를 반영해 프로그램 운영에 필요한 예산 할당 기준을 마련함으로써 합리적인 자원배분을 할 수 있다.
다섯째, 요구 분석을 통해 지역사회 내의 평생교육 관련 기관 및 조직들 간의 상호 의존도 및 협동 상황을 파악하여 연계 가능성을 탐색할 수 있다.

3. 요구 분석의 차원

평생교육 프로그램 개발에서 요구 분석은 조직 및 기관은 물론 학습자 및 이해당사자들, 그리고 지역사회 및 사회 전체의 요구를 확인하는 매우 중요한 작업이다. 요구 분석은 요구 분석을 실시하는 기관이나 프로그램의 유형에 따라 학습자 요구, 기관의 요구 및 사회적 요구의 세 가지 차원에서 실시할 수 있다.

첫째, **학습자 요구 분석**은 프로그램에 참여가 예상되는 잠재적 학습자를 대상으로 요구를 파악하여 분석하는 것이다. 개별 학습자의 교육 요구를 측정하고 분석하여 프로그램 개발에 적용한다.

둘째, **기관 요구 분석**은 주로 조직적 차원에서 그 기관의 이념과 철학, 동원 가능한 자원 및 기관의 내·외부 환경에 관한 조사를 실시하는 것이며 그 결과를 프로그램 개발에 적용한다. 또한 유사 기관 간에 프로그램이 중복 또는 결여되는 현상을 개선하기 위해서 실시되기도 한다.

셋째, **사회적 요구 분석**은 사회적 요구 파악, 사회적 문제 해결이나 사회적 통합을 추구하는 평생교육 프로그램을 개발을 위해 주로 실시한다.

4. 요구 분석의 절차

요구 분석을 실제로 수행하는 구체적 절차를 알아보면 보통 설정된 기준에 따른 요구 조사를 실시한 후 수집된 자료를 분석하게 된다. 이때 특정한 기준에 기초해 수집된 요구의 **우선순위**를 설정하는 과정을 거치며, 그 다음으로 다시 더 세분화하여 **프로그램의 목적**이나 **교육 목표로 구체화**된다. 이때 기대되는 목표와 현재의 상태 간에는 어느 정도의 간격이나 차이가 존재하는지를 분석하게 된다. 프로그램 개발을 위해 요구분석이 중요한 이유는 요구분석의 결과가 바로 프로그램의 전체 방향과 내용의 구성으로 이어지기 때문이다. 따라서 요구 분석은 프로그램의 전반적 성공과 가장 밀접한 관계가 있다고 할 수 있다.

요구 분석 결과 파악된 요구를 모두 프로그램 개발에 포함시키기는 어렵다. 프로그램 개발가는 기관의 비전과 이용 가능한 자원, 교육 스케줄 등을 확인하고 파악된 요구를 수렴하여 프로그램 개발의 목적과 교육 목표 및 운영 지침으로 반영하게 된다. 여기서는 카파렐라(1994) 및 분과 동료들(Boone, Safrit, & Jones, 2002)의 요구 분석 절차 관련 이론을 알아본다.

1) 카파렐라의 요구 분석 절차

카파렐라(1994)는 프로그램 개발에서 요구 분석의 절차를 [그림 6-4]와 같이 10가지 활동으로 제시하였다. 그녀는 이 절차들이 순서에 따라 단계적이나 선형적으로 진행되는 것은 아니며 프로그램의 목적과 상황, 분석 주체에 따라 적절하게 실행 가능하다고 설명하였다.

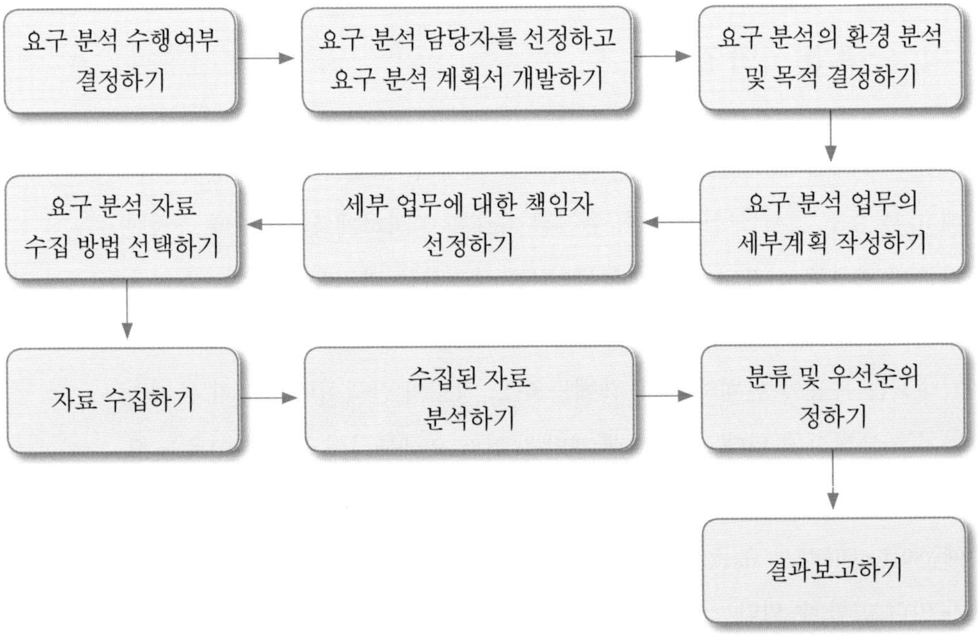

[그림 6-4] 요구 분석의 절차

출처: 김한별, 박소연, 유기웅(2010), p. 59.

2) 분과 동료들의 요구 분석 및 프로그램 기획 절차

한편, 분과 동료들(Boone, Safrit, & Jones, 2002)은 [그림 6-5]에서 제시한 바와 같이 미시적 수준과 거시적 수준을 고려하여 파악된 요구가 목표로 전환되고, 상황에 적절하게 전략 변경이 이루어져 결과를 도출하게 되는 과정을 보여 준다. 여기서 요구 파악, 목표 설정, 전략 변경, 결과 도출 등 프로그램 개발 기획의 모든 위계는 각각 미시적 수준(액션 플랜)과 거시적 수준(프로그램 기획)으로 구성되어 있다. 따라서 요구 분석에서부터 프로그램 결과를 얻기까지의 각 단계는 미시적 액션 플랜의 수립은 물론 거시적 프로그램 기획까지 병행해서 진행됨을 알 수 있다.

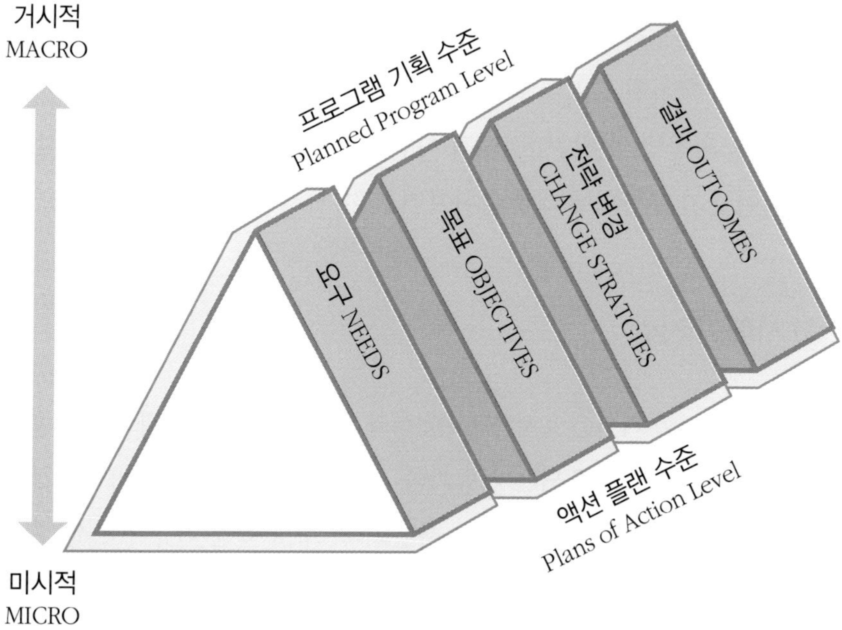

[그림 6-5] 요구, 목표, 전략, 결과의 평행적 위계

출처: Boone, Safrit, & Jones (2002), p. 159.

5. 요구 분석의 방법

앞에서 요구 분석의 목적과 필요성에 대해 제시하였듯이 요구를 정확히 측정하고 분석하는 것은 프로그램의 성공 가능성을 높이기 위한 필수적인 절차이다. 따라서 프로그램 개발가는 다양한 요구 사정 방법 및 전문적 요구 분석 기법에 숙달될 필요가 있다. 프로그램 개발을 위한 요구 분석을 위해서는 우선 필요한 정보를 소유한 대상을 찾아야 한다. 그 다음으로는 원하는 정보를 얻기에 가장 적합한 요구 분석의 기법과 도구를 선정하는 것이 중요하다.

요구 분석에 사용할 기법을 결정하기 위해서는 먼저 요구 분석의 목적, 프로그램의 유형, 학습자의 특성 및 동원 가능한 자원의 종류와 특성 등에 대해 면밀히 검토하는 작업이 필요하다. 요구를 가진 주체를 개인과 조직 그리고 사회적 차원으로 나누어 조사 방법을 설계할 수 있다. 여기서는 서베이 기법, 관찰법, 인터뷰, 결정적 사건 분석법, 델파이 기법 및 비형식적 기법의 여섯 가지 방법에 대해 알아보기로 한다.

1) 서베이 기법

서베이(survey) 기법은 **조사연구 기법**이라 하며 교육요구를 파악하기 위하여 가장 보편적으로 사용되는 기법이다. 학습자 집단의 규모가 비교적 크고 광범위하게 분포되어 있을 때 주로 사용된다. 주로 핵심 이슈나 추세 및 학습자의 지식, 태도 및 가치관과 관련하여 정보를 수집한다. 이와 함께 학습자의 요구 충족에 필요한 자원에 관한 정보도 파악한다.

서베이를 실시하는 방법으로는 일반적으로 **설문조사법**(questionnaire)이 많이 사용되며 때로는 전화조사도 이루어진다. 설문조사는 대개 우편을 통해 실시하며 근래에는 이메일(email)도 많이 이용되므로 조사 대상자와의 직접적인 대면 없이 정보수집이 가능하다. 반면, 전화조사는 조사 대상자와의 전화통화를 통한 질문에 대한 응답에 기초한다.

〈표 6-1〉에는 대표적 서베이 기법인 설문조사와 전화조사의 장단점이 요약되어 있다.

〈표 6-1〉 교육 요구 파악을 위한 서베이 기법의 장단점 비교

방법	장점	단점
설문조사	• 태도 · 의견 파악에 유용 • 저렴한 비용 • 광범위한 양적 정보수집 가능 • 정보의 타당성	• 효과적 질문지 제작의 어려움 • 저조한 응답률 • 제한된 질문의 수와 형태 • 응답에 대한 통제 불능
전화조사	• 간편한 과정 • 양호한 응답률 • 어려운 질문 가능 • 질문에 대한 통제 가능 • 응답자에게 접근 용이	• 조사 대상자의 응답의지에 좌우됨 • 고비용 • 정보의 타당성 부족

출처: 신용주(2004), p. 196 수정.

〈표 6-2〉에는 청소년 대상 프로그램 개발에 앞서 실시하는 설문조사지의 일부분이 제시되어 있다.

설문지는 질문이 간단하고, 응답자의 숫자가 많고, 응답자의 교육 수준이 높고 협조적일 때 사용하기에 적절한 조사 방법이다. 설문은 간단명료하게 작성되어 응답하기 용이할수록 효과적이다. 특히 개방형 문항이 포함될 경우에는 문항을 응답자가 정확히 이해할 수 있도록 작성하여 응답동기를 유

〈표 6-2〉 설문지 작성의 예

청 소 년

1. 다음은 청소년들이 가질 수 있는 문제로 귀하에게 부담되거나 어려운 것이라고 생각하는 청소년 문제가 무엇인지 우선 순위대로 2가지만 적어 주세요. 1순위(　　), 2순위(　　)

① 성적 및 진로문제　② 성격문제, 외모문제　③ 성(性)문제, 이성문제
④ 부모 및 식구와의 불화　⑤ 학교생활의 부적응　⑥ 폭력, 비행문제/피해
⑦ 흡연, 음주 문제　⑧ 본드, 가스, 약물 사용　⑨ 문제가 없다
⑩ 기타________

2. 귀하는 위문항에 응답한 어려움의 심각성은 어느 정도라고 생각하십니까?

① 매우 심각하다　② 대체로 심각하다　③ 그저 그렇다
④ 대체로 심각하다　⑤ 전혀 심각하지 않다

3. 다음은 지역의 청소년을 위한 프로그램입니다. 필요하다고 생각되는 프로그램을 우선순위대로 2가지를 선택해 주십시오. 1순위(　　), 2순위(　　)

① 학업 및 진로 상담프로그램
② 취미 · 기능교실(컴퓨터, 탁구교실 등)
③ 동아리활동(자유스러운 청소년 모임활동)
④ 청소년문제 상담 및 집단프로그램
⑤ 문화프로그램(좋은 영화감상, 음악회 등)
⑥ 자원봉사프로그램(복지활동, 환경보전활동 등)
⑦ 문제(비행) 청소년 치료 및 선도 프로그램
⑧ 청소년 유해환경 개선 활동
⑨ 기타(구체적으로:　　　　　　　　　)

4. 위에서 응답한 프로그램이 지역사회복지관에서 시행된다면 귀하께서는 참여할 의향이 있습니까?

① 꼭 참여할 것이다　② 참여할 것이다　③ 고려해 보겠다
④ 참여하고 싶으나 여건이 안된다　⑤ 참여할 의사 없다(관심없다)

5. (위 문항에서 ④, ⑤번에 응답한 경우만)참여하지 않는 다면 그 이유는 무엇입니까?(하나만 선택)

① 바쁘고 시간이 없어서　② 참여한다고 달라질게 없으므로
③ 내가 참여할 프로그램이 아니므로　④ 나에게 맞는 프로그램이 없어서
⑤ 참여하고 싶지만 방법을 몰라서　⑥ 경제적인 문제 때문에
⑦ 기타

출처: 평택복지재단(2011), p. 179.

발하는 것이 좋다. 또한 인사말에 응답자의 익명성 보장과 응답방법에 대한 설명을 알기 쉽게 작성하여 제시하는 것이 중요하다.

2) 관찰법

관찰법(observation)은 조사자 또는 프로그램 개발가가 직접 현장에서 관찰을 통해 정보를 수집하는 방법이다. 따라서 조사 대상자의 행동 특성이나 지역사회의 환경 및 상황을 정확하게 파악할 수 있다는 장점이 있다. 조사자는 직접 관찰을 함으로써 학습자나 지역사회가 갖고 있는 현실적 문제나 요구를 파악하는 데 중요한 기초 자료를 수집하여 활용할 수 있게 된다.

3) 인터뷰

인터뷰(interview)는 면담법이라고도 하며 응답자와 직접 얼굴을 보며 요구를 수집하고 파악할 수 있는 기법으로 대면 조사라고 부르기도 한다. 직접적 대면 조사가 어려울 경우에는 전화에 의한 조사도 가능하다. 설문조사법을 사용하기 어려울 때나 높은 응답률을 원할 때, 또는 특정 쟁점에 대한 구체적인 의견을 듣고자 할 때 특히 효과적이다. 인터뷰는 면담을 주도하는 면담자의 자질과 숙달된 진행 스킬이 반드시 필요한 기법이다. 면담자에게는 사전에 구체적 면담 계획의 수립이 요구되며 돌발상황에 대처할 수 있는 유연성이 필요하다. 상대방의 배경과 특성에 대한 사전 이해가 요구되며 질문순서 및 속도, 기록 방법 등에 대한 철저한 준비를 통해 인터뷰의 효과를 높일 수 있다. 인터뷰를 통해 심층 자료를 확보할 수 있으나 면담자의 주관적 판단이 작용할 수 있으므로 객관적 태도의 유지가 필요하다.

〈표 6-3〉에는 인터뷰의 장단점이 제시되어 있다.

〈표 6-3〉 인터뷰의 장단점

장점	단점
• 서면 응답이 어려운 질문에 대한 정보 획득 가능 • 최상의 응답률 • 응답에 대한 높은 통제력 • 심층자료의 확보 가능	• 설문조사법에 비해 시간과 비용이 많이 듦 • 응답자에게 접근이 어려움 • 정보의 타당성 결여 • 면담자의 주관적 해석이나 판단이 작용할 수 있음

4) 결정적 사건 분석법

결정적 사건 분석법(critical incidents approach)은 특정 직무나 직업을 가진 사람들을 위한 교육 프로그램을 개발하기 위한 요구 분석 방법이다. 이 방법은 주로 직무 분석과 함께 수행능력에 대한 평가가 이루어지는 것이 특징이다. 즉, 직무를 수행하는 과정에 발생한 주요 사건들을 분석함으로써 요구를 파악하는 기법이다. 결정적 사건 분석법은 주로 이미 취업하여 조직에서 근무 중인 사람들을 대상으로 하는 요구 조사에 많이 사용된다. 보통은 어떤 과제를 수행하는 데 있어서 중요한 핵심 요소들을 파악하기 위하여 주로 상위 직급에 있는 사람을 대상으로 조사한다. 즉, 그들의 삶에 있어서의 중요하고 결정적인 사건들을 기술하도록 함으로써 구체적인 행동 기록을 수집하는 것이다. 결정적 사건 분석법을 통해 얻게 되는 정보는 매우 구체적인 자료로서, 특정 과제 수행을 위한 필수적인 조건을 파악하여 공식화할 수 있다는 점에서 유익하다고 할 수 있다.

〈표 6-4〉에는 결정적 사건 분석법의 주요 특징이 제시되어 있다.

〈표 6-4〉 결정적 사건 분석법의 진행 과정

① 연구 대상 직무 집단과 직무 내용을 결정함
② 관찰자 집단을 선정함
③ 결정적 사건의 사례를 수집함
④ 모든 사건의 검증 후 기준을 충족시키지 못한 사건은 제거함
⑤ 행동의 범주화를 위한 관련 유형을 결정함
⑥ 우연히 포함된 결정적 사건들을 분리함
⑦ 결정적 사건의 중요한 행위자를 파악함
⑧ 광범위한 범주의 유사 행동들은 사건으로 식별함
⑨ 광범위한 행동들을 각기 하위 범주로 분류하여 소제목으로 다시 범주화함
⑩ 결정적 사건 사례의 임의적 범주화를 통해 일관성을 확인함
⑪ 최종적으로 범주화된 행위자의 행동을 토대로 결정적 요구 조건을 파악하여 기록함
⑫ 결정적 사건과 통제 변인 간의 관련성을 규명함

5) 델파이 기법

델파이 기법(Delphi technique)은 1950년대 초 미국의 랜드연구소(Rand Corporation)에서 개발된 의견 조사 방법이다. 이 기법은 일련의 질문지 개발 및 응답 내용의 수렴 과정을 통해 교육 요구와 관련된 전문가들 또는 관련자들의 합의점을 도출해 내는 집단 의견수렴의 한 형태이다. 델파이 기법의 유래는 미래를 예측했던 고대 그리스의 델포이 신전(Oracle de Delphi)으로 거슬러 올라간다. 델파이 기법은 지리적 또는 시간적 제약으로 인해 모두 함께 일정한 장소에 모이기가 쉽지 않은 전문가들의 식견, 직관 및 판단력을 효과적인 자원으로 활용하는 것이 특징이다. 또한 특정 사건의 발생 가능성을 예측하는 데 있어서도 다수의 대중이 아닌 전문가 집단을 통해 얻는 정보가 더욱 효과적이며 신뢰도가 더 높은 것으로 인식된다. 이러한 가정하에 전문가들의 의견을 수렴하기 위한 우편 설문조사를 실시한다.

맨 처음 단계로는 보통 한두 개의 포괄적인 질문으로 구성된 질문지가 응답자들에게 보내진다. 이 질문지를 회수하여 분석한 후 이들의 응답 내용에 기초하여 보다 구체적 질문으로 구성된 두 번째 질문지를 개발한다. 두 번째 질문지에 대한 전문가들의 응답이 다시 분석되고, 이를 근거로 더 추가적인 정보를 얻기 위해 세 번째 질문지가 보내지며, 대개 3~5회에 걸쳐 〈표 6-5〉와 같이 이러한 과정을 반복하게 된다. 델파이 기법을 성공적으로 실행하기 위해서는 전형적으로 의사결정자, 직원, 응답자 등 세 집단의 참여

〈표 6-5〉 델파이 기법의 단계

1단계	해당 분야의 전문가들을 선정하여 조사 대상 집단 구성
2단계	교육 요구 또는 핵심 이슈에 대한 전문가 의견 파악을 위한 질문지 작성 및 송부
3단계	1차 조사를 통해 파악된 결과를 적절히 분류 · 요약한 후 2차 질문지 개발 및 송부. 이때 그 이슈의 중요성, 필요성 및 성취 가능성 등에 대한 준위를 내어 평정할 것을 요구
4단계	2차 조사 자료에 대한 기본적인 통계 분석 후 결과를 재정리하고 요약한 뒤 다시 3차 질문지 개발 및 송부. 이때 조사 대상자들은 자신의 지난번 평정 내용의 수정이 가능하며, 그 이유를 제시
5단계	3차 조사 결과를 다시 통계 분석 후 결과를 재정리하고 요약한 뒤 다시 4차 질문지 개발 및 송부. 최종 수정 기회 제공
6단계	최종 결과 수합하여 요약한 후 보고서 제출

출처: 신용주(2004), p. 197.

가 필요하지만, 때로는 의사결정자와 직원이 동일 집단을 이루기도 한다(차갑부, 2002).

요구 사정에 있어 델파이 방법은 다양한 전문가 집단으로부터의 응답에 기초해 신뢰할 수 있는 결론을 도출해 낼 수 있다는 장점 때문에 많이 사용된

〈표 6-6〉 델파이 기법의 장단점

장점	① 객관적인 정보를 얻기 어려운 상황에 특히 효과적이다. ② 경제적으로 비용효과적이다. ③ 지리적 또는 시간적 제약으로 일정한 장소에 모일 수 없는 사람들의 참여가 가능하며, 전문가 의견의 반영과 수렴이 가능하다. ④ 대면 접촉이 없으므로 응답자들은 편리한 시간에 타인의 영향으로부터 자유롭게 자신의 의견을 표출할 수 있다. ⑤ 델파이 조사에 응답자가 되기로 동의한 사람들은 대개 동기 수준이 높고 문제 해결에 전념하는 경향이 있다. ⑥ 지필 형식의 응답을 통해 응답의 양적 · 질적 수준을 높일 수 있다. ⑦ 광범위한 교육 요구 분야에 대한 의견수렴이 가능하며 조사의 신뢰도를 높일 수 있다. ⑧ 참여자들은 누구나 동등하게 의견 및 아이디어를 제시할 수 있다.
단점	① 조사 대상자가 대표성을 확보하지 못했을 때는 의견수렴이 이루어지기 어렵다. ② 참여자들은 응답에 적지 않은 시간을 사용하게 되어 조사 기간이 많이 걸릴 수 있다. 또한 우편을 통해 이루어진다는 점과 반복적인 통계처리를 거친다는 점에서 절차가 번거롭고 시간도 많이 소요된다. ③ 주관적인 응답 내용의 진술이 명확하지 않을 경우도 있다. 이런 경우에 의견 합의를 이루지 못한 문제에 대한 토론을 통해 자신의 견해를 명료화하기가 어렵다. ④ 직접적인 강화나 보상을 통한 상호작용이 없으므로 응답자들을 계속 참여하도록 강화하기가 쉽지 않다. 그러므로 참여자들의 계속적인 조사 참여를 위한 적극적 동기유발이 요청된다.

다. 〈표 6-6〉에는 델파이 기법의 장단점이 정리되어 있다.

6) 비형식적 요구 분석 기법

앞에서 기술한 요구 분석 기법이 대개 형식과 절차를 중시하는 데 비해 형식에서 탈피하여 이루어지는 비형식적 기법(informal technique)도 활용된다. 즉, 프로그램 개발 전문가가 학습자 및 잠재적 고객과 일상적인 접촉을 통해 이들의 요구를 파악하는 방법이다. 비형식적 기법은 형식적 기법에 비해 시간과 자원이 덜 소요되며 손쉽게 정보를 얻을 수 있다는 장점에도 불구하고, 수집한 정보에 대한 타당성과 신뢰도의 확보가 어렵다는 단점이 있다.

6. 요구의 우선순위 설정

1) 우선순위 설정의 개념

프로그램 개발 과정에 있어서 요구 측정과 분석을 통해 수합된 요구들은 처음에는 단지 막연한 상태의 아이디어나 문제일 뿐이다. 따라서 평생교육 기관에서 자원과 여건이 허락하는 범위 내에서 프로그램을 위한 **요구의 여과**(screening) 과정을 거치게 된다. 이 과정을 **우선순위 설정**(priority setting) 과정이라 하며, 여기에는 일정한 기준이 필요하다. 우선순위 설정이란 평생교육 기관의 예산이나 가용 자원 등 모든 상황을 고려하여 다양한 요구 중 우선적으로 충족이 필요한 사항에 대해 순위를 정하고 차례로 의사결정을 하는 것을 말한다.

2) 우선순위 설정 방법

수집된 후 측정과 분석 과정을 통해 확인된 모든 요구들을 프로그램 개발가가 그대로 프로그램 개발에 반영하는 것은 현실적으로 불가능하다. 분(Boone, 1985)은 사정된 요구를 분석하여 거시적 목표를 설정한 후 이를 달성하기 위한 교육 내용과 자원을 구체화하고 교수전략을 수립하여 프로그램 개발을 완성하는 우선순위 설정 방법을 제시하였다.

한편, 보일(Boyle, 1981)은 교육 요구 분석을 통해 확인된 요구들의 우선순위를 설정하기 위한 범주를 상호 관련된 여섯 개의 영역으로 분류하였다. 즉, 개인의 가치와 지각, 조직, 잠재적 학습자 고객, 지역사회, 정치적 구조 및 자원 등의 여섯 가지 영역으로, 이들은 서로 관련되어 있으면서 또한 서로 제한하기도 하는 특성을 갖는다. [그림 6-6]에는 보일이 제시한 여섯 가지 영역

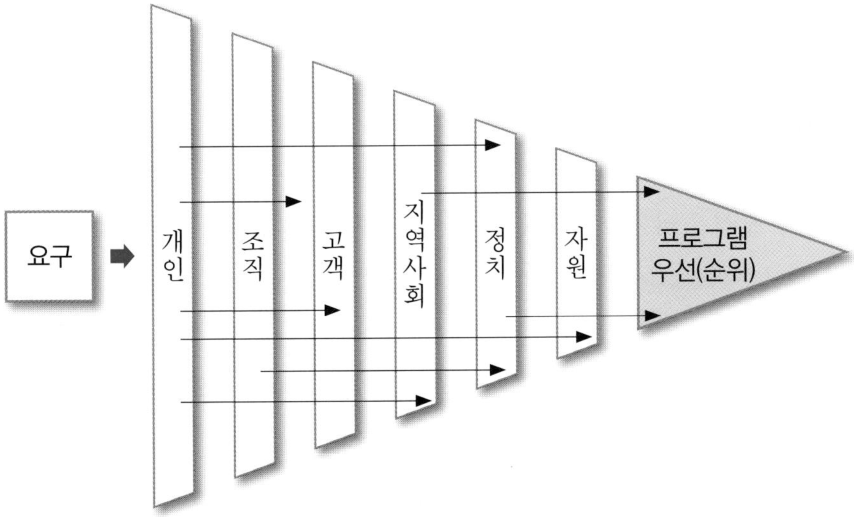

[그림 6-6] 우선순위 설정을 위한 여과 과정

출처: 김진화(2001), p. 263.

의 범주들이 요구의 우선순위를 결정하는 과정에서 작동하는 여과 장치와 같이 제시되어 있다.

3) 우선순위의 설정 과정

우선순위의 설정은 다음과 같은 과정으로 이루어진다.

첫째, 측정된 모든 요구의 리스트를 작성한다.

둘째, 요구의 보편성과 중요도에 따라 순위별로 나열한다.

셋째, 프로그램으로 개발될 요구를 선정하고, 이에 대한 당위성을 간략히 기술한다.

넷째, 요구 분석의 결과를 프로그램의 구체적인 목표로 전환한다.

다섯째, 프로그램의 목표로 진술된 내용이 기관의 목적과 부합되는지를 점검한다.

4) 요구 우선순위 설정 시 고려해야할 사항

요구 분석을 마치고 자료 분석이 이루어지면 그 결과를 주제별로 분류하여 우선순위를 결정하게 된다. 이때 프로그램 개발가와 전문가로 구성된 태스크포스 팀을 중심으로 요구 분석 결과에 기초해 가장 우선적으로 처리해야 하는 긴급한 요구부터 순위를 매기게 된다. 상대적으로 더 중요하고 파급효과가 큰 요구를 중심으로 하여 회의를 통해 우선순위를 결정한다.

〈표 6-7〉에는 대부분의 우선순위 결정 시에 주로 고려되는 사항이 제시되어 있다(Caffarella, 1994).

〈표 6-7〉 요구 우선순위 설정 시 고려 사항

사항	내용
긴급성	어떠한 요구가 더 시급하게 다루어져야 할 것인가에 대한 정도
수혜성	어떤 특정한 요구에 대하여 누가, 그리고 몇 명의 사람이 혜택을 입을 것인지에 대한 정도
파급효과	어떠한 요구를 채택했을 때 미치는 영향력의 정도
불일치 정도	현재 상태와 미래의 바람직한 수준의 불일치나 차이의 정도
지식, 기술, 성과에의 기여도	어떠한 요구가 학습자의 지식, 기술, 성과에 기여를 할 것인가에 대한 정도
조직 목표와 생산성에의 기여도	어떠한 요구가 조직의 목표 달성과 생산성 향상에 기여할 것인가에 대한 정도
(지역)사회에의 기여도	어떠한 요구가 (지역)사회의 중요한 이슈를 담아내고 있는가에 대한 정도
잠재적 결과	어떠한 교육/훈련 프로그램의 결과가 그 요구에 부응했는지에 대한 정도
자원의 질과 유용성	요구와 관련된 양질 자원의 유용성 정도
난이도	요구 사항에 대한 난이도를 고려
리스크 사정	요구를 소홀히 다루었을 때의 결과를 고려
변화에 대한 헌신	요구에 따른 변화에 얼마큼 헌신할 수 있을 것인가에 대한 정도
정치적, 경제적, 그리고 다른 외부 환경적 요소들	프로그램이 조직 및 지역사회의 가치와 지역, 국가, 국제적으로 우선해야 할 사항, 그리고 공공의 기대에 부합 혹은 반대되는지를 고려

출처: 김한별, 박소연, 유기웅(2010), p. 63 수정.

참고문헌

김진화(2001). **평생교육 프로그램 개발론**. 서울: 교육과학사.

김한별, 박소연, 유기웅(2010). **평생학습을 위한 프로그램 개발 및 평가**. 경기: 양서원.

신용주(2004). **평생교육의 이론과 방법**. 서울: 형설출판사.

차갑부(2002). **사회교육방법의 탐구**. 서울: 양서원.

평택복지재단(2011). 평택시 사회복지시설 욕구조사 실무도움서.

Boone, E. J. (1985). *Developing program in adult education*. Englewood Cliffs. N. J: Prentice-Hall, Inc.

Boone, E. J., Safrit, R. D., & Jones, J. (2002). *Developing programs in adult education: A conceptual programming model* (2nd ed.). Long Grove, IL: Waveland Press, Inc.

Boyle, P. G. (1981). *Planning better programs*. New York: McGraw-Hill.

Bradshaw, J. R. (1972). The taxonomy of social need. In McLachlan, G. (Ed.), *Problems and progress in Medical Care*. Oxford: Oxford University Press.

Caffarella, R. S. (1994). *Planning program for adult learners: A practical guide for adult educators, trainers, and staff developers*. San Francisco, CA: Jossey-Bass.

Knowles, M. S. (1970). *The modern practice of adult education: Andragogy versus pedagogy*. New York: Association Press.

Maslow, A. H. (1970). *Motivation and personality*. New York: Harper & Row.

제7장

평생교육 프로그램 목표 설정

앞장에서 프로그램 개발을 위한 기초 작업인 요구 분석에 대하여 알아보았다. 이 장에서는 요구 사정 및 분석의 과정을 거쳐 파악된 교육 요구를 프로그램 목표로 전환하는 과정에 대하여 알아보기로 한다. 요구 분석에 이어 프로그램 개발에서 가장 기본이 되는 단계는 프로그램 목표를 설정하여 제시하는 것이다. 프로그램 목표를 명확하게 설정하는 과정은 매우 중요하며 프로그램 개발의 모든 과정이 어느 방향으로 수렴될지를 알려주는 지표가 된다. 명료하게 진술된 목표를 통해서 프로그램 개발의 의도와 프로그램이 추구하는 바가 무엇인지를 학습자를 비롯한 모든 관련자들에게 확인시켜 주게 된다.

1. 프로그램 목표의 정의

목표라는 용어에 대한 개념 규정을 위해 영어로 그 어원을 찾아보면 purpose, goal, objective 등의 단어들로 서로 유사하면서도 조금씩 상이한 의미를 갖고 있음을 알 수 있다. 목적이나 목표는 보통 **프로그램 종결 시**에 학습자가 **획득해야 할 지식, 기술, 가치, 태도** 등으로 인식된다. 영어 각각의 정의를 비교해 보면, 우선 purpose는 주로 **일반적 목적**을 의미하는 단어로 이해되며, 교육정책 및 사회적 가치와 철학이 포함되는 매우 넓고 포괄적인 수준을 말한다. 유사하게 일반적 목적으로 통용되는 goal은 평생교육 기관이 추구하는 교육 철학과 가치를 반영하는 것으로 **추상적이고 광범위한 수준의 목표**로 인식된다. 주로 교육 프로그램의 시작과 함께 제시되는 일반적 목적은 기관의 장기적 교육 방향과 지향점을 알려준다. 한편, objective는 보통 **구체적 목표**로서 세부적이며 조작적 의미로 이해된다.

프로그램 목적은 보통 평생교육 기관이나 조직의 설립 이념, 사명, 비전 및 정책에서 도출된다. 조직 차원에서 추구하는 프로그램 목적에는 참여자 개인의 지식과 행동, 태도의 변화뿐 아니라 대개 조직의 생산성 강화와 경쟁력 향상이 포함된다. 즉, 프로그램 목적은 프로그램이 궁극적으로 추구하고자 하는 바를 나타내고, 따라서 정책적 이념이나 조직의 비전이 반영되며, 프로그램의 구체적인 목표로 세분화될 수 있어야 한다. 한편, 프로그램 목표는 정해진 프로그램 실시 기간 동안 교육 프로그램이 추구하는 학습자의 구체적인 인지, 정서, 행동, 태도, 가치 등의 변화된 결과라 할 수 있다. 프로그램 목표는 학습자에게 일어난 결과를 측정하기 위한 더욱 구체적인 행동 목표로 세분화될 수 있다. 즉, 프로그램 개발의 중심을 개인학습자에게 두고 진행하는 접근이라 하겠다.

카파렐라(Caffarella, 1994)는 프로그램 목적(program goal)과 프로그램 목표(program objective)를 다음과 같이 분류하여 설명하였다. 우선 프로그램 목적은 주로 교육 프로그램에서 제시하는 목적 및 의도에 대한 일반적인 서술을 의미하는 반면, 프로그램 목표는 교육 프로그램의 실시로 인한 성취가 기대되는 결과의 명료한 서술이라고 하였다. 그렇다면 카파렐라가 정의한 프로그램 목적과 목표의 차이점은 다음과 같이 요약할 수 있다. 즉, 목적은 프로그램의 전반적인 개발 의도를 의미하며, 목표는 프로그램의 실행으로 얻어질 구체적 결과를 말하는 것이다.

프로그램 목표는 특정한 시점에 평생교육 기관이 개발한 프로그램이 추구하는 교육적 결과라고 할 수 있다. 따라서 프로그램 목표에는 바라는 결과가 명시되어 있으며, 대개 직접 측정 및 관찰이 가능하고, 결과를 얻기까지의 시간 및 평가 기준이 명시된다. 프로그램 목표 설정은 프로그램 개발에 있어서 가장 핵심이 되는 부분이다. 어떠한 교육 요구가 프로그램 목표에 반영될 수 있을 것인가에 관한 결정은 프로그램 개발가나 교육 대상자가 임의로 할 수 있는 것이 아니다. 명확히 진술된 프로그램 목표는 프로그램에 참여하는 모든 사람들에게 분명한 목표 의식을 갖도록 해준다. 프로그램 목표에는 프로그램 종료 후에 학습자들이 도달하게 될 지식, 기술, 행동, 태도, 가치의 변화에 대한 내용이 명시되는 것이 좋다. 프로그램 개발가는 바람직한 프로그램 목표를 수립하기 위해서 교육 요구 분석을 토대로 인적 자원이나 환경 여건은 물론 비용과 재정 자원, 잠재적 참여자 특성, 제도, 정책 등 다양한 요소를 고려하여 **실행 가능한 목표**를 설정해야 한다. 또한 설정한 목표가 상위 기관이나 사회 정책의 목표와 일치하는지, 또한 세분화된 프로그램이 하나의 큰 프로그램으로 통합될 수 있는지도 확인하는 것이 좋다.

2. 프로그램 목표의 기능

교육 프로그램의 목표는 대체로 다음과 같은 네 가지의 기능을 갖는다.

첫째, 프로그램 목표는 프로그램의 목적 성취를 위해 설계되는 **교육 프로그램의 범주를 규정**해 주는 기능을 갖는다. 모든 프로그램의 목표의 계량적 설정이 가능한 것은 아니지만, 예를 들어 지역사회에서 취업교육에 참여한 50세 이상 조기퇴직자 30명이 프로그램 종료 후 6개월 내에 50%의 재취업에 성공하는 것을 프로그램 목표로 설정할 수 있다. 이처럼 프로그램 참여 대상자의 연령과 숫자, 달성에 필요한 기간 및 목표 취업률을 측정 가능하도록 숫자로 명시함으로써 프로그램의 목표 달성 범주를 분명하게 제시할 수 있다.

둘째, 프로그램 목표는 교육 프로그램에서 다루게 될 **학습 내용, 학습 유형, 교수-학습 방법, 기간, 운영 방식, 자원 활용 수준** 등에 대해 안내해 주는 역할을 한다. 즉, 프로그램 목표 달성을 위해 선정된 교육 내용과 교육 기간을 알려주고, 프로그램을 위해 지원될 인적 · 물적 자원의 제공 규모 등에 대한 정보를 제공한다.

셋째, 프로그램 목표는 학습자로 하여금 희망하는 변화를 얻을 수 있다는 기대와 함께 **동기를 부여**하는 역할을 한다. 따라서 학습자는 프로그램을 통해 지식, 기술, 행동, 태도, 가치의 변화를 획득할 수 있다는 의욕을 갖고 프로그램에 임함으로써 학습을 촉진하는 효과를 얻을 수 있다. 또한 분명하게 진술된 프로그램 목표는 잠재적 학습자의 프로그램 참여를 유도함으로써 프로그램의 운영을 더 원활하게 해줄 수 있다.

넷째, 명확하게 제시된 프로그램 목표는 프로그램 **평가의 준거를 명료화**하는 역할을 수행한다. 프로그램에 참여한 학습자가 프로그램 종료 시에 과연 학습 목표를 얼마나 달성했는가를 판단하기 위한 평가 기준, 평가 내용과 방법, 평가 결과의 활용 방안 등을 명시함으로써 학습자가 자신의 학습 결과의 평가가 어떻게 진행될 것인지를 정확하게 알고 이에 대처하도록 정보를 제공해 준다.

3. 프로그램 목표 설정

1) 프로그램 방향 설정의 기초

프로그램 개발가는 프로그램 목표를 설정하기 전 여러 가지 사안들을 미리 검토해 보고 숙고한 후 의사결정을 내리게 된다. 대부분의 경우 프로그램 개발에서는 기관 차원에서 기대하는 목표에 따라 프로그램 내용을 잘 구성하고 효과적인 교육 활동을 지원하는 것을 가장 중요하게 생각할 수 있다. 그러나 사실 좋은 프로그램은 정확한 요구 분석 결과와 다양한 요소에 대한 숙고 결과 수립되는 목표 설정으로부터 비롯된다.

프로그램 목표 설정을 위해 수행해야 할 첫 번째 과제는 프로그램의 정체성과 개발 의도를 분명하게 확인하는 것이다. 프로그램 목표는 평생교육 기관의 설립 이념과 가치, 비전, 운영 방향과 조화를 이루도록 설정될 필요가 있다. 또한 평생교육 프로그램을 개발하는 시점의 전반적인 정치, 경제, 사회적 상황 및 변화 추세, 그리고 교육 이념 및 정책과도 조화를 이룰 필요가 있다. 그리하여 새로운 변화에 적응하며 사회 발전과 개인의 성장 발달을 모색하는 평생교육 고유의 기능이 프로그램 개발의 목표에 반영되도록 한다.

다음으로는 평생교육 기관이 속한 지역사회, 잠재적 학습참여자를 비롯한 이해당사자 및 타 기관에 대한 사전 조사가 필요하다. 근래 지역사회를 중시하는 마을 공동체 의식이 확산됨에 따라 지역과 함께하는 프로그램 개발의 모색은 시대요구를 반영하는 것이라 할 수 있다. 지역사회의 요구와 문제를 파악하고 이의 충족과 해결을 위한 지역사회의 지원을 이끌어 낼 수 있다면 성공적인 지역밀착형 프로그램 개발이 가능할 것이다.

아울러 정부와 지방자치단체, 민간 및 자원단체 등 다양한 주체와의 협력관계를 강화하는 동시에 타 평생교육 기관의 프로그램 제공 상황을 파악하고 경쟁을 통해 함께 성장하는 것을 모색할 수 있다. 또한 평생교육 프로그램의 주 대상자인 성인학습자의 특성, 참여 유형 및 참여 저해 요인을 파악하여 이를 반영하여 목표를 정하는 것이 바람직하다. 그리고 무엇보다 중요한 것은 프로그램의 운영과 유지를 결정짓게 될 재정 자원 및 인적 자원의 확보 방안에 대한 정확한 검토를 토대로 목표를 설정하는 것이다.

2) 프로그램 목표 설정 시 고려 사항

프로그램 목표를 올바르게 설정하기 위해서는 프로그램이 지향하는 바가 무엇인가를 명확하게 인식하여야 하며, 다음 사항들에 대한 고려가 필요하다.

첫째, 프로그램의 정체성을 확인한다.

둘째, 프로그램의 잠재적 고객집단을 파악한다.

셋째, 프로그램 참여자들의 교육 요구를 정확히 측정한다.

넷째, 실현 가능한 요구를 선정한 후 이에 기초하여 구체적인 프로그램 목표를 진술한다.

다섯째, 프로그램 목표가 평생교육 관련 환경의 변화추세, 운영 주체, 프로그램 제공기관이나 후원단체 등의 이념과 조화를 이루도록 설정한다.

여섯째, 프로그램 운영과 유지를 위한 인적 · 물적 자원을 파악하고 확보한다.

일곱째, 프로그램의 적절한 규모와 범위 및 기간을 결정한다.

여덟째, 프로그램의 정당성 확보를 위한 지역친화형 프로그램의 개발 가능성을 타진해 본다.

아홉째, 가시적 성과의 측정이 가능하도록 프로그램 목표를 설정하고, 그 성과를 홍보에 활용할 계획을 세운다.

3) 프로그램 목표의 설정

프로그램 목표(program objective)는 평생교육 기관의 이념, 자원 및 운영 측면을 고려하여 프로그램이 지향하는 내용을 구체적으로 제시하게 된다. 따라서 참여하는 주체 및 대상에게 프로그램 개발 의도가 납득될 수 있도록 정확히 기술하는 것이 중요하다. 또한 프로그램 목표는 잠재적 학습자 집단이 프로그램에 참여함으로써 달성할 수 있는 변화들을 중심으로 진술하는 것이 좋다. 또한 예측 가능한 프로그램 결과와 예측하기 어려운 프로그램 결과를 모두 고려하여 프로그램 목표를 수정하는 단계를 거치는 것이 바람직하다. 이렇게 설정된 프로그램 목표는 프로그램 개발 과정의 모든 단계에 걸쳐 일관성과 타당성을 확보하기 위한 기초가 된다. 그리하여 프로그램의 참여자들은 프로그램 목표를 통하여 프로그램의 의도가 정확히 전달된다는 구체적 기대를 갖게 된다. 또한 후원단체 및 프로그램 개발 기관에도 프로그램 개발에 대한 정체성을 제공하며, 프로그램 자체의 홍보에도 도움을 준다.

이처럼 여러 기준이 반영되므로 프로그램 목표와 관련된 개념들은 조금 혼란스럽다는 느낌을 줄 수도 있다. 따라서 교육 활동이 기관의 철학이나 전체적인 프로그램의 개발 방향과 일치되도록 프로그램 목표를 제시하는 것이 좋다. 아울러 프로그램 목표는 전반적인 프로그램 개발의 방향성을 제시하고 어떤 활동들을 중심으로 프로그램 개발이 진행될 것인지를 안내하는 역할을 해야 할 것이다.

프로그램 목표를 설정할 때는 다음과 같은 실제적 측면을 미리 검토할 필요가 있다.

첫째, 요구 조사를 통해 파악된 결과는 잠재적 학습자들의 요구를 충실히 반영하는가?

둘째, 평생교육 기관의 프로그램 목표가 전반적인 사회적 맥락, 교육정책 및 기관의 비전과 조화를 이루는가?

셋째, 평생교육 기관의 프로그램 목표가 기관의 전반적 역량, 즉 인력이나 재정 자원의 규모 및 과거의 실시 경험에 비추어 실행 가능한 것인가?

넷째, 프로그램 목표를 구체적 행동 용어로 기술할 수 있는가?

다섯째, 프로그램 목표에 구체적 예산 내역 및 평가 기준이 포함되었는가?

4) 요구 분석 결과의 프로그램 목표 전환

요구 분석의 결과는 목표로 전환되어 프로그램 개발이 시작되게 된다. 로저스(Rogers, 1998)는 목표를 '**의도한 결과**(intended outcomes)'로 규정하였으며, 이는 목표 달성을 기대하는 성과로 해석한 것이라 할 수 있다. 로저스는 교수자와 학습자의 목표가 서로 완전히 일치하지 않을 수도 있다고 보았으나, 이 두 가지 목표 간에는 겹치는 영역이 있으며, 대부분의 학습자는 교수자가 제시한 목표를 보고 기대를 갖고 프로그램에 참여하게 된다고 하였다. 또한 실제 성과는 교수자나 학습자가 의도했던 성과와 일치하는 부분도 있고, 일치하지 않는 부분도 있으며, 또 성과가 나중에 나타나는 지연된 성과도 있다고 설명하였다.

[그림 7-1]은 교수자와 학습자의 목표 또는 의도한 성과들이 어떻게 서로 교합되는지를 보여 주며, 또 실제 성과와 나중에 나타나는 지연된 성과와의 관계를 보여 준다.

한편, 놀즈(Knowles, 1970)는 요구 분석을 거쳐 도출된 결과가 프로그램 목표로 전환되는 단계를 첫째, 요구의 조직화 단계, 둘째, 요구의 선별 단계, 셋째, 목표 설정 단계의 세 가지로 분류하였다.

각 단계별 특징을 알아보면 다음과 같다.

첫째, **요구의 조직화 단계**에서는 요구분석을 거쳐 수합된 많은 요구들이 프로그램 목표로 반영되기 위한 조직화 작업이 수행된다. 지식, 기술, 행동,

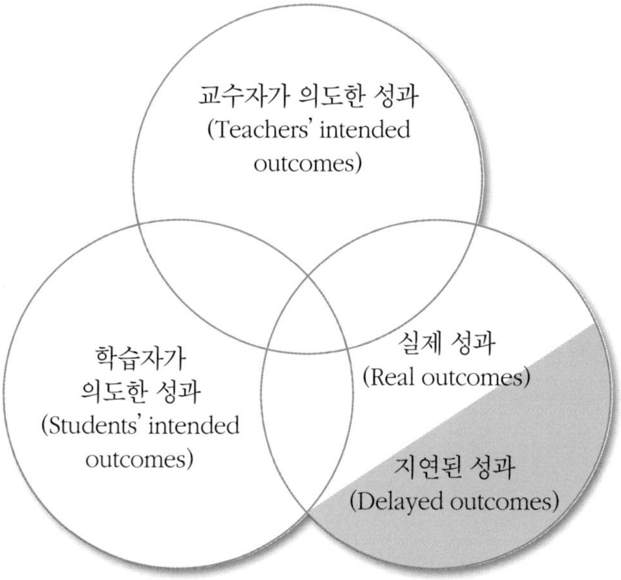

[그림 7-1] 교수자, 학습자가 의도한 성과 및 실제 성과

출처: Rogers (1998), p. 118.

태도, 역할, 가치 중 어떤 영역의 변화를 원하는지에 따라 수집된 요구들이 범주화된다.

둘째, **요구의 선별** 단계에서는 앞서 범주화된 요구가 선별된다. 선별의 기준은 프로그램의 요구와 평생교육 기관이 추구하는 이념이나 비전의 조화 여부이다. 다음으로는 프로그램 목표로 전환된 요구가 과연 현실적으로 실행 가능한 것인지에 대한 확인이다. 끝으로는 프로그램 목표가 요구 분석에서 드러난 개인 학습참여자의 관심사와 일치하는지에 대한 확인이다.

셋째, **목표 설정** 단계에서는 선별 과정을 거쳐 걸러진 요구들을 중심으로 프로그램 목표가 수립된다. 참여자의 상태, 학습 내용, 예상 결과, 기대 효과 등의 구성 요소를 함께 고려하여 프로그램 목표를 설정한다.

4. 프로그램 목표의 요소 및 진술 방법

1) 프로그램 목표의 요소

프로그램의 목표를 수립할 때는 인적 자원과 관련된 인적 요소, 환경 및 상황과 관련된 환경 요소, 투입 비용 등 여러 가지 요소들을 고려하여 결정하게 된다.

(1) 인적 요소

동원 가능한 인적 자원이 보유하고 있는 전문적 지식이나 기술을 구체적으로 파악할 필요가 있다. 가능하면 관련 분야에 대한 풍부한 경험이나 뛰어난 능력을 가진 인력을 활용하는 것이 바람직하다.

(2) 환경 요소

환경 요소에는 지역사회 내의 여러 기관들, 학습자 및 관련자들 등 프로그램에 관련된 다양한 상황 맥락에 대한 분석이 포함된다. 아울러 시설, 설비, 과업, 직무 특성 및 의사소통 체계도 함께 고려되어야 한다.

(3) 비용 요소

프로그램에 투입 가능한 시간, 재정, 인력 등을 총체적으로 고려하여야 하며, 초과 비용에 대한 대안도 함께 준비되어야 한다.

특정 교육 요구가 프로그램 목표로 전환되기 위한 기준은 다음과 같이 제시할 수 있다(기영화, 2001).

① 파급효과: 많은 사람들에게 영향을 미치는 정도
② 목표에의 공헌도: 조직의 목표 달성에 공헌하는 정도
③ 즉시성: 목표의 즉각적인 달성도
④ 영향력: 다른 요구에 긍정적 혹은 부정적인 영향을 미치는 정도
⑤ 요구의 수준: 현재 상태와 요구되는 상태 사이의 격차
⑥ 교육적 효능: 프로그램이 요구 실현에 공헌하는 정도
⑦ 자원의 이용 가능성: 요구 실현에 필요한 자원의 정도(인적 자원, 재정, 시설물, 장비 등)

2) 프로그램 목표의 진술 방법

프로그램 목표의 진술에는 프로그램 참여자인 학습자들에게 구체적으로 어떤 프로그램을 제공할 것인지, 또 궁극적으로 달성하려는 프로그램의 결과가 무엇인지가 명확히 제시되어야 한다. 프로그램 목표 진술의 원칙 중 많이 활용되는 기법은 'To-By-For' 원칙이다. 이는 **'어떤' 프로그램에 의하여, '누구에게'**를 중심으로 프로그램 목표를 진술하는 것이다.

〈표 7-1〉 프로그램 목표의 진술 원칙

To	프로그램을 통해 달성하려는 **구체적 목표**(to achieve specific objectives)
By	제공될 **프로그램의 유형**(by providing programs)
For	**학습자**(for identified learner)

출처: 김진화(2001), p. 279 수정.

프로그램 목표를 우리말로 진술하는 데는 상황·대상·내용·의도 등 네 가지 요소가 포함된다(김진화, 2001). **상황**은 참여자가 처해 있는 상황이나 현재 상태를, **대상**은 프로그램의 참여자를, **내용**은 참여자가 경험하게 될 프로그램의 내용을, 그리고 **의도**는 참여자가 프로그램 종료 후 성취할 궁극적인 기대 효과를 각각 명시한다. 이와 같은 원칙에 따라 다음과 같이 프로그램 목표를 진술할 수 있다.

〈표 7-2〉 프로그램 목표 진술의 예

부모와 청소년 자녀의 관계 향상을 위한 부모교육 프로그램의 목표 진술
청소년 자녀와의 대화 기회가 적은 (① 상황) 우리나라의 중년 부모를 대상으로 (② 대상)
부모-자녀 관계 향상을 위하여 효과적인 의사소통 기술을 교육·훈련함으로써 (③ 내용)
바람직한 대화 방법을 익혀, (④ 직접적 결과) 상호 이해를 증진하고 효율적인 부모 역할을 (⑤ 기대효과)
수행하도록 지원하는 것이 본 프로그램의 목표이다.

5. 학습 목표의 설정

1) 학습 목표 설정의 의의

평생교육 프로그램 개발에서 목적과 목표가 설정되면 그다음으로는 학습 목표(learning objective)가 수립되어야 한다. 프로그램 개발가는 프로그램에 참여한 학습자가 추구하는 변화를 위한 구체적인 학습 목표를 제시한다. 학습 목표란 개인학습자가 경험을 통해 달성하기 위해 전개하는 행동목표의 의미로 이해된다는 점이 특징이다. 즉, 학습자의 인지적 · 정의적 · 신체 운동적 변화를 일으키기 위한 구체적인 학습 활동을 의미하는 것이라 할 수 있다.

보일(Boyle, 1981: 196-198)은 학습 목표의 설정이 갖는 의의를 다음과 같이 기술하였다.

첫째, 학습 목표의 설정은 프로그램이 지향하는 학습의 방향을 제시해 준다. 교수자나 학습자 모두 분명한 학습 목표를 가지고 시작할 필요가 있다. 학습 목표가 명확하지 않은 상태에서 학생들을 가르치는 것은 목적지 없이 출발하는 것과 같다. 따라서 학습자는 물론 교수자도 학습 목표를 분명히 인식해야 한다.

둘째, 학습 목표는 학습 경험을 선정하기 위한 기준을 제시해 준다. 프로그램의 성공을 위해서 교수자는 학습자의 발달에 가치 있고 유용한 학습 경험을 제공할 필요가 있다. 목표가 분명히 설정되지 않은 학습은 방향을 잃게 된다. 따라서 학습 목표는 프로그램의 모든 참여자가 분명히 파악할 수 있도록 명료하게 정립되어야 한다. 특히 평생교육 프로그램에 참여하는 학습자들은 스스로가 지각한 학습 목표와 프로그램의 목표가 부합한다고 인지할 때 학습 효과가 향상된다.

셋째, 학습 목표는 프로그램의 평가기준을 제공한다. 학습 목표는 프로그램의 가치 및 성과를 판단하는 기초자료이다. 프로그램의 평가는 반드시 목표를 근거로 하여 수행되어야 한다.

2) 학습 목표 설정의 기초

실제로 평생교육 프로그램을 개발하면서 **구체적 학습 목표**를 설정할 때 반드시 고려해야 할 몇 가지 요소가 있다. 타일러(Tyler, 1949a)를 비롯한 많은 학자들은 지역사회 및 잠재적 학습자와 관련된 상황을 분석하고 요구나 문제를 분석하여 학습 목표를 구체화시키기 위한 원천으로 다음의 세 가지를 제시한다(차갑부, 2002).

첫 번째는 **학습자**이다. 프로그램 개발가는 학습자의 요구와 흥미를 측정해야 하며, 학습자의 요구와 상황 분석에 기초하여 학습 목표가 설정된다. 그 다음에 수업 목표는 잠재적 학습자가 가지고 있는 교육 요구를 어떤 방법을 통해서 충족시킬 수 있는지를 파악한 후에 설정된다. 따라서 학습자는 수업목표 설정의 중요한 원천이 된다.

두 번째는 **사회 변화**이다. 사회 변화를 읽음으로써 프로그램 개발가는 잠재적 학습자들의 학습 요구에 대한 직접적인 사정 없이도 그들의 흥미와 요구를 파악할 수 있다. 이러한 사회추세 분석을 통해 파악된 요구는 실용적이고 현실적인 평생교육의 학습 목표로 연결될 수 있다.

세 번째는 **교과 영역**이다. 구체적인 학습 목표는 특정 학문 영역의 내용이나 교수자 자신으로부터도 설정될 수 있다. 구체적으로 많이 연구되는 주제를 수업 목표로 설정했다면 그 원천은 그 주제가 속한 교과 영역이 된다.

평생교육 프로그램의 학습 목표가 바람직하게 설정되기 위해서는 학습 목표가 사회 전체가 추구하는 이념 및 가치를 반영하도록 하는 것이 중요하다. 따라서 국가나 사회의 일반적인 교육 목표와 일치되는 방향으로 학습 목표를 정하도록 한다.

3) 학습 목표의 설정 방법

학습 목표를 설정하는 방법으로는 크게 DLO 방식, C/L 방식, DMLC 방식, ISN 방식, LON 방식 및 LEN 방식을 들 수 있다(Dean, 1994: 69~71).

① 희망 학습 결과(Desired Learning Outcomes: DLO) 방식
가장 전통적인 방법으로 학습자가 원하는 학습 결과에 기초하여 학습 목표를 설정하는 방식이다.

② 면허 및 인증 시험(Certification/Licensure tests: C/L) 방식
면허 시험 및 자격 인증에 기초하여 학습 목표를 설정하는 방식이다.

③ 의사결정자 중심(Decision Maker Learning Context: DMLC) 방식
의사결정권자에 의해 학습 맥락이 형성된 후에 학습 목표가 설정되는 방식이다.

④ 교수자 강점/요구 중심(Instructor's Strengths/Needs: ISN) 방식
교수자 자신의 장점 및 요구에 따라 학습 목표가 설정되는 방식이다.

⑤ 학습자의 관찰된 요구 중심(Learners' Observed Needs: LON) 방식
학습자의 관찰된 요구에 기초한 학습 목표의 설정 방식으로 여러 방식 중 가장 바람직한 것으로 인식된다.

⑥ 학습자의 표현된 요구 중심(Learners' Expressed Needs: LEN) 방식
학습자의 표현된 요구에 기초하여 학습 목표가 설정되는 방식이다.

4) 학습 목표의 영역

(1) 블룸(Bloom, 1956)의 학습 목표 영역

학습에는 실로 다양한 영역이 존재한다. 단순 반복적인 기계적 학습에서

부터 복잡한 문제 해결 학습에 이르기까지 각기 상이한 교수 방법과 평가 기법을 필요로 한다. 따라서 학습 영역 및 수준을 파악하고 분류하는 것은 학습 효과를 향상시키기 위한 중요한 과제이다.

블룸(Bloom, 1956)은 학습 목표 영역을 크게 **인지적** 영역(cognitive domain), **정의적** 영역(affective domain) 및 **신체 운동** 영역(psychomotor domain)의 세 가지로 구분한 분류학(taxonomy)을 제시하였다. 인지적 영역에는 **모든 지적 과정**이 포함된다. 정의 · 용어 · 명칭 · 날짜 · 회상 · 개념 이해 · 문제 해결을 위한 원리나 공식의 적용 및 다른 사람에 의해 제시된 아이디어의 분석 등이 해당된다(차갑부, 2002). 그다음은 정의적 영역으로, **가치 · 태도 · 신념 · 정서 · 흥미**와 관련된 영역이다. 세 번째는 **신체적 동작**과 관련된 신체 운동 영역으로 수영선수가 일련의 신체적 기술에 숙달이 되어야 하듯이 신체 운동 영역은 기술이나 의학, 육아 등 여러 영역을 포함한다. 신체 운동 영역의 학습은 감정의 표현이나 섬세한 운동까지 포함된다.

〈표 7-3〉에는 블룸이 분류학에서 제시한 각 학습 영역의 단계별 실습 목표 및 영역이 제시되어 있다.

〈표 7-3〉 학습 영역 단계별 학습 목표 영역(Bloom's Taxonomy)

학습 목표 영역		내용
인지적 영역 (Cognitive Domain)	지식	• 이미 배운 내용의 기억
	이해력	• 내용의 의미를 이해 · 추론 · 해석하는 능력
	적용력	• 학습 내용을 새롭고 구체적인 과정 및 장면에 활용하는 능력
	분석	• 부분들 간의 관계 및 조직의 구조를 이해하기 위해 내용을 세분하는 능력

	종합	• 새로운 형태나 구조를 구성하기 위해 자료의 내용과 요소를 정리 · 조직하는 능력 • 부분과 전체를 형성하는 요소를 종합하는 능력
	평가	• 기준에 맞추어 사실을 판단하는 능력 • 어떤 목적과 의도를 위해서 주어진 내용의 가치를 판단하는 능력
정의적 영역 (Affective Domain)	수용	• 단순 지식의 습득이나 신념 · 가치 · 태도 등 특별한 자극이나 현상에 대한 학습자의 인식과 수용
	반응	• 제시된 정보에 긍정적 · 부정적 반응 • 특정 자극 또는 활동 부분에 대한 능동적 참여 행동
	가치화	• 특정 대상 · 활동 현상 · 행동에 대한 주관적 가치 부여
	조직화	• 가치 · 신념 · 태도 간의 상관관계 결정 • 서로 다른 가치를 비교 · 연계 · 종합화하는 것
	인격화	• 개인적 가치 체계 및 일반적 적응 기제의 선택으로 내면화된 행동 • 개인적 철학이나 세계관
신체운동적 영역 (Psycho−motor Domain)	반사 운동 또는 지각	• 감각을 통한 사물의 인식 • 개인 의지와 무관함 • 학습 목표로 설정될 수 없으나 더 높은 수준의 운동 기능의 기초가 됨
	초보적 기초 운동 또는 준비도	• 반사 운동과 반사 운동의 통합(잡기 · 서기 · 걷기와 같은 조작 · 위상 · 이동 동작) • 특정 운동에 대한 준비도
	반응 유도	• 감각 기관을 통해 지각 · 해석하고 환경에 대처 · 적응하는 기능 • 복잡한 과업의 요소인 구체적 기술 행동 수행
	기계화	• 모델링한 행동이 학습자에게 숙달됨 • 연속적인 숙달에 필요한 기초 기능(예: 장거리 경주 · 역기 · 레슬링)

	숙련된 운동 기능	• 복잡한 과업에 참여하여 주저 없이 행동함 • 동작에 능률성 · 숙달성 · 통합성이 포함된 기능
	동작적 의사소통 또는 적용	• 신체적 동작을 통해 감정 · 흥미 · 의사 · 요구를 표현 (예: 창작 운동 기능, 표현, 해석 동작 등) • 예기치 않은 상황에 대한 반응이나 학습 내용의 응용

출처: 김진화(2001), p. 281 수정: 신용주(2004), p. 207 재인용.

(2) 로저스(Rogers, 1998)의 학습 목표 영역

로저스(Rogers, 1998)는 성인학습자에게 적용할 수 있는 학습목표를 크게 행동적 목표와 표현적 목표로 분류하여 설명하였다. **행동적 목표**는 수영이나 그림을 그리거나 보고서 작성과 같은 무엇을 할 수 있는 능력을 정확하게 진술할 수 있는 것으로 주로 교수자에 의해 설정된다. **표현적 목표**는 주로 학습자에 의해 설정되며 그 결과를 예측하기 어렵고 학습자가 학습 기회를 통해 자신의 고유한 기술 · 지식 · 이해를 획득한 후 이를 더 확장하고 정교화한 것이다.

행동적 목표는 단순하고 선형적이며 학습자가 하나의 과제를 끝내면 다음 단계로 나아갈 수 있는 반면, 표현적 목표는 복합적이며 학습자가 참여하는 활동과 상황에 고유하게 적용될 수 있다. 예를 들어, 성인학습자가 천을 가지고 바느질 하기를 배우려고 책을 읽고 재봉 기술을 익히려는 경우에 학습자가 매번 바느질을 시도할 때마다 한 번에 여러 수준의 행동들이 동시에 작동하게 된다. 이 수준은 초보적 수준일 수도 있고 더 높은 수준일 수도 있다. 또 원하는 결과를 얻을 수도 있고 얻지 못할 수도 있다. 매번의 학습활동 속에는 이러한 상황이 전개되며, 학습자의 표현 목표를 형성하면서 행동 목표들과 함께 병행된다. 이러한 내용은 [그림 7-2]에 제시되어 있다.

로저스는 이처럼 행동 및 표현 목표의 구분은 가르치는 것(teaching)의 공

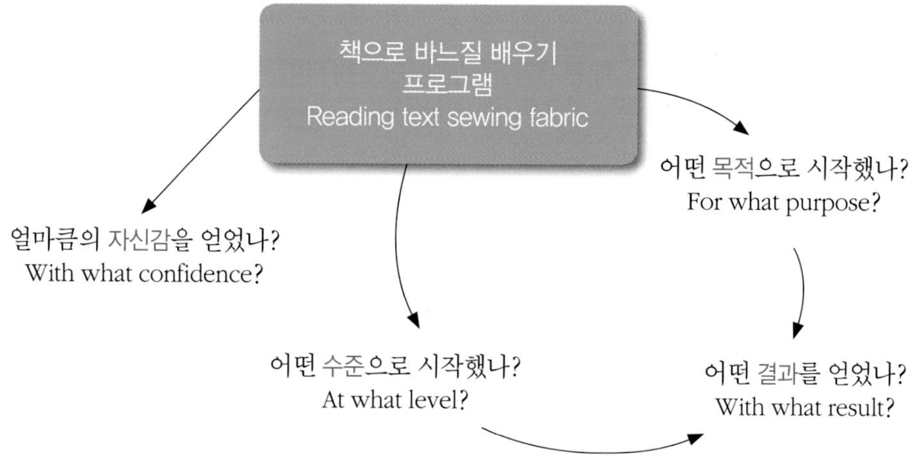

[그림 7-2] 프로그램 목표와 결과의 제시

출처: Rogers (1998), p. 128.

적 영향과 사적 영향 간의 차이를 알 수 있게 해준다는 점에서 유용하다고 설명하였다. **공적 영향**은 학습 결과가 공공연하게 나타나는 방식에 관한 것인 반면, **사적 영향**은 학습으로 인해 발생한 이해 · 태도 · 기술의 내적 변화가 개인학습자의 전반적 발달에 기여하는 것이기 때문이다.

(3) 분과 동료들(Boone, Safrit, & Jones, 2002)의 학습자 목표 영역

분과 동료들(Boone, Safrit, & Jones, 2002: 281)은 학습자 목표를 **거시적 목표**와 **미시적 목표**로 분류하고 이들을 각각 다음과 같이 설명하였다. 우선 학습자 목표(learner objective)란 행동 변화가 예상되는 내용 영역에서 규정된 요구의 충족을 위해 학습자가 성취해야 할 행동 변화에 대한 기술이라고 규정하였다. 한편, **거시적 학습자 목표**(macro-learner objective)는 최고 수준의 거시적 요구가 존재하는 내용 영역에서 학습자가 성취할 필요가 있는 가장 높은 수준의 행동 변화의 묘사라고 보았다. 또한 **미시적 학습자 목표**(micro-learner objective)는 학습자가 하위 수준의 미시적 요구를 충족하기 위하여 반드시 습득해야 하는 행동 변화의 묘사라고 하였다. 따라서 각 미시적 목표 내에 열거된 목표위계에 포함된 행동 변화의 획득은 거시적 목표에 명시된 새로운 행동의 획득으로 이끈다고 주장하였다. 이 내용은 제6장의 [그림 6-3]에서 제시된 청년들의 신용카드 사용에 대한 정보 요구와 관련된 예시(p. 142)를 참조하여 이해할 수 있다.

5) 학습 목표의 진술

학습 목표의 진술은 프로그램 목표에 기초하여 학습이 시작되기 전에 이루어져야 한다. 학습 목표의 명확한 진술은 학습자로 하여금 지식을 확장하고, 사고 능력을 키우고, 신체 운동 기술을 개발하고, 태도, 가치 및 정서적 변화를 경험하도록 하는 데 매우 중요하다(Bloom, 1956).

학습 목표의 진술은 일반적으로 다음과 같은 여섯 가지 **원칙**을 따른다(차갑부, 2002).

① 교수자의 행동이 아닌 학습자의 행동으로 진술되어야 한다.
② 구체적이고 명료한 행동 용어(behavioral terms)로 진술되어야 한다.
③ 행동 영역과 교과 내용 영역이 함께 포함되어야 한다.
④ 수업이 끝났을 때 학습자에게 발생할 수 있는 변화의 과정에 대한 내용이 포함되어야 한다.
⑤ 실현 가능한 것이어야 한다.
⑥ 하나의 학습 목표 속에는 하나의 개념만 포함되는 단일 문장으로 진술되어야 한다.

학습 목표의 진술 방식에 대하여 많은 학자들이 의견을 제시하였으나, 먼저 타일러(Tyler, 1949b)의 방식을 소개한다. 타일러는 학습 목표에는 반드시 다음의 세 가지가 구체적으로 기술되어야 한다고 설명하였으며, 다음 문장은 이를 사용한 기술의 사례이다.

① 수업 자료
② 학습자
③ 도달점 행동

학습자는	중요한 경제지표들을	기억할 수 있다.
(학습자)	(수업 자료)	(도달점 행동)

다음으로 메이거(Mager, 1997)는 학습 목표의 진술에는 다음의 세 가지 조건이 충족되어야 한다고 제안하였다.

① 수업을 통해 달성하려고 하는 **도달점 행동**(terminal performance)
② 도달점 행동이 발생되어야 할 **조건**(condition)
③ 도달점 행동이 성공적인지를 판단하기 위한 **준거**(criterion)

다음의 문장은 메이거가 제시한 위의 세 가지 조건을 대입하여 진술한 수업 목표의 사례이다.

수험생은 영어 듣기시험 시간에 방송으로 들려주는 대화 내용의 의미를 (조건)		
파악한 후,	제시되는 20문항 중 15문항 이상의 (준거)	옳은 답을 고를 수 있다. (도달점 행동)

이 사례를 보면, 메이거의 목표 진술 요소를 반영하여 외현적 행동을 명시한 행동 용어와 구체적인 준거를 토대로 한 학습자의 도달점 행동 목표를 제시하여 진술한 것을 알 수 있다. 이처럼 학습 목표 진술을 구성하는 요소에 관한 학자들의 의견을 정리해 보면, 결론적으로 대개 다음과 같은 네 가지 요소가 공통적으로 포함되어 있음을 알 수 있다.

① 학습자
② 외현적으로 나타나는 행동
③ 그 행동이 발생할 수 있는 조건
④ 평가의 수준

따라서 프로그램의 학습 목표를 설정할 때는 이러한 요소들을 모두 갖추고 있는지를 파악하여 목표를 정하는 것이 바람직하다.

참고문헌

기영화(2001). **평생교육 프로그램 개발**. 서울: 학지사.

김진화(2001). **평생교육 프로그램 개발론**. 서울: 교육과학사.

신용주(2004). **평생교육의 이론과 방법**. 서울: 형설출판사.

차갑부(2002). **사회교육방법의 탐구**. 서울: 양서원.

Bloom, B. S. (Ed.)(1956). *Taxonomy of educational objectives, Vol. 1: Cognitive domain*. New York: McKay.

Boone, E. J., Safrit, R. D., & Jones, J. (2002). *Developing programs in adult education: A conceptual programming model* (2nd ed.). Long Grove, IL: Waveland Press, Inc.

Boyle, P. G. (1981). *Planning better programs*. New York: McGraw-Hill.

Caffarella, R. S. (1994). *Planning program for adult learners: A practical guide for adult educators, trainers, and staff developers*. San Francisco, CA: Jossey-Bass.

Dean, G. J. (1994). Designing instruction for adult learning. Florida: Krieger Publishing Company.

Gagne, R. M. (1974). *Principles of instructional design*. New York: Holt, Rinehart & Winston.

Gagne, R. M. (1977). The conditions of learning (3rd ed.). New York: Holt, Rinehart & Winston.

Knowles, M. S. (1970). *The modern practice of adult education: Andragogy vs pedagogy*. New York: Association press.

Mager, R. F. (1997). *Preparing instructional objectives*. Belmont, CA: Pitman Learning.

Rogers, A.(1998). *Teaching adults* (2nd ed.). Buckingham: Open University

Press.

Tyler, R. W. (1949a). *Basic principles of curriculum and instruction*. Chicago: University of Chicago Press.

Tyler, R. W. (1949b). The use of tests in measuring the effectiveness of educational programs, methods, and instructional materials. In R. W. Tyler & R. M. Wolf (Eds.), *Crucial issues in testing* (pp. 143-156). Berkeley, CA: McCutchen.

제 8 장

평생교육 프로그램의 학습 내용 및 교수 매체 선정

1. 평생교육 프로그램의 학습 내용

평생교육 프로그램 개발에서 요구 분석과 목표 설정이 이루어지고 학습 목표가 설정되면, 그다음으로는 어떤 내용으로 교육 프로그램과 수업지도안을 개발하며, 또 어떤 교수 매체를 통해 이를 전달할 것인지를 결정하게 된다.

요구 조사가 종료된 다음 프로그램 개발가의 과제는 학습자의 교육 요구와 프로그램의 교육 목표에 부합되도록 가장 적합한 학습 내용을 선정하는 것이다. 교육 프로그램이 학습자의 교육 요구에 부응하는 동시에 많은 학습자가 교육 프로그램에 참여하도록 동기 유발을 하기 위해서는 학습자가 배우기를 원하는 내용으로 구성하는 것이 중요하다. 그다음으로는 결정된 학습 내용을 프로그램 목표를 중심으로 유형별, 단위별 또 방법론별로 구체적으로 설계하고 소요 시간까지 배정하는 수업지도안 구성으로 이어진다. 또한 각 수업 단위별로 학습 목표 달성에 가장 효과적인 교수법과 활동 및 매체를 선택하여 수업에서 활용하게 된다. 이 장에서는 학습 목표의 달성을 위한 학습 내용의 선정과 수업지도안의 구성 및 교수 매체 선정에 관한 주요 사항들을 알아본다.

1) 학습 내용의 선정 및 조직

학습자에 대한 분석과 함께 학습자가 가지고 있는 교육 요구에 대한 분석이 완료되면, 이를 토대로 학습 목표를 달성하기 위한 학습 내용(learning contents)의 선정 작업에 들어가게 된다. 유네스코에서 제시한 학습 내용의 정의를 보면 다음과 같다(http://www.ibe.unesco.org/en/glossary-curriculum-terminology/l/learning-content).

"학습 내용이란 학습이 기대되며 교수-학습의 기초를 형성하는 각 교과목 내에서 또는 지식 · 기술 · 가치 · 태도의 학습영역 내에서 흔히 분류되는 화제 · 주제 · 신념 · 행동 · 개념 및 사실을 지칭한다."
(The topic, themes, beliefs, behaviours, concepts and facts, often grouped within each subject or learning area under knowledge, skills, values and attitudes, that are expected to be learned and form the basis of teaching and learning)

학습 내용은 학습 목표를 현장에서 교육 프로그램을 통해 실현하는 것이므로 매우 신중하게 선정해야 한다. 바람직한 프로그램은 학습 목표를 달성하기에 적합한 내용을 가장 적절한 교육 방법과 매체를 활용해서 학습자에게 전달하는 것이다. 학습 내용의 유형과 분량은 주로 학습자 집단의 특성과 크기에 따라 결정된다. 처음 평생교육 프로그램 개발을 계획할 때 예정된 기간과 시간적 틀 속에서 학습자들이 학습 진도에 큰 부담감을 느끼지 않으면서도 학습 목표를 달성할 수 있도록 학습 내용의 수준과 학습량을 알맞게 설계하는 것이 중요하다.

평생교육 프로그램 개발에서 학습 내용의 선정과 조직을 위한 원리를 살펴보면 다음과 같다.

첫째, 타당성의 원리이다. 이는 학습 내용의 선정은 평생교육 기관의 비전 및 교육 프로그램의 목표를 반영하는 것이어야 함을 말한다.

둘째, 다양성의 원리이다. 이는 학습 내용은 학습자의 다양한 특성, 예를 들면 학습자의 연령, 성별, 직업, 관심 영역, 교육 수준 및 선행 학습 경험을 고려하여 제시되어야 함을 말한다.

셋째, **계열성**의 원리이다. 이는 학습 내용의 전개는 단순한 것에서 복잡한 것으로, 쉬운 것에서 어려운 것으로, 주변적인 것에서 핵심적인 것으로와 같이 체계적인 배열을 토대로 진행되어 학습의 차원이 확장될 수 있도록 해야 한다는 것이다.

넷째, **계속성**의 원리이다. 이는 학습 내용을 조직할 때 이전 단계에서 제시된 학습 내용과 다음 단계에서 소개될 내용을 원활하게 이어줌으로써 학습자가 학습의 연속성을 인식하도록 함을 말한다.

다섯째, **참여**의 원리이다. 이는 학습 내용은 민주주의가 실현되는 교육을 통해 모든 학습자가 적극 프로그램에 참여하도록 격려함으로써 학습자가 자신의 삶을 향상시킬 수 있도록 지원해야 함을 말한다.

〈표 8-1〉 학습 내용 선정 및 조직 원리

학습 내용 선정 및 조직 원리	학습 내용
타당성의 원리	학습 내용이 기관 이념 및 프로그램 목표를 반영함
다양성의 원리	다양한 학습자 특성 및 선행 학습 경험을 반영함
계열성의 원리	내용의 전개에 체계적 배열성(단순한 것에서 복잡한 것으로, 쉬운 것에서 어려운 것으로, 주변적인 것에서 핵심적인 것으로)을 반영함
계속성의 원리	이전 단계의 학습 내용이 다음 단계로 순조롭게 연결되도록 학습의 연속성을 중시함
참여의 원리	민주주의 교육 원리에 기초하여 모든 학습자의 적극적 참여를 격려함
통합성의 원리	학습 내용이 학습 목표 및 전체 프로그램 목표에 통합되도록 함

여섯째, 통합성의 원리이다. 이는 학습 내용의 전반적 요소들이 학습 목표에 효과적으로 부합되어 전체적인 프로그램 목표를 충족시키면서 학습자에게는 의미 있는 학습 경험을 제공하도록 통합되어야 함을 말한다.

〈표 8-1〉에는 학습 내용 선정 및 조직 원리가 제시되어 있다.

2) 성인학습자의 특성 및 학습 원리

평생교육 프로그램의 잠재적 참여자는 주로 성인학습자이다. 따라서 평생교육 프로그램을 개발할 때 성인학습자의 특성과 학습 원리를 고려하여 학습내용을 설계하는 것이 바람직하다(Knowles, 1989: 신용주, 2004 재인용).

(1) 성인학습자의 일반적 특성

성인학습자의 일반적 특성은 다음과 같다.

① 자기주도적이다: 성인은 아동이나 청소년과는 달리 구체적이고 직접적인 학습목표를 가지고 스스로 선택하여 학습에 참여한다. 또한 자신의 목표와 경험을 바탕으로 확고한 가치를 가지고 자기주도적으로 학습에 참여한다.

② 문제 해결 지향적이다: 성인의 학습 동기는 대개 문제 해결과 같은 실용적인 목표가 있을 때 유발되며, 행동지향적으로 참여한다.

③ 수행 가능한 수준의 활동에 흥미를 느낀다: 성인들은 실제로 모험을 하거나 신체를 이용하는 활동보다는 자신이 수행할 수 있는 수준의 활동에 더 많은 흥미를 느낀다.

④ 학습에 대한 두려움이 있다: 대부분의 성인학습자는 학습 실패에 대한 두려움 때문에 새로운 학습 상황에 처할 때 불안해하고 수줍어한다.

⑤ **가치와 기대를 갖고 학습에 참여한다**: 성인은 누구나 자신만의 가치 체계를 소유하고 있으며, 과거의 경험에 기초한 편견이나 태도를 갖는다. 놀즈(Knowles, 1989)는 아동에게 있어서 경험은 과거에 일어난 일에 불과하나, 성인에게 있어서 경험은 자아정체성 형성에 핵심 요소라는 점을 강조하였다. 성인학습자는 누구나 자신의 과거 학교생활 경험 중에서 성공적이고 행복했던 경험이나 그렇지 못했던 경험에 기초한 기대를 가지고 평생교육에 참여한다.

그 밖에도 카파렐라(Caffarella, 1994)는 성인학습자들에게는 특히 **관계 형성**을 위한 학습이 중요함을 다음과 같은 네 가지 이유를 들어 강조하였다.

첫째, 학습경험을 형성하는 기본적인 방법으로는 **협동적 상호작용**(collabora-tive interaction)이 효과적이다.

둘째, 교수자와 학습자가 학습 과정에서 **상호 지원적**일 때 학습 분위기가 촉진된다.

셋째, **협력적** 의사소통 스타일을 사용하는 것이 좋다.

넷째, 학습 과정에서 관계 향상을 위한 중요한 요소가 **감정**이라는 사실을 인식한다.

한편, 로저스(Rogers, 1998: 59)는 "평생교육에 참여하는 학습자는 계속 발전하고 있는 성인이다. 이들은 포괄적인 경험, 가치 및 학습 의지를 갖고 있으며, 과거 학습 경험에 기초한 흥미와 고유한 학습스타일을 갖고 있다."라고 강조한 바 있다. 평생교육 프로그램의 학습 내용을 설계할 때는 성장, 학습 경험, 가치, 학습 스타일 등 **성인학습자 고유의 특징**을 반영함으로써 적극적인 학습 참여를 유도할 수 있다.

(2) ARCS 이론의 적용

교육 프로그램의 학습 내용을 설계할 때 가능하면 학습자들이 호기심을 갖고 동기유발이 되어 원하는 학습 목표를 달성할 수 있도록 유도하는 것이 좋다. 학습자의 학습 동기를 유발하고 계속 유지하기 위한 전략적 모형으로 켈러와 콥(Keller & Kopp, 1987)은 'ARCS 모형'을 개발하였다. 이 모형은 교수–학습 과정에서 동기유발을 향상시키기 위한 방안으로 개발되었으며, 대부분의 교수 전략에 효과적으로 적용될 수 있다. 켈러와 콥은 이 이론에서 학습 동기 향상의 주요 요인으로 집중(Attention), 관련성(Relevance), 자신감(Confidence), 만족감(Satisfaction) 등 네 가지를 제시하였다. 따라서 학습 내용 개발을 비롯한 교수–학습 현장에서 ARCS 모형을 활용하는 것은 동기유발을 통해 학습자의 학습 목표 달성을 촉진하는 효과를 가져올 수 있다.

ARCS 모형에서 제시하는 네 가지 변인들의 특성은 다음과 같다.

① **집중**(Attention): 집중은 동기유발의 첫 번째 요소이며, 학습의 필수 선결조건이다. 그러나 동기유발을 하는 것보다 동기를 계속 유지하는 것이 더 어려운 과제이다. 지식을 추구하는 호기심이 있어야 하며 '무관심 · 지겨워함 vs 과잉활동성 · 불안' 간의 균형을 찾도록 하는 것이 중요하다.

② **관련성**(Relevance): 관련성은 "왜 이걸 배워야 하지?"라는 질문, 즉 학습하는 이유에 대한 답을 추구한다. 만약 이 질문에 대답할 수 없다면 학습 내용의 관련성에 문제가 있다. 어떤 학습자에게는 학습이 현재나 미래의 직업과 관련될 수 있고, 어떤 학습자에게는 학습 자체가 목적이고 기쁨이 될 수 있다.

③ **자신감**(Confidence): 자신감은 학습자가 학습에 자신을 갖고 계속 학습을 수행하도록 하는 주요 동기요인이다. 어떤 사람은 모든 여건이 좋아도

학업을 성취하지 못하는 반면, 어떤 이들은 역경 속에서도 뛰어나게 잘 한다. 그 차이가 바로 자신감이다. 실패에 대한 학습자들의 공포는 교수자가 인식하는 것보다 훨씬 크다. 따라서 교수자는 학습 환경 속에는 존재하는 경쟁과 어려움에도 불구하고 학습자의 자신감의 발달을 촉진하는 것이다. 학습자에게 만약 노력한다면 어느 정도는 성공할 수 있다는 인식을 갖도록 하는 것이 교수자가 추구하는 전략이다.

④ **만족감**(Satisfaction): 만족감은 학습자가 자신의 성취에 대해 기쁘게 생각하는 것과 관련된다. 학습자 자신이 스스로 수행한 학습에 대해 기분 좋게 느낄 수 있을 때 학습 동기가 유발되고 유지된다. 학습자들은 학습 과제나 달성 후의 보상에 대해 명확히 규정해 주었을 때 좀 더 동기유발된다고 한다.

(3) 성인학습 원리를 고려한 학습 내용의 구성

성인학습자는 능동적으로 학습에 참여함으로써 자신의 존재 가치를 확인하게 되고, 점차 자신의 학습 요구의 충족과 함께 문제 해결 및 의사결정 능력을 획득하게 된다. 학습의 효율성을 향상시키기 위해 다음과 같은 평생교육의 원리를 적용하는 학습 내용의 구성을 생각해 볼 수 있다.

① 적극적으로 학습에 참여할 수 있도록 **흥미로운 주제**를 선정한다.
② 학습에 대한 자신감을 얻을 수 있도록 **계열적, 순차적**으로 학습 내용을 구성한다.
③ 성인학습자의 반응속도를 고려하여 학습 내용을 전개할 때 **시간적 배열**을 고려한다.
④ 학습자의 **경험**이 학습의 기초로 활용되도록 하며, 강의 중심의 학습보다는 다양한 매체 활용이나 토론 등 참여가 가능한 **실천적 내용**으로 구성

한다.

⑤ 학습한 내용을 실제적 문제에 즉시 적용할 수 있도록 지원하는 내용으로 구성한다.

⑥ 학습자와 교수자 간의 원활한 상호작용과 피드백이 이루어질 수 있도록 학습 내용을 구성한다.

⑦ 학습자 간의 협력을 필요로 하는 다양한 협동학습을 촉진하는 내용을 포함한다.

⑧ 학습자가 만족할 수 있는 수준으로 학습 내용의 질을 유지한다.

2. 수업지도안

효과적인 수업을 실시하기 위해 교수자는 수업 목표, 교재, 교수법, 과제 및 평가 방식 등을 기술한 수업지도안(lesson plan)을 개발해야 한다. 수업지도안의 개발을 통해 전반적인 수업의 수행 계획을 문서화함으로써 교수자 자신은 물론 학습자로 하여금 계획적인 수업 준비를 할 수 있도록 도우며, 수업 효과를 높여 수업 목표 달성에 기여한다(신용주, 2012).

1) 수업지도안의 필요성

수업지도안을 수업 시작 전에 학습자에게 미리 배부함으로써 다음과 같은 혜택을 제공할 수 있다.

첫째, 수업 목표를 명확히 이해할 수 있으며, 매 수업 단위의 주제 및 과제를 파악하게 되어 수업 진행에 보조를 맞추기가 용이하다.

둘째, 학습자는 매 수업에 대하여 반드시 필요한 준비를 할 수 있으므로 시간과 노력을 절약할 수 있다.

셋째, 매 수업 단위가 수업 목표 달성을 위한 단계를 형성하므로 정해진 시간 안에 각 단위 수업에 충실함으로써 계획대로 원활하게 수업 목표를 달성할 수 있다.

2) 수업지도안의 주요 내용

교수자는 수업지도안에 매 수업 단위에 대한 구체적인 사항들을 제시한다. 여기에는 수업 단위별 주제, 내용, 학습 목표, 사용할 시청각 기자재 및 학습 자료, 교육 방법, 평가 방법 및 준거 등이 포함되어야 한다. 또한 학습자와 교수자 간, 그리고 학습자와 학습자 간의 상호작용을 위한 학습 활동이나 과제 관련 내용도 기술한다. 수업지도안에서 이러한 활동이나 과제의 내용은 특히 구체적인 행동 용어로 기술되는 것이 바람직하다.

앞서 설명했듯이 학습 내용은 학습 목표에 의하여 정해지게 된다. 커존(Curzon, 2004)은 학습 목표를 중심으로 제목에 의해 학습 내용을 개략적으로 요약을 제시하는 일반적 수업지도안과 함께, 대주제와 소주제 및 기타 내용을 모두 기록한 구체적인 수업지도안을 병행하여 개발할 것을 제안하였다. 학습 내용의 우선순위는 중요도 및 관련도에 의해 결정한다. 평생교육 프로그램의 수업지도안에는 학습 목표, 대상, 학습 시간, 학습 내용, 학습 경험의 계획, 방법, 기법, 매체 등의 학습 자원은 물론 평가 계획 등이 구체적으로 기술되는 것이 좋다(Boyle, 1981).

〈표 8-2〉에는 저소득가정 청소년의 건강한 성장 지원을 위한 진로적성 찾기 프로그램인 '드림하이'의 진행을 위한 세부 내용이 제시되어 있다.

〈표 8-2〉 '드림하이' 프로그램의 세부 내용

결과 목표	하위 목표	프로그램명	활동 수행 방법	매개체(도구)	수행 시기	수행 인력	참여 인원	장소
1. 자신의 적성을 파악한다.	1-1) 직업탐색을 통해 적성을 파악하도록 한다.	직업 탐색	① 자기이해 조사지 작성(흥미, 능력, 직업가치, 성격 조사) ② 조사지 분석 ③ 조사 내용 공유 ④ 적성탐구 ⑤ 직업정보 공유 ⑥ 적성에 맞는 직업 다수 선정(자기이해 자료를 기반) ⑦ 전문강사와 논의 ⑧ 선정 직업에 대한 세부 정보 공유	조사지 직업 정보	3월	사회복지사, 전문강사	10명	5층 강당
	1-2) 연 8회의 진로체험을 통해 자신의 적성을 파악한다.	체험 진로 선정	① 개인별 선정 직업 공유 ② 공유 직업 중 체험할 직업 선정 ③ 동일 직종에 대해 그룹 형성 ④ 체험계획 수립	직업 정보, 체험 가능 직업 정보	4월	사회복지사	10명	배움터
		진로 체험	① 그룹별 체험 직업 방문(다수의 그룹이 체험 가능한 직업의 경우 다수그룹 참여) ② 직업 체험 실시 ③ 체험일지(소감문) 작성 ④ 차후 진로체험 계획 및 준비	체험 일지	4월 5월 6월 7월	사회복지사, 체험 직업 담당자	10명	체험 직장
2. 장기적인 진로 계획을 작성한다.	2-1) 연 3회의 진로계획 작성을 실시한다.	진로 계획	① 자녀 및 부모 진로 논의 ② 목표 진로 선정 ③ 진로 계획 작성(목표설정-고등학교 진학/진학 후)	체험 일지 계획서	7월 8월 9월	사회복지사, 전문강사	20명	5층 강당

			④ 전문강사 정보 제공 및 피드백 ⑤ 계획 내용 수정 ⑥ 전문강사 피드백 ⑦ 진로 계획 작성					
		정보 제공	① 자료준비 ② 정보 제공 ③ 참여자 필요정보 확인 ④ 정보 제공	–	9월 10월 11월	사회 복지사	10명	배움터
		계획 점검	① 진로 계획서 확인 ② 질의응답 ③ 전문강사 진로 계획서 수정 피드백 ④ 진로 계획서 수정 작성	계획서	10월	사회 복지사, 전문 강사	10명	5층 강당
	2-2) 연 3회 학부모 간담회를 통해 진로 계획에 가정의 의견을 수렴하고 반영한다.	부모 간담회	**1회기** ① 프로그램 일정 및 내용설명 ② 프로그램 관련 의견 및 건의사항 수렴 **2회기** ① 자녀 자기이해, 적성 선정, 체험일지 자료 제공 및 설명 ② 자녀의 적성에 대한 논의 ③ 차후 일정 설명 **3회기** ① 프로그램 전반적 진행 결과에 대한 평가 의견 수렴 ② 프로그램 만족도 조사-간담회 일정 외에도 상시 부모 간담회 및 상담 실시	부모 간담회 일지	2월 7월 11월	사회 복지사	10명	배움터

출처: 당감종합사회복지관(http://www.danggam.or.kr)

3. 교수 매체

1) 교수 매체의 개념과 특성

평생교육에서는 효과적인 교수-학습을 위한 전략으로 교수 매체가 중요하게 활용된다. 교수 매체(instructional media)에서 매체란 교수-학습 과정에서 학습 내용을 전달하는 매개체, 즉 교재나 자료에 한정된 것이 아니라 전달 방법 등 방법론적인 측면까지 포함하는 개념이다.

(1) 교수 매체의 개념

교수 매체의 개념은 광의의 개념과 협의의 개념으로 구분지어 설명할 수 있다(권이종, 이상오, 2001: 216). 우선 협의의 개념으로는 학습하는 데 사용되는 모든 기계나 자료를 지칭하며, 특히 시청각적, 언어적 정보를 전달하는데 사용되는 시청각 기자재를 의미한다. 여기에는 주로 TV, 영사기, 라디오, VTR, 컴퓨터, 녹음기, 컴퓨터 프로그램의 하드웨어나 소프트웨어 등이 포함된다.

광의의 개념으로서 교수 매체는 학습하는 데 필요한 내용을 보충하는 보조 자료의 의미를 넘어서 교수-학습 과정에서 교사와 학습자 사이에 사용되는 모든 수단을 의미한다. 즉, 인적 자원, 학습 내용, 학습 환경, 시설, 시청각 기자재 등을 모두 포함하는 종합적인 개념이다. 따라서 수업 목표 달성을 위한 모든 자원 및 방법론에 관한 내용이 교수 매체의 개념 속에 내포되어 있다고 할 수 있다.

(2) 교수 매체의 특성 및 장점

교수 매체의 특성은 수업적 특성과 기능적 특성으로 나눌 수 있다.

① 수업적 특성

- 매체는 교수 활동의 전 과정에서 교사의 대리자적인 역할을 한다.
- 매체는 수업의 보조물이며, 교사는 학생의 수업 활동을 총괄하고, 매체는 교수 활동을 돕는다.

② 기능적 특성

- 고정성: 어떤 사물이나 상황을 포착하여 보존하고 재구성시키는 특성
  예) 동영상 파일, 비디오테이프, 음성녹음 테이프, 사진 필름 등
- 조작성: 어떤 사물이나 상황을 여러 방법으로 시간적인 상황을 고려하여 변형시키는 특성
  예) 식물이 자라는 모습을 저속 촬영하여 고속으로 재생시키는 방법 등
- 확장성: 공간적인 확대로서 하나의 사건에 대해 유사한 경험을 다수에게 제공하는 특성
  예) TV, 라디오, 인터넷을 통해 동시에 다수의 학습자에게 교수하는 방법

③ 교수 매체의 장점

평생교육의 실천에 있어서 교수 매체를 활용할 때는 반드시 교육 내용을 전달하는 데 효과적인 것으로 신중히 선정하여 사용해야 한다. 학습 목표와 직접적인 관계가 없는 자료를 제공한다거나 정확하지 못한 내용을 소개하는 것은 오히려 교수 활동의 효과를 감소시킨다.

적절한 매체를 적극적으로 활용하면 다음과 같은 장점이 있다.

① 수업 기능을 강화한다.
② 직접 학습 및 즉시 학습을 가능케 한다.
③ 수업 시간을 보다 효과적으로 사용할 수 있다.
④ 학습 경험을 흥미롭고, 풍부하게 만들어 준다.
⑤ 교수-학습 과정을 더 재미있게 만들어 준다.
⑥ 학습을 더 상호작용적으로 진행하도록 해 준다.
⑦ 학습의 질을 높여 준다.
⑧ 학습자로 하여금 학습에 대하여 긍정적인 태도를 갖게 한다.

2) 교수 매체의 선정 기준

교수 매체를 선정하는 데는 여러 가지 변인을 고려할 수 있지만, 여기서는 크게 학습 목표, 학습자 특성 그리고 수업 상황 요인의 세 가지 기준을 중심으로 알아보기로 한다(차갑부, 2002: 신용주, 2012 재인용).

(1) 학습 목표 요인

교수 매체를 사용할 때는 학습 목표에 맞는 자료를 적절하게 선택하여 사용하는 것이 중요하며, **학습 영역**이나 **수준**에 대해서도 고려할 필요가 있다. 예를 들어, 블룸(Bloom, 1956)의 분류학에서 인지적 영역의 가장 낮은 수준인 지식 및 이해력에서나 정의적 영역의 가장 낮은 수준인 수용에서는 학습자들이 정보나 가치를 습득하도록 하는 것이 학습 목표가 된다. 따라서 교수자 중심의 강의 기법이나 구두에 의한 프레젠테이션, 또는 영화와 같이 많은 상호작용을 필요로 하지 않는 방법이 효과적이다.

반면에, 인지적 영역의 중간 단계인 적용력 · 분석력의 수준이나 정의적 영역의 중간 단계인 반응의 가치화 수준에서는 학습자들의 적극적 수업 참여와 상호작용을 유도하는 것이 좋으므로 토론, 컴퓨터 보조 수업이나 게임 등이 효과적이다. 한편, 가장 높은 수준의 인지적 · 정의적 영역에서 종합력 · 평가력 · 조직력 등을 양성하고 가치의 내재화를 추구하기 위해서는 더욱 차원 높은 목표 달성을 위한 프로젝트 수행 등을 기대할 수 있다. 이 단계에서는 현장 경험이나 역할극 또는 튜터리얼을 활용할 수 있다.

(2) 학습자 특성 요인

교수 매체 선정 시 학습자의 수준, 경험 및 선행 지식, 요구 등 학습자 관련 특성을 고려해야 한다. 즉, 초보적인 수준의 학습자에게는 구체적인 자료와 함께 교수자 중심의 교수 기법을, 높은 수준의 학습자에게는 추상적 자료와 함께 학습자 중심의 기법으로 이동하는 것이 좋다. 또한 구체적인 학습 자료로부터 추상적인 학습 자료로 이동할 때 학습자는 구체적인 경험에서 추상적인 경험을 하게 되는 것으로 알려져 있다. 그 밖에 학습자가 장애 등 특수한 신체적 특성을 가지고 있을 때는 이러한 조건을 고려하여 특수한 교수 매체 및 교수 자료를 선정하거나 개발하여 사용하면 효과적이다.

(3) 수업 상황 요인

학습 목표나, 학습자 특성 외에도 수업 전략이나 교수 매체를 결정할 때는 집단의 규모, 물리적 시설, 자원, 수업시간, 교수자의 성향이나 전문지식 등 수업과 관련된 상황적 특성도 함께 고려되어야 한다. 이 중에서도 특히 집단의 규모는 수업 방법을 선정하는 데 직접적인 영향을 미친다. 교수자도 물리적인 환경을 쾌적하게 조성하기 위해 노력해야 하며, 새로운 교수 매체나 수업 자료를 자유롭게 사용할 수 있도록 숙달되어야 한다. 또한 수업시간, 교실의 형태와 기자재 등 물리적인 여건과 시설도 면밀히 점검할 필요가 있다.

3) 교수 매체의 분류 및 특성

교수 매체는 교재와 교구로 구성되며, 교재는 흔히 교육 자료라고 하는 교수–학습을 위한 자료로 교구와는 상대적인 개념이라 할 수 있다. 교수 매체는 보통 교재와 교구 모두를 포함한다. 교수 매체는 **비투시 매체**(non-projected media)와 **투시 매체**(projected media), **멀티미디어**(multi media) 등으로 분류할 수 있다(권이종, 이상오, 2001).

(1) 비투시 매체(non-projected media)

- 실물 · 표본 · 모형: 학습자에게 직접적인 경험에 가까운 기회를 준다.
- 교과서 인쇄 매체: 교과서는 높은 이용도에 비해 가격이 저렴하며 메시지의 전달이 명확하다는 이점이 있다.
- 그래프: 선, 단어, 기호 등을 통해 정보나 아이디어를 효과적으로 제시한다.
- 도표: 각종 도표를 통해 정보를 간략하게 요약해 보여 준다.
- 사진: 사실성과 상징성이 높으며, 시각적 경험을 장기간 유지할 수 있다.
- 괘도: 학습 내용을 연속적으로 제시함으로써 학습자의 이해를 촉진한다.

(2) 투시 매체(projected media)

- 컴퓨터: 교육의 정보처리 및 연산 수행의 기능이 혁신적으로 향상되고

있는 컴퓨터는 컴퓨터 보조학습(CAI)의 보충 및 심화 자료와 상호작용을 가능케 해주는 매체이다. 인터넷을 통한 이러닝(e-learning)의 매체가 된다.

- 슬라이드: 학습 주제나 대상에 대하여 사진보다 더욱 생동감 있는 여러 모습을 보여 줌으로써 견학이나 답사에 가까운 경험을 제공할 수 있다.
- 필름 스트립: 연결된 사진을 통해 연속적인 학습 내용의 제시가 가능하다.
- 영화: 시청각적 재생으로 학습 효과를 높일 수 있다.
- VTR: 녹화와 재생의 기능을 갖추고 있으므로 영상과 음성을 반복하거나 복사가 가능하다.

(3) 멀티미디어(multimedia)

- 교육 라디오: 공공성과 신속성을 가지고 있으며 유지비용이 많이 들지 않는다는 장점이 있다.
- 교육 텔레비전: 다양한 주제에 대한 완성적인 프로그램을 많이 반영하기도 하며, 때로는 단편적인 분야별 학습 활동도 포함한다.
- 컴퓨터 보조수업(Computer Assisted Instruction: CAI): 컴퓨터 보조수업에는 기본적으로 멀티미디어의 사용이 포함되며 혁신적 IT 기술의 발달로 그 영역과 효과성이 확대되고 있다.
- 컴퓨터 기반 교육(computer-based instruction): 학습자가 개인용 컴퓨터와 다양한 소프트웨어를 활용해 학습 성과를 제고하는 방법이다.
- 인터넷(internet): 전 세계의 컴퓨터들이 광통신망에 의해 연결되어 다양한 정보에 접근 및 활용하되, 또 상호교류가 가능한 통신망을 지칭한다.

참고문헌

권이종, 이상오(2001). **평생교육: 이론편**. 서울: 교육과학사.

신용주(2004). **평생교육의 이론과 방법**. 서울: 형설출판사.

신용주(2012). **평생교육 방법론**. 서울: 학지사.

차갑부(2002). **사회교육방법의 탐구**. 서울: 양서원.

Bloom, B. S. (Ed.)(1956). *Taxonomy of educational objectives, Vol. 1: Cognitive domain*. New York: McKay.

Boyle, P. G. (1981). *Planning better programs*. New York: McGraw-Hill.

Caffarella, R. S. (1994). *Planning programs for adult learners*. San francisco: Jossey-Bass publishers.

Curzon, L. B. (2004). *Teaching in further education: An outline of principles and practice* (6th ed.). NY: Continuum Publishing.

Keller, J. M., & Kopp, T. (1987). Application of the ARCS model of motivational design. In C. M. Reigeluth (Ed.), *Instructional theories in action: Lessons illustrating selected theories and models*. Hillsdale, NJ: Lawrence Erlbaum, Publisher.

Knowles, M. S. (1989). *The making of an adult educator*. San francisco, CA: Jossey-Bass.

Rogers, A.(1998). *Teaching adults* (2nd ed.). Buckingham: Open University Press.

당감종합사회복지관(http://www.danggam.or.kr)

http://www.ibe.unesco.org/en/glossary-curriculum-terminology/l/learning-content

제 9 장

평생교육 프로그램의 교수 방법 선정

1. 교수 방법의 선정

평생교육 프로그램 개발에서 학습 목표와 학습 내용이 선정된 다음에는 이를 학습자에게 전달하기에 가장 효과적인 교수 방법을 선정하게 된다. 교수 방법 및 교수 기법은 교수자가 학습 내용을 전달하기 위한 방법으로 학습자의 이해를 돕고 학습 목표 달성을 지원하기에 가장 적합한 것이어야 한다. 다양한 교수 기법들을 체계적으로 분류하는 기준이 명시되어 있지는 않으나 학습자 집단의 규모, 수업 목표, 교육 여건 등을 고려하여 알맞은 방법을 찾는 것이 좋다. 적절한 교수 방법을 사용한 교수–학습 과정을 통해 학습자는 학습에 더욱 적극적으로 참여하여 학습 목표를 성취할 수 있다.

평생교육 프로그램에서 교수 방법은 크게 개인 및 집단에 따라 분류되기도 한다. 보다 구체적으로는 교수자 중심, 학습자 중심, 체험 중심, 집단 중심, 토의법 및 이러닝과 모바일 테크놀로지를 사용한 교수 방법 등으로 제시할 수 있다(신용주, 2012).

2. 교수 방법의 유형

1) 교수자 중심 교수 방법

(1) 강의법

① 정의와 특징

강의법(lecture)은 교수자가 지식이나 기술, 사실에 대한 정보를 제공하고 설명을 통해 학습자들을 이해시키는 교수자 중심의 교육 방법이다. 즉, 교수자가 언어를 통해서 학습 내용을 일방적으로 제시하고, 대부분의 학습자는 이를 수동적으로 받아들이는 학습 활동이다. 판서나 교재 또는 인쇄물(handouts)을 보조 교재로 사용할 수 있으며 근래에는 파워포인트가 많이 쓰인다. 강의법은 여러 가지 교수 방법 중에서도 가장 역사가 깊은 교수 방법 중 하나로, 주로 학교와 같은 형식적 학습 상황에서 많이 사용되어 왔다. 변화하는 교수-학습 환경 속에서 강의법은 더 이상 효과적인 교육 방법이 아니라는 비판이 존재함에도 불구하고 아직도 대학을 비롯한 대부분의 교육 현장에서 가장 보편적으로 사용되는 방법의 하나이다.

카신(Cashin, 1985)이 설명하는 강의법의 주요 특징은 다음과 같다.

- 강의는 일반적인 교과서에서 찾아보기 어려운 새로운 정보나 지식을 제공한다.
- 강의는 핵심 개념들 간의 공통점 및 차이점을 부각시킨다.
- 강의는 특정 분야에 있어서 근거 파악, 비판적 분석 및 문제 해결 등을 다룬다.

- 강의 주제를 특정 강좌나 교과목에 가장 적절하도록 조직할 수 있다.
- 주요 개념을 부각시키고 개인적 통찰력을 서로 나누기에 적합하다.

② 장단점

강의법은 학습자에게 지식, 개념, 사실 등의 정보를 제공하기에 유용하다. 또한 강의법은 정해진 시간 동안에 많은 양의 지식과 정보의 전달이 가능하므로 경제적이다. 그러나 학습자의 개별 특성이나 학습 수준을 파악하기 어렵고 상호작용이 이루어지기가 쉽지 않다.

강의법의 구체적인 장단점은 〈표 9-1〉에 제시되어 있다.

〈표 9-1〉 강의법의 장단점

장 점	단 점
• 짧은 시간 동안에 많은 학습자에게 다양한 지식과 정보를 제공할 수 있어 경제적이다. • 정보와 지식의 체계적인 전달이 용이하다. • 소극적 학습자에게 참여 부담이 적다. • 능력과 자질이 뛰어난 교수자는 학습자의 높은 동기유발을 유도한다. • 교수자가 강의 내용, 수업시간 및 학습 환경을 상황에 맞게 조절할 수 있다.	• 학습자의 특성, 경험, 수준 및 기대를 정확히 파악하기 어렵다. • 학습자의 참여가 제한된다. • 학습자의 수준에 따라 학습 정도의 차이가 발생할 수 있다. • 학습자의 주의 집중이 지속되기 어렵다. • 학습자에 대한 교수자의 피드백 제공이 제한된다.

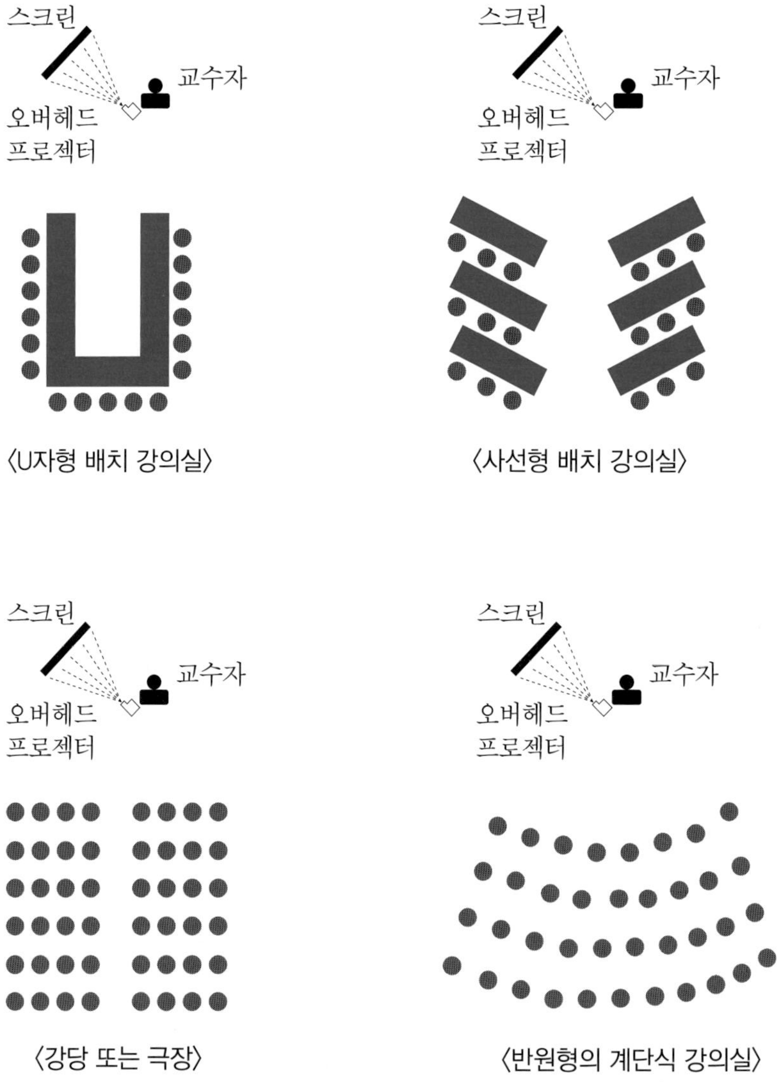

[그림 9-1] 강의법에 주로 사용되는 좌석 배치의 네 가지 유형

출처: Galbraith (2004), p. 241: 신용주(2012), p. 180 재인용.

한편, 강의를 듣는 학습자들은 교수자가 간단한 **요약본**을 미리 배부해서 수업 준비를 할 수 있도록 해주는 것과 노트를 받아적기에 적당한 강의 속도를 선호한다. 따라서 교수자는 학습자들의 특성을 파악한 후 이에 적절하게 강의 내용 및 속도를 조절하는 것이 좋다. 또한 강의 위주로만 수업을 진행하는 것보다는 실생활에서 경험할 수 있는 사례와 함께 강의 중간에 **핵심 포인트**를 확인해 주고 질문이나 피드백에 성의 있게 응답하도록 노력한다. 한편, 강의법을 사용할 때는 학습의 효과를 높이기 위한 강의실의 좌석배치가 매우 중요하므로 갤브레이드(Galbriath, 2004)가 제시한 좌석배치의 대표적 유형 및 활용 방법에 대해 미리 숙지한 후 경우에 맞게 사용하는 것이 좋다.

[그림 9-1]에는 강의법에서 주로 사용되는 좌석배치의 네 가지 유형이 소개되어 있다.

(2) 강연법

강연(Speech)이란 미리 요청받은 연사가 어떤 주제에 대해 미리 준비한 내용을 **구두로 발표**하는 것으로 때로는 강의법과 혼용되기도 한다. 강연법은 강의법과 유사하지만 그 내용에 있어서는 차이가 있다. 강연은 특히 다음과 같은 목적을 위하여 사용될 수 있다. 우선 이미 쟁점화된 주제에 대하여 정보를 제공하거나, 문제점이나 논점을 확인하고 명료화하는 데 유용하다. 특히 논란의 초점이 되고 있는 문제에 대한 분석이나 대안을 제시하거나 청중의 사고를 고무시키는 데는 매우 효과적이다. 그러나 강연의 성과가 오로지 연사 한 사람의 수준과 능력에 달려 있다는 점이 단점으로 지적된다.

2) 학습자 중심 교수 방법

(1) 자기주도학습

① 개념과 특성

자기주도학습(self-directed learning)은 학습자의 성장 발달을 촉진하는 대표적인 교수 방법이다. 의존적 존재인 인간이 점차 독립적, 자율적으로 학습을 계획하고 수행하는 능력을 함양하는 것을 목표로 한다. 놀즈(Knowles, 1970)가 주창한 **안드라고지**(andragogy)의 개념에서 제시된 바와 같이 학습자의 경험을 중시하며 실생활 학습을 위한 준비도, 문제 중심적인 학습 성향, 성장 요구 등 내적 동기에 의해 학습 동기 유발이 이루어지는 성인학습자에 대한 전제를 토대로 발전된 교수 방법이다. 터프(Tough, 1971)와 놀즈(Knowles, 1970)는 자기주도학습을 **성인 고유의 학습 과정**으로 인식한 대표적인 학자들이다.

② 자기주도학습 대 교사주도학습

놀즈(Knowles, 1975)는 자기주도학습을 이와 대치되는 개념인 교사주도학습(teacher-directed learning)과 비교함으로써 자기주도학습의 개념을 보다 명확하게 제시하였다. 이를 통해 전통적인 교사주도학습의 패러다임에서 **학습자**가 자신의 **학습에 대한 의사결정**과 **통제권**을 갖게 되는 자기주도학습의 패러다임으로 전환됨을 알 수 있다. 이러한 자기주도학습의 개념은 성인학습자가 많이 참여하는 평생교육 프로그램에서 매우 의미 있는 교수 방법으로 활용될 수 있다. 〈표 9-2〉에는 교사주도학습과 자기주도학습의 기본 전제가 학습자의 의존성, 경험, 준비도, 학습 성향, 학습 동기 유발 등의 차원으로 비교한 내용이 제시되어 있다. 여기서 자기주도학습의 특성은 성인

〈표 9-2〉 교사주도학습과 자기주도학습의 비교

학습자 조건	교사주도학습	자기주도학습
학습자의 의존성 및 자기주도성	학습자는 본질적으로 의존적인 존재이다. 따라서 교사는 학습자가 배워야 할 내용과 방법을 결정할 책임이 있다.	인간은 성숙을 통해 자기주도적 능력이 증가한다. 이러한 능력의 개발을 위한 교육이 필요하다.
학습자의 경험	학습자의 경험은 학습 자원으로서 가치가 적다. 교사는 전문가들의 자원을 전달할 책임이 있다.	학습자의 경험은 전문가의 자원과 더불어 개발되어야 하는 풍부한 자원이다.
학습의 준비도	성숙 수준이 같은 학습자는 동일한 내용을 학습할 준비가 되어 있다.	성인학습자는 자신의 생활과업이나 생활 문제에 적절히 대처하기 위해 학습할 준비가 되어 있다.
학습 성향	학습자는 교과 중심적 학습 성향을 가지므로 학습 경험은 단원의 내용에 따라 조직되어야 한다.	교과 중심적 학습 성향은 학습자의 과거의 학교 경험을 통해 조건화된 결과이다. 학습 경험은 과제 중심적 · 문제 중심적으로 조직되어야 한다.
학습 동기 유발	학습자는 점수 · 학위 등 외적 보상 또는 실패나 처벌에 대한 두려움으로 인해 학습 동기가 유발된다.	학습자는 내적 자극에 의해 학습 동기가 유발된다. 자아존중감 · 성취욕구 · 성장 욕구 · 알고자 하는 욕구에 의해 학습 동기가 유발된다.

출처: 신용주(2004), p. 94; Knowles (1975), pp. 19-21 내용을 표로 구성.

학습자에 대한 인본주의적 가정에 기초한 놀즈의 안드라고지 개념을 반영한다고 할 수 있다.

(2) 멘토링

멘토링(mentoring)은 일반적으로 뛰어난 전문지식과 경험을 갖춘 조직 내

선배나 상사인 멘토가 학습자의 성장 및 경력 개발을 지원하기 위한 상담과 조언을 제공하는 교육 활동을 말한다. 상호 간의 신뢰를 전제로 하여 주로 1:1 상호작용을 통해 멘토가 안내자나 지도자의 역할을 수행하게 된다. 조직에서 멘토링은 크게 경력 기능과 심리사회적 기능을 수행하는 것으로 인식되며(Kram, 1983), 특히 신입직원의 조직 정착, 인재의 개별적 육성을 돕는 것으로 알려져 있다. 멘토링 제도는 조직은 물론 멘토나 멘티 모두에게 유익

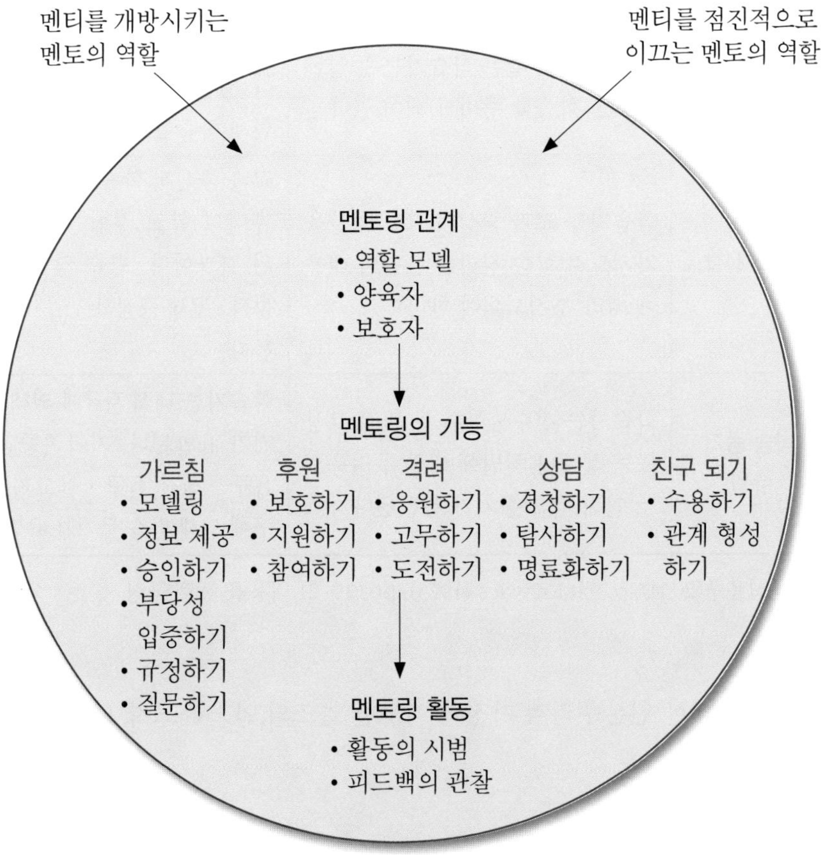

[그림 9-2] Anderson과 Shannon(1995)의 멘토링 모형

출처: Jarvis (2006), p. 161: 신용주(2012), p. 222 재인용.

함과 혜택을 제공할 수 있는 교육 방법이다.

멘토는 자신이 가진 전문성을 멘티와 공유하면서 멘티를 성장시키며 **역량**을 강화시킨다. 멘토링은 학습자의 개인적 성장, 직업 세계에서의 적응, 승진이나 경력 개발 등을 돕는다. 근래 청소년 대상 멘토링도 확대되고 있으며 다양한 특성과 경험을 가진 성인학습자를 대상으로 모델링, 정보 제공, 상담 및 조언, 비판과 지도를 제공함으로써 멘토링의 효과를 높일 수 있다.

보다 구체적인 멘토링 기능, 멘토링 관계 및 멘토링 활동과 관련된 요소들은 [그림 9-2]에 제시된 앤더슨과 섀넌(Anderson & Shannon, 1995)의 멘토링 모형에서 찾아볼 수 있다.

(3) 코칭

코칭(coaching)은 운동이나 악기연주, 미술과 같은 예체능 분야나 수학, 언어 학습 등의 교과목에서 또는 **기술 향상**을 위해서 도움이 필요한 학습자가 받는 **교육 훈련**을 말한다. 근래에는 코칭의 영역이 더욱 확장되어 직무능력 향상이나 부모-자녀 관계 향상을 위한 다양한 교육 프로그램에서도 활용되는 추세이다. 또한 코칭을 조직의 생산성 향상을 추구하는 조직 관리자와 부하직원 간의 면대면(face-to-face) 리더십으로 보는 경향도 증가하고 있다. 코칭은 보통 자발적·즉각적 코칭과 계획적·형식적 코칭으로 분류되며 두 가지 모두 학습자의 행동 변화를 유도하여 역량 강화를 모색한다는 공통점이 있다(신용주, 2012). **효과적 코치의 특징**은 대부분 바람직한 교수자의 특징과도 일치한다. 코치는 공정함과 일관성, 융통성과 공감 능력, 열정과 인내심, 친절함과 배려심 같은 덕목으로 학습자의 목표 달성을 효과적으로 이끌 수 있다.

로슨(Lawson, 1996: 49-58)은 코칭을 실시할 때의 일반적인 진행 절차를 다음과 같이 제시하였다.

첫째, 편안한 코칭 환경을 준비한다.

둘째, 직무수행에서 파악된 문제점을 기술한다.

셋째, 코칭 대상자의 자기 평가를 권유한다.

넷째, 코칭 대상자와 함께 문제의 본질을 파악한다.

다섯째, 대안이 되는 해결 방법을 모색한다.

여섯째, 문제해결 방법을 선택한다.

일곱째, 구체적 시행계획을 세운다.

여덟째, 코칭 종결 후 모니터 결과에 따라 추후 코칭을 실시한다.

(4) 학습 계약

학습 계약(learning contract)은 학습자에 의해 작성된 공식적 문서 협정(formal written agreement)이다. 평생교육 프로그램에서 성인학습자를 지식의 수동적 수혜자가 아니라 학습의 적극적 참여자로 격려하고 인정하는 교수 방법이다. 학습자와 교수자 간의 상호 신뢰를 바탕으로 공식적인 협정을 통해 무엇을 학습하고 언제 어떻게 학습을 달성할 것인지, 학습 결과는 어떤 기준으로 평가할 것인지를 정한다. 학습 계약을 체결하게 되면 학습자는 더욱 적극적으로 학습에 참여하기 위해 노력하게 된다.

학습 계약의 핵심 요소는 다음과 같다.

① 학습 목표

② 학습 자원과 전략

③ 학습 성취의 측정 근거

④ 평가 지표

⑤ 시간 계획표

학습 계약은 학습자의 동기유발을 향상시키고 학습 과정에 대한 학습자의 책임을 증가시킨다는 장점에도 불구하고 개념 정립에 어려움이 있고 학습 계약이 적합하지 않은 상황도 있으므로 사용 전에 미리 세심한 준비가 필요하다.

3) 집단 중심 교수 방법

대부분의 학습자는 집단으로 학습할 때 더 많이 배우고 더 많이 기억한다고 한다(Davis, 2009). 또한 학습자는 집단으로 학습할 때 수업에 대한 만족도가 더 높다고 한다. 집단학습(group work)은 학습 동기 유발과 사기를 높이는데 효과적이며 또 미래에 팀으로 일하는 것에 대한 준비를 할 수 있게 해준다. 집단학습은 거의 모든 수업에서 강좌의 크기나 내용에 관계없이 적용 가능하다.

집단학습에서는 학습자들의 상호 의존성을 기반으로 해결해야 하는 집단 과제를 부여하는 것이 효과적이며 학습자들에게 공평한 업무 분담이 이루어질 수 있도록 해야 한다. 학습자들 간의 활발한 상호작용을 촉진하기 위해서는 강의실의 환경 구성이나 자리배치가 집단학습에 편안한 느낌을 주도록 구성한다. 또한 모든 학습자가 동등하게 배울 수 있도록 하며 문제 발생 시에는 신속하게 대처하여 해결하도록 한다.

(1) 아이스 브레이킹

아이스 브레이킹(ice breaking)은 어떤 강좌나 수업이 시작될 때 처음 만난 학습자가 경험하는 어색한 느낌을 해소하기 위한 목적으로 실시하는 게임이나 짧은 활동을 사용하는 교수 방법이다. 주로 첫 수업에서 서로 소개하고 상대방에 대해 알게 해주기 위한 기법으로 웜업(warm-up) 활동의 하나라 할 수 있다. 보통 이름 소개 게임이나 간단한 질문하기 게임과 같은 누구나 참여할 수 있는 게임을 통해 서로 이름을 기억하고 교수자에 대해서도 알게 되며 수업에 대한 기대와 목표를 파악하게 된다.

(2) 브레인스토밍

브레인스토밍(brainstorming)은 집단의 모든 구성원으로 하여금 특정 주제와 관련해 연상되는 생각들을 거리낌 없이 말하도록 격려함으로써 **다양한 아이디어**를 경청하는 교수 방법이다. 어떤 문제나 과제에 대해 집단 구성원들이 집중적으로 해결 방안을 모색하기 위해 두뇌를 활용하도록 하는 집단 사고 기법으로 창의력 훈련의 일환으로 활용되기도 한다. 주로 6~12명 정도의 집단을 대상으로 특정 주제에 대한 자유분방한 아이디어나 의견을 내도록 하며 타인의 아이디어를 비판하지 않도록 한다. 진행자는 부정적인 말이나 비판적 피드백으로 자유로운 사고를 제한하지 않으며, 모든 의견 개진이 끝난 후에 아이디어나 의견을 구체화시킨다.

(3) 버즈 그룹

버즈 그룹(buzz group)은 **소집단이 토의**하는 모습과 소리가 마치 꿀벌이 윙윙거리는 것과 같다는 점에 착안하여 붙여진 이름이다. 집단 구성원이 모두 다 함께 토의에 직접 참여하기가 어려운 대집단인 경우 활발한 토의의 진행을 위하여 소집단으로 분리하여 분과 형태로 토의를 진행하는 기법이다. 대집단을 여러 개의 소집단으로 나누어 토의학습을 전개하는 것으로, 각 소집단들은 구성원들끼리 왁자지껄하게 의견을 교환하면서 주체적으로 토의를 진행한다.

4) 토의법 및 전문가 참여 토의법

(1) 토의법

토의법(discussion method)은 구두 표현을 통해 서로 의견을 교환함으로써 각 개인이 해결할 수 없는 문제를 공동의 집단 사고로 해결하려는 방법이다(권대봉, 1999). 토의법은 평생교육 프로그램에서 널리 사용되는 교육 방법이다. 토의를 통해 논란의 여지가 있는 주제에 대하여 전문적 지식을 가진 참여자들이 자유롭게 의견을 발표하고 다른 사람의 견해를 수용하거나 비판하면서 함께 문제를 해결하고 결론을 도출해 나가는 과정이다. 따라서 모든 집단 구성원을 포함하고 또 모든 구성원들이 참여한다는 점에서 포함적이며 참여적인 방법이라 할 수 있다.

근래 교수자들은 일방적으로 학습자에게 지식을 전달하는 일방통행식이

〈표 9-3〉 토의법의 장단점

장 점	단 점
• 학습자의 적극적, 자발적인 참여를 유도할 수 있다. • 집단역학의 작용으로 집단 시너지(synergy) 효과를 얻을 수 있다. • 학습자의 반성적 사고를 촉진하여 새로운 관점을 가질 수 있도록 돕는다. • 학습자의 자기표현 능력 및 상호작용 능력을 향상시킨다. • 구성원 간에 상호 존중하는 방법을 익힐 수 있다. • 토의 규칙에 따라 타인의 의견을 경청하고 자신의 의견을 논리적으로 전개하면서 집단의 합의를 도출하는 과정을 터득하게 된다.	• 토의에 시간이 많이 소요된다. • 토론에 대한 철저한 사전준비와 규칙개발, 그리고 체계적 관리가 요구된다. 때로는 토의 중에 예측하지 못한 상황이 발생할 수 있다. • 토의의 허용적인 특성으로 인해 학습자의 이탈도 가능하다. • 구성원이 완전하게 이해하지 못한 사실이나 쟁점에 대해서는 효과적인 토의가 이루어지지 않는다.

출처: 신용주(2012), p. 157-158의 내용을 표로 구성.

아닌 교수자와 학습자 간의 대화나 토론을 통한 **쌍방통행식 교육 방법**으로 교육 효과를 향상시키려는 추세이다. 토론식 교육 방법을 적용하여 학습자 간의 적극적 참여와 상호작용을 촉진할 때 학습효과를 얻을 수 있다.

보다 구체적으로 토론식 교육 방법의 장단점을 살펴보면 〈표 9-3〉과 같다.

다양한 집단학습을 활용하는 토의법은 평생교육 현장에서 널리 활용되는 교수 기법이다. 집단학습을 통하여 학습자는 자연스러운 상호작용과 함께 발표 및 토론의 기회를 얻을 수 있기 때문이다. 효과적인 토의 진행을 위해서는 보통 진행자를 포함한 모든 참여자가 원형으로 앉도록 배치하는 것이 좋으며, 토의 시간을 적절히 분배하되 진행자는 토의 내용을 요약할 때를 제외하고는 되도록 토의에 개입하지 않는다.

(2) 패널 토의

패널(panel)은 특정 주제에 관심 있는 3~6명의 소집단으로 이루어진 토론 집단이다. **배심토의**라고도 불리는 패널 토의는 특정 주제에 대한 전문 지식을 가진 패널 구성원이 진행자에 의해 의도적인 대화 형식으로 토의하는 것이다. 패널들은 보통 청중 앞에 있는 테이블에 앉고 진행자가 미리 준비한 질문을 통해 토론을 시작한다. 대화를 통한 형식으로 토론이 계속 이어지며 원칙적으로는 청중이나 진행자가 연설하는 것은 허용되지 않는다. 청중은 패널들의 대화를 보고 들으면서 학습하게 되며 때로는 진행자의 재량으로 토론에 참여하기도 한다.

(3) 포럼

포럼(forum)은 **공개토의**라 불리는 토의 기법이다. 포럼은 진행자의 주도하에 약 25명 이상의 집단 구성원과 2인 이상의 전문가가 공개적인 토의를 하는 것을 원칙으로 한다. 포럼은 주로 다음과 같은 경우에 개최된다. 첫째, 강의, 강연, 심포지엄, 패널 등에서 이미 제기된 쟁점을 더욱 심도 있게 분석하거나, 둘째, 집단 구성원에게 아이디어나 의견을 개진하도록 하고 이에 대한 토의를 하려고 할 때, 그리고 이에 대한 전문가의 견해를 듣고자 할 때 등이다. 진행자가 토의를 이끌며 청중으로 하여금 쟁점을 제기하거나, 이에 대해 토론 또는 논평하거나, 정보를 제공하거나, 포럼에 참석한 전문가에게 질문을 하도록 할 수 있다. 포럼은 패널 포럼이나 심포지엄 포럼과 같은 변형된 형태로도 실시 가능하다.

(4) 심포지엄

심포지엄(symposium)은 흔히 **단상토의**라는 집단 토의 방식으로 널리 활용되는 토의법으로 주로 다음과 같은 목적으로 개최된다. 즉, 특정 주제에 대하여 보통 2~5명의 해당 분야의 뛰어난 전문가들로 구성된 연사가 각자의 견해를 제시하는 일련의 프레젠테이션 이후의 공식적인 좌담토의의 형태로 진행된다. 각 연사는 특정 주제에 관하여 각자 20분 정도로 발표하며, 대개 심포지엄은 약 60~90분에 걸쳐 진행된다. 그러나 심포지엄에서는 사전에 준비된 공식적인 의견 발표만 할 뿐 발표자들 간의 대화나 토의, 또는 발표자와 청중 간의 의견교환은 거의 이루어지지 않는다(Galbraith, 2004).

(5) 세미나

세미나(seminar)는 토의법 중 우리에게 가장 친숙한 유형으로, 대학이나 대학원의 강의에서, 또 평생교육 현장에서도 널리 활용된다. 세미나는 대개 전문 연구기관의 주최로 해당 주제에 관한 전문가들로 구성된 소수의 참여자에 의해 실시된다. 발표자나 참석자 모두 관련 주제에 대한 수준 높은 지식과 정보 및 경험을 가지고 있어, 발제나 질의 및 토의 내용이 전문성을 갖는다.

(6) 콜로키

콜로키(colloquy)는 흔히 **대담토의**라고 불리는 토의법으로 특정 주제에 대하여 전문가와 청중의 대표가 토론하는 방법이다. 사회자가 토의를 주관하며 대개 6~8명이 토의에 참석하는데 이 중 3~4명은 청중 대표로 나머지는 자원인사나 전문가들로 구성된다. 토의시간은 학습자 집단과 전문가 집단에게 거의 동등하게 분배된다.

(7) 인터뷰

인터뷰(interview)는 **면담법**이라고도 불리며, 면담자가 학습자들 앞에서 미리 정해진 주제에 관해 한두 명의 전문가나 자원인사(resource person)에게 질문하고, 그 답변을 듣는 대화 형식을 통해 진행된다. 면담자는 전문가에게 주제와 관련하여 미리 정해진 질문을 하며, 인터뷰가 진행됨에 따라 즉흥적인 질문을 하기도 한다. 질문의 요지를 사전에 알려주나, 면담 자체를 연습하지는 않는다. 인터뷰는 주로 비형식적인 방법으로 정보를 제시하고자 할 때나 문제의 분석을 통해 논쟁점을 명료화하려 할 때 사용된다.

5) 체험 중심 교육 방법

(1) 시범

시범(demonstration)은 **기술, 행동, 지식**을 익히는 데 효과적이며 흥미를 유발할 수 있다는 장점을 갖는다. 관찰을 필요로 하는 주제나 기술을 배우는 데 적합하며, 교수자가 학습자에게 동작 기술의 전 과정을 보여 줌으로써 수행 능력 향상을 모색할 수 있다. 시범은 기술이나 행동이 수행되는 정확한 방식을 배울 수 있어 몇 시간에 걸친 강의보다 더 효과적일 수 있으나, 시범의 준비를 위한 연습과 검토에 많은 시간이 소모된다는 단점이 있다.

또한 비용-편익의 측면에서 대규모 집단 대상으로는 비효과적인 것으로 평가된다.

(2) 디베이트

디베이트(debate)는 어떤 주제나 이슈에 대한 논쟁을 통해 학습자의 관점을 제시하여 찬성과 반대 의견을 피력함으로써 상대방이 가진 다른 생각이나 관점을 경험하도록 해주는 교수 방법이다. 디베이트는 처음에 개인이나 한 팀의 대표가 예를 들어 "우리는 초·중등학교의 모든 시험은 없어져야 한다고 생각합니다."와 같이 주장하면서 시작한다. 보통 같은 주제에 대해 상반된 의견을 가진 팀의 대표나 팀원들이 각 팀의 주장에 대해 논점을 피력한 후 더 설득력 있는 논쟁을 전개한 쪽을 우승 팀으로 뽑게 된다. 디베이트는 옳고 그름을 넘어 학습자가 자유로운 논쟁에 참여하여 다양한 사고를 갖도록 촉진하며, 좀 더 관용적인 시각을 갖도록 해준다.

(3) 역할극

역할극(role play)은 인간관계에서 발생하는 문제의 해결을 위해 어떤 상황이나 문제를 극화시킨 가상적 상황에서 다른 역할을 연기해 봄으로써 상대방을 이해하도록 하는 데 효과적인 교수 방법이다(신용주, 2012). 감정을 탐구할 필요가 있는 주제를 다루는 상담 강좌나 사회복지학, 심리학, 교육학 관련 프로그램에서 많이 사용된다. 역할극에서 역할은 개인이 아닌 역할의 성격에 따라 배정되며, 반드시 훈련된 지도자의 안내 하에 실시되어야 한다. 참여자들은 상황 설명과 함께 등장인물의 성격에 맞는 역할을 맡게 되며 즉석에서 대사와 연기를 하게 된다.

역할극은 다음과 같은 상황에서 특히 효과적이다(권대봉, 1999).

① 집단 구성원의 감정이나 의견의 표현이 원활하지 않을 때
② 집단 구성원이 자신의 요구나 장해 요인 등에 대해 파악하기를 원할 때
③ 집단 구성원들 간의 관계가 좋고 자기 노출을 개의치 않을 때
④ 집단 구성원들의 감정을 완화시킬 필요가 있을 때
⑤ 집단의 이질성으로 공통성을 발견하기 어려울 때

역할극은 흥미유발과 긍정적 학습 효과를 기대할 수 있는 교수 방법이지만 순조로운 진행을 위해서는 잘 준비된 시나리오와 전문지식을 갖춘 지도자의 역할이 특히 중요하다. 역할극을 통해 집단 구성원 간의 친근감을 증대시킬 수 있고 심리적 억압의 해소를 경험할 수 있으며 인간관계에서 발생하는 문제를 체험할 수 있다는 장점이 있다. 반면, 기획과 연출에 상당한 준비와 기술이 필요하고, 의도했던 효과 대신 다른 결과가 나타날 수도 있으며 역할극이 진행됨에 따라 참여자가 불편하게 느낀다면 역효과를 초래할 수도 있다.

효과적인 역할극을 위한 지침은 다음과 같다(Davis, 2009)

① 처음에는 단순하고 비형식적으로 시작한다.
② 억지스럽거나 강제적인 상황이 포함된 시나리오를 개발하여 반드시 타협을 통해서만 해결해야 하는 상황을 만들어 낸다.
③ 주요 역할을 확인하고 인물을 어떻게 표현할지를 알려준다.
④ 사용하는 언어, 순서의 규칙, 동작에 있어서 기본 원칙을 정한다.
⑤ 연기가 진행되면서 일어나는 변화에 대해 개방적으로 받아들인다.
⑥ 가장 정점에서 역할극을 끝낸 후 토의하고 요약한다.

(4) 시뮬레이션

시뮬레이션(simulation)은 학습자로 하여금 실제 생활이나 문제 상황과 매우 **유사한 상황**에 **참여**하게 함으로써 기술이나 능력, 지식 또는 행동을 습득하도록 하는 기법이다. 시뮬레이션에 속하는 방법으로는 **사례 분석**이나 **결정적 사건 분석법**이 있다. 시뮬레이션은 주로 4~5명의 소집단으로 구성되어 진행되며 실제 생활에서 나타난 문제점을 파악하는 데 효과적이다. 시뮬레이션을 통해 참여자는 자신의 잘못된 선택으로 인한 결과에 대한 대가를 실제로 치르지 않으면서도 그 선택의 결과를 경험하는 학습 효과를 얻을 수 있다. 교수자는 시작 전에 시뮬레이션의 학습 환경이 실제 상황과 유사하도록 준비하고 역할 및 분석할 행동에 대해 참여자들에게 미리 명확하게 전달하는 것이 중요하다.

(5) 게임법

게임법(game)은 학습자가 호기심을 가지고 **게임을 통해 학습**에 참여하도록 유도하는 데 효과적인 교수 방법이다(Svinicki & McKeachie, 2011). 가르치는 동시에 재미를 유발할 수 있는 교수 방법으로 학습 촉진에 유용하게 사용될 수 있다. 처음에는 보드게임이나 컴퓨터를 사용하는 게임 등이 많이 사용되며 점차 다양한 모의 상황이 발생하는 게임에서 학습자는 계속적인 의사결정을 내리며 문제를 풀어나가게 된다. 게임법을 통해 **순발력**과 **경쟁심**을 높여 동기유발을 이끌고 소집단에서 학습자 간의 의사소통 능력을 향상시킬 수 있다. 게임법을 실시할 때에는 너무 단순하거나 너무 복잡한 게임은 피하는 것이 좋으며, 지나친 흥미 위주의 진행이 되지 않도록 주의해야 한다. 교수자가 얼마나 시의적절한 피드백을 제공하는가에 따라 학습 목표의 달성도가 달라질 수 있다.

6) 이러닝과 모바일 테크놀로지를 사용한 교수 방법

인터넷은 우리 삶의 방식을 빠르게 변화시켜 왔으며, **이러닝**(e-learning)과 **모바일 테크놀로지**(mobile technology)의 확산은 강의실 안팎에서 혁신적인 학습 환경을 조성해 왔다(신용주, 2012). 모바일 학습 영역의 비약적 확장에는 무선 컴퓨터와 이동식 커뮤니케이션 장치인 랩톱, 태블릿 PC, PDA(personal digital assistants), 모바일 전화, 디지털 카메라, MP3, iPod, iPhone, 전자책 리더(reader) 등이 크게 기여하였다. 이러한 **모바일 기기**는 **신속한 피드백**을 제공하고 강의실 밖에서의 **인터랙티브**(interactive) **학습**을 촉진하며, 시공간적 제한을 넘어 강의 관련 정보의 공유를 지원하는 장점을 갖는다. 만약 학습자가 수업에 참여하지 못한 경우에도 자신이 원하는 시간에 인터넷 사이트에 접속해서 볼 수 있으므로 편리하다.

(1) 이러닝

이러닝은 **시공간적 유연성**이라는 특징 외에도 교육 비용을 절감하고 지식에 대한 무제한적 접근성을 제공하며 개별화 및 맞춤 교육 서비스도 가능하다는 편의성을 갖는다.

이러닝의 특징은 다음과 같이 세 가지로 제시할 수 있다(신용주, 2012).

첫째, 이러닝은 온라인상에서 가장 새롭고 실용적인 **정보에 대한 접근성**을 확대시킨다. 따라서 정보 창출자와 정보 소비자 간의 상호작용이 다원적으로 전개되며 이렇게 창출된 지식은 새로운 교육 콘텐츠로 활용될 수 있다.

둘째, 이러닝은 **자기주도학습**을 촉진하는 기제가 될 수 있다. 적극적이고 자발적 학습이 강조되는 현대사회에서 이러닝은 스스로 변화에 적응하고 문제 해결 능력을 증진하는 데 유용하게 활용될 수 있다.

셋째, 이러닝을 통해 커뮤니티 형성이 가능하며 학습의 사회적 특성을 경험할 수 있다. 학습은 타인과의 상호작용을 통해 효과가 더욱 증가할 수 있다. 온라인상에서의 활발한 **네트워킹**을 토대로 사이버 공간 속의 커뮤니티를 구축하여 협동적인 지식 창출과 학습이 가능하다.

(2) 모바일 테크놀로지를 사용한 교수 방법

컴퓨터와 네트워킹의 확대는 **모바일 교수-학습 차원**에 커다란 변화를 가져왔다. 특히 새로운 테크놀로지를 수업 현장에 도입하기를 원하는 교수자들은 이를 학습자의 능력 및 학습 목표에 적절하게 사용할 수 있다. 테크놀로지를 사용할 때는 교수자, 학습자, 강의 내용, 테크놀로지 도구 및 각각의 하위 요소들은 물론 이들 간의 **상호 관련성**에 대해 고려하여야 한다.

[그림 9-3]에는 교수-학습 현장에서 테크놀로지를 사용하기 위한 요소 및 하위 요소들의 상호 관계가 제시되어 있다.

그러나 일부 학습자가 수업 중에 모바일 기기를 통한 개인적 업무에 몰두하게 되면 학습 분위기가 산만해지거나 다른 학습자들의 학습을 방해할 수 있다. 따라서 교수자는 학습자들에게 미리 이러한 모바일 장비들에 대한 적절한 **수업 중 사용 지침**에 대하여 명확하게 알리고 부적절한 사용을 통제하면서 수업을 진행할 필요가 있다.

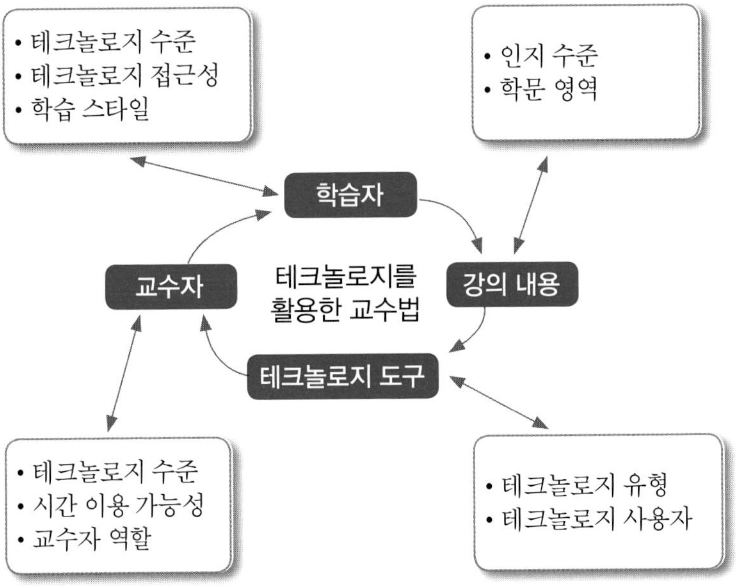

[그림 9-3] 테크놀로지를 활용하는 교수 방법의 구성 요소

출처: Svinicki & McKeachie (2011), p. 238; 신용주(2012), p. 315.

참고문헌

권대봉(1999). **성인교육방법론**. 서울: 학지사.

신용주(1996). 성인교육적 관점에서 본 비판적 사고의 이해. **교육학 연구**, 34(1), 169-187.

신용주(2004). **평생교육의 이론과 방법**. 서울: 형설출판사.

신용주(2012). **평생교육 방법론**. 서울: 학지사.

차갑부(2002). **사회교육방법의 탐구**. 서울: 양서원.

Anderson, E., & Shannon, A. (1995). Towards a conceptualization of mentoring. In T. Kerry & A. Shelton Mayes (Eds.), *Issues in Mentoring*. Milton Keynes: Open University Press.

Boyle, P. G. (1981). *Planning better programs*. New York: McGraw-Hill.

Cashin, W. (1985). Improving lectures in Idea. Paper No. 14.: Center for Faculty Evaluation and Development. Kansas State University Press.

Davis, B. G. (2009). *Tools for teaching* (2nd ed.). San Francisco, CA: Jossey-Bass.

Galbraith, M. W. (Ed.). (2004). *Adult learning methods: A guide for effective instruction* (3rd ed.). Malabar, FL: Krieger publishing company.

Holiday, M. (2001). *Coaching, mentoring and managing*. Frankling Lakes, NJ: The Career Press.

Jarvis, P. (2006). *The theory & practice of teaching* (2nd ed.). Oxon: Routeledge.

Knowles, M. S. (1970). *The modern practice of adult education: From pedagogy to Andragogy*. Englewood Cliffs, NJ: Cambridge Adult Education.

Knowles, M. S. (1975). *Self-directed learning: A guide for learners and teacher*. Chicago: Follett Publishing Company.

Kram, K. E. (1983). Phases of the mentor relationship. *Academy of Management Journal, 26*, 608-625.

Lawson, K. (1996). *Improving workplace performance through coaching*. West Des Moines, IA: American Media Publishing.

Svinicki, M., & McKeachie, W. J. (2011). *McKeachies's teaching tips: Strategies, research, and theory for college and university teachers* (13th ed.). Belmont, CA: Wadsworth Publishing.

Tough, A. (1971). *The adult's learning project: A fresh approach to theory and practice in adult learning*. Toronto: Ontario institute for studies in education.

제 10 장

자원 확보 및 관리

프로그램 개발이 성공적으로 진행되기 위해서는 프로그램을 처음 설계하는 단계에서부터 인적 자원과 물적 자원에 대한 정확한 파악과 확보 전략이 필요하다. 자원의 확보가 순조롭게 이루어지지 않으면 프로그램의 목적을 달성하기가 쉽지 않다. 프로그램 목표에 따라 프로그램을 실행한 후 평가와 피드백을 얻기까지의 일련의 계획적 활동으로 이어지는 순조로운 절차를 기대하기 어려운 것이다. 프로그램을 실현할 예산을 확보하여 **안정된 재정 지원**을 제공하는 것은 프로그램 개발에서 가장 중요한 요소이며, 프로그램의 효율적 실행을 담당할 **우수한 인적 자원**의 활용은 프로그램의 성패를 좌우하는 필수불가결한 부분이기 때문이다. 자원의 확보와 관리는 프로그램의 운영과 유지를 위해 가장 핵심적인 구성 요소이다. 따라서 프로그램 개발가는 필요한 인적·물적 자원의 유형과 특징을 잘 알고 이를 동원하여 활용하는 능력을 갖출 것이 요구된다.

현장에서 프로그램을 실행하기 위해서는 무엇보다 안정된 자원의 투입과 기술력이 필요하다. 자원은 크게 인적 자원과 물적 자원으로 분류할 수 있는데, 평생교육 기관의 **인적 자원**에는 프로그램을 설계하는 개발가, 프로그램의 운영을 책임지고 이끌어 갈 운영관리자, 교육 프로그램을 실행할 교수자 및 지도자, 그리고 평가자가 포함된다. 또한 행정 지원 인력이나 자원봉사자가 포함되기도 한다. 프로그램의 목적을 효과적으로 달성하기 위해서는 반드시 전문 인력으로 하여금 교육 프로그램을 실행하도록 해야 한다. **물적 자원**에는 재원, 시설, 장비 등이 포함되는데, 그중에서도 가장 핵심적인 물적 자원은 재정 자원인 **재원**이라 할 수 있다. 현실적으로 재원이 확보되지 않으면 예산 집행이 어려워짐에 따라 아무리 좋은 프로그램이라도 성공적인 실현이 불가능하기 때문이다.

자원과 함께 고려해야 할 구성 요소로는 전문적 지식과 기술의 적용을 들

수 있다. 평생교육 프로그램은 인간의 삶을 더욱 풍요롭게 향상시킬 수 있는 다양한 교육 방법이나 기법 등을 기초로 설계되어야 한다. 전문적 기술을 활용하여 더욱 다원화되는 학습자 집단의 요구를 충족시킬 수 있다. 따라서 프로그램의 효과적 실행을 위해서는 적절한 인적 · 물적 자원의 투입과 함께 새롭고 혁신적인 기술의 도입이 요구된다.

평생교육 프로그램 개발은 계획적이고 조직적인 활동으로 구성되어야 한다. 계획된 일련의 교육 프로그램이 교육 서비스 활동과 함께 체계적, 순차적으로 제공되는 것이 바람직하다. 또한 프로그램 개발 과정에는 프로그램 관련 정보 제공 및 상담과 함께 연계 가능한 교육 서비스에 대한 정보 제공이 이루어지는 것이 좋다. 아울러 프로그램에 대한 지지 기반을 확보하고, 프로그램의 적극적 홍보를 실시하여 잠재적 학습자의 참여를 독려하기 위한 활동이 전개되어야 한다. 이러한 활동 이외에도 프로그램 수행과 관련된 서류 작성, 예산 수립 및 집행, 권한 위임, 보고와 같은 행정적 활동에 대한 계획도 이루어져야 한다.

1. 인적 자원의 선정과 관리

프로그램 개발에 있어서 고려해야 할 인적 자원으로는 프로그램 개발가를 비롯하여 프로그램의 성공적인 실시를 위한 모든 절차를 진행하는 **운영관리자**와 교육 프로그램을 실행할 **교수자**, 프로그램의 성과와 가치를 판단할 **평가자**, 그리고 행정 지원 인력 등을 고려할 수 있다. 이 중에서 본 절에서는 가장 핵심적인 역할을 수행하는 프로그램 운영관리자, 그리고 실제로 교육 프로그램에서 학습자를 대상으로 수업을 진행하는 교수자를 중심으로 알아보기로 한다.

1) 프로그램 운영관리자

근래 평생교육 프로그램의 유형 및 실시되는 양태는 빠르게 변화하며 획일적인 프로그램의 모습에서 벗어난 다양한 양상을 보이고 있다. **프로그램 운영관리자**(program manager)는 프로그램을 처음 시작할 때부터 마지막 종결과 평가가 이루어질 때까지 모든 과정을 책임지는 사람이다. 가끔은 프로그램의 개발가나 설계자가 직접 프로그램의 운영관리자가 되기도 하며, 또는 조직적 차원에서 프로그램 운영 경험이 풍부하고 프로그램 관리 능력과 자질을 갖춘 사람을 임명하기도 한다.

프로그램 운영관리자는 프로그램이 개발된 후 좋은 성과를 거두기 위해 프로그램이 순조롭게 실시되도록 모든 과정을 진행하는 사람이다. 하나의 교육 프로그램이 계획되고 실시되기까지에는 많은 시간과 노력은 물론 상당한 재원도 투입된다. 따라서 이 모든 노력이 시너지 효과를 내어 프로그램의 목표를 성공적으로 달성할 수 있도록 프로그램의 모든 요소들을 총괄하는 운영관리자의 역할은 **프로그램의 성패를 좌우**한다고 할 수 있다. 따라서 프로그램 운영관리자는 프로그램에 대한 뚜렷한 목표 의식을 갖고 잠재적 학습참여자를 파악하고 평생교육 기관 내외의 다양한 자원을 효과적으로 활용하는 능력을 갖추어야 한다.

(1) 프로그램 운영관리자의 역할

첫째, 프로그램의 목표 달성을 위한 기본 사항들을 점검하고, 필요한 **인적 · 물적 자원의 파악과 동원**을 위해 노력한다. 또한 획득한 자원을 효과적으로 유지 · 관리하고, 예산을 효율적으로 집행하는 능력을 갖춘다.

둘째, 프로그램의 원활한 운영에 필요한 **체크리스트**를 만들어 이를 토대로 수시로 상황을 점검하며 프로그램을 진행한다.

셋째, 프로그램에 적합한 장소와 시설물 및 장비를 구비하고, 또 항상 최상의 상태를 유지하고 작동되도록 하여 효과적인 수업이 실시되도록 한다.

넷째, 프로그램의 원활한 운영을 위해 타 기관이나 조직과의 연계를 모색하며, 동시에 조직 내에서의 소통과 협력이 효과적으로 이루어지도록 한다.

다섯째, 프로그램이 시작된 다음에 발생할 수 있는 예상치 못한 상황 변화에도 유연하게 대처하여 프로그램이 성공적으로 종료되도록 한다.

여섯째, 프로그램 종결 시 프로그램의 전반적 과정 및 성과에 대한 평가에 기초해 프로그램을 계속 유지할 것인지 또는 개선이나 중단이 필요한지에 대한 의견을 제시한다.

(2) 프로그램 운영관리자의 자질

소오크(Sork, 2000)는 프로그램 운영관리자가 갖추어야 할 자질에 대해 기술적 영역, 정치사회적 영역 및 윤리적 영역의 세 가지로 분류하여 제시하였다.

① 기술적 능력

기술적 능력이란 프로그램을 맡아서 효율적으로 운영할 수 있는 전문성을 말한다. 프로그램 개발에 대한 기본적 과정 및 진행 절차에 대한 지식과 기술을 갖추고 있는 것이다. 즉, 요구 분석에서부터 목표 설정, 내용의 구성, 그리고 수업의 진행과 평가에 이르는 프로그램 개발의 전 과정에 대한 충분한 지식과 경험을 구비하는 것을 말한다.

프로그램의 운영관리자에게는 다음의 네 가지 분야에서의 능력이 요구된다.

첫째, 현실을 고려한 실현 가능한 교육 프로그램의 목표 설정 능력을 갖추어야 한다.

둘째, 교육 프로그램을 구성하는 다양한 요소들의 상관관계를 파악하고 이들 간의 타당성 있는 조직화를 수행할 능력을 갖추어야 한다.

셋째, 프로그램이 실시될 환경 맥락, 프로그램 실행에 작용하는 긍정적 · 부정적 요소들, 잠재적 참여자의 특성과 요구수준에 대한 체계적 분석 능력을 갖추어야 한다.

끝으로, 교육 프로그램의 실질적 운영에서 반드시 필요한 교수–학습 이론의 숙달과 함께 교수 자료의 선정 및 지원 능력을 갖추어야 한다.

② 정치적 관계에 대한 대처 능력

프로그램을 개발하고 운영하기 위해서는 프로그램 개발을 둘러싼 많은 이해당사자들의 요구나 주장에 대한 판단 및 대처 능력이 요구된다. 프로그램 개발은 본질적으로 정치사회적 특성을 가지므로, 프로그램의 목표 설정에서부터 규모나 기간, 참여 인력, 예산의 확보 등 매 단계에서 각 이해집단이 영향을 행사하려는 경우가 많다. 따라서 프로그램 개발을 중심으로 한 복잡한 정치적 관계에 대해 정확하게 파악하고 민감하게 대응하는 능력이 필요하다. 이해당사자들과의 꾸준한 상호작용과 소통을 통해 이들의 주장과 요구를 적절히 조정하여 합의에 도달하도록 이끄는 역량을 갖추는 것이 중요하다. 그럼으로써 여러 이해관계자들에게 불만을 유발하지 않으면서 프로그램의 목표를 순조롭게 달성할 수 있다.

③ 윤리 의식

프로그램 개발에 있어서 가장 중요하고 기본이 되는 영역은 바로 윤리적 영역이다. 윤리적 영역에는 전문적 능력이나 뛰어난 이론적 지식 등을 포괄적으로 지칭하는 기능적 능력과는 구분되는 프로그램 운영관리자의 인격적인 측면과 자질이 포함된다. 의욕적인 프로그램 운영관리자라면 정치권력의 역학 관계에도 능숙하여 프로그램 개발에 필요한 자원 확보에 유리하도록 특정 이해당사자의 입장과 이익을 반영할 수도 있을 것이다. 그러나 이보다 더 근본적이고 핵심적인 가치는 민주주의와 인간 존중 사상, 공동체의식, 공동선 등 인류가 지금까지 소중히 여기며 추구해 온 숭고한 가치들이다. 따라서 프로그램 개발에 있어서도 이처럼 교육적으로 바람직한 가치를 실현하는 것을 목표로 하는 것이 중요하다. 크고 작은 이해관계로 인해 흔들리는 것이 아닌 가장 본질적으로 인간다움을 형성하는 윤리의식과 도덕성을 기초로 프로그램 운영이 이루어져야 하기 때문이다.

2) 교수자

평생교육 프로그램에서 수업을 담당하는 사람을 교수자(instructor) 또는 촉진자(facilitator)라고 부른다. 평생교육에서는 특히 학습자와의 상호작용을 격려하고 지원하는 촉진자의 역할이 중시된다. 교수자는 학습자들을 대상으로 그들의 요구를 충족시키기 위한 교육 프로그램을 직접 실시하고 진행하는 사람이므로 인적 자원 중에서도 특히 중요하다. 그러나 교수자를 단순한 지식 전달자나 정보 제공자로 보는 것은 옳지 않다. 교수자는 수업을 이끄는 지도자로서뿐만 아니라 학습의 촉진자이자 가이드이며, 또 멘토와 상담자로서의 역할을 수행할 것이 기대된다. 따라서 유능한 교수자는 관련 분야의 전문적 지식이나 기술 및 태도의 학습을 돕는 전통적인 교사의 역할은 물론 변화에 부응하는 새롭고 혁신적인 교수 방법론의 활용에 대해 숙달될 필요가 있다. 또한 교수자는 학습자가 학습 목표를 달성하도록 최대한 지원할 수 있는 역량을 갖추어야 한다.

평생교육 프로그램에서 수업을 담당할 교수자에게는 평생학습사회와 평생교육의 이념은 물론 성인학습 관련 이론적 기초 및 교육과정 전문가로서의 역량이 요구된다. 특히 성인학습자의 특성, 교육 참여 유형 및 참여 저해 요인에 대한 이해와 대처 능력도 필요하다. 또한 최적의 교육 환경과 학습 경험을 설계하고 교육 활동을 실시한 후 이를 평가할 능력을 갖추어야 한다. 아울러 학습 과정 전반에 걸쳐 학습자의 성장 발달을 격려하고 이끄는 촉진자의 역할도 강조된다.

교수자를 학습의 관리자로 인식하는 추세도 증가해 왔다(Rogers, 1998). 효과적인 교수자는 학습자의 특성을 파악하고 이들의 학습 요구를 충족시키기 위해 필요한 자원을 동원하여 수업을 이끌어 가는 관리자에 가깝기 때문이다. 따라서 평생교육의 교수자에게는 학문적 능력은 물론 실천적 역량을 겸비한 전문가로서의 자질이 요구된다 하겠다. 여기서는 놀즈(Knowles, 1970), 브룩필드(Brookfield, 1986), 녹스(Knox, 1979) 및 그라보스키(Grabowski, 1976)가 제시한 평생교육의 교수자가 갖추어야 할 자질을 중심으로 교수자의 역할에 대해 알아보기로 한다(신용주, 2012).

(1) 놀즈가 제시한 평생교육자의 자질

놀즈(Knowles, 1989)는 평생교육자의 자질에 대하여 학습 촉진자로서의 자질, 프로그램 개발가로서의 자질 및 행정가로서의 자질 세 가지 영역으로 나누어 설명하였다(차갑부, 2002).

① 학습 촉진자로서의 자질

가. 성인학습의 이론적 기초에 관한 숙달

- 성인학습자들의 요구 · 능력 및 발달상의 특성을 이해하고, 이를 학습에 적용하는 능력

- 청소년과 성인에 대한 가정의 차이점이 교수-학습 활동에 시사하는 바를 기술하는 능력
- 성인학습 이론을 이해하고 이를 학습 상황에 관련지어 활용하는 능력

나. 성인학습자의 학습 경험을 설계하고 실천하는 능력

- 성인학습자들 간의 개인차를 고려하여 목표를 세우고, 학습 경험을 설계하는 능력
- 상호 존중과 신뢰에 기초하여 개방적인 분위기를 형성하는 능력
- 성인학습자들과 온정적이고 촉진적인 관계를 맺는 능력
- 학습자들이 스스로 학습 요구를 진단하고, 목표를 설정하여 학습에 참여하도록 권장하는 능력

다. 학습자의 자기주도성을 증진하는 능력

- 교사주도학습과 자기주도학습의 차이점을 설명할 수 있는 능력
- 교수자 자신이 직접 행동을 통해 학습자에게 자기주도적인 학습의 모델링이 가능하도록 하는 능력

라. 교육 방법 및 교육 자료의 선정 능력

- 학습의 촉진을 위해 이용 가능한 학습 자원 및 자료의 범위를 파악하는 능력
- 교육 목표 설정 및 교육 결과 도출을 위해 적절한 교육 방법이나 기법 및 교육 자료를 선정하는 능력
- 학습자들의 다양한 경험을 효율적으로 활용하는 능력
- 집단 역학(group dynamics)과 소집단 토론 기법의 효과적 활용 능력

② 프로그램 개발가로서의 자질

가. 프로그램의 기획

- 프로그램에 대한 요구 측정에서 목표 설정을 거쳐 프로그램을 설계한 후, 실행 및 평가에 이르는 전 과정을 기획할 수 있는 능력
- 프로그램의 기획 과정에 학습자를 참여시키는 능력
- 개인 및 조직의 요구 사정을 위한 도구나 절차를 개발하는 능력
- 체제 분석 전략을 통해 프로그램을 기획하는 능력

나. 프로그램의 설계 및 실행

- 상황 및 환경의 요구에 따라 프로그램을 설계하는 능력
- 조사 자료를 활용하여 프로그램을 개발하는 능력
- 일정이나 자원에 따라 창조적으로 프로그램을 설계하는 능력
- 자문이나 특별위원회 등을 효과적으로 활용하는 능력
- 기관의 책무성을 충족시키고 프로그램을 개선하기 위한 평가 계획의 수립 및 실행 능력

③ 행정가로서의 자질

가. 조직을 유지 발전시키는 능력

- 조직 운영의 개선을 위하여 다양한 이론 및 연구 결과를 이해하고 적용할 수 있는 능력
- 행정가로서의 개인 철학을 확립하고 이를 다양한 상황에 적용할 수 있는 능력
- 정의를 구현하는 정책을 수립하는 능력

- 조직의 효율성을 평가하여 지속적인 발전을 도모하는 능력
- 책임 및 의사결정 권한을 타인과 공유하면서 효과적으로 행사하는 능력
- 조직 구성원의 업무 수행 능력을 평가하는 능력
- 평생교육 관련 법규 및 정책을 분석 · 해석 · 활용하는 능력

나. 프로그램 실행자로서의 능력

- 예산의 범위 내에서 프로그램을 실행하는 능력
- 재정 계획 및 절차를 검토하는 능력
- 정책 입안자에게 평생교육의 바람직한 접근 방법에 대해 효과적으로 설득하는 능력
- 효과적인 홍보 전략을 설계하고 활용하는 능력
- 프로포잘을 개발하고 이를 위한 재정 지원 방안을 마련하는 능력
- 혁신적 프로그램을 시행하고 그 결과를 객관적으로 평가하는 능력

(2) 브룩필드가 제시한 평생교육자의 자질

브룩필드(Brookfield, 1986)는 놀즈의 가정에 기초하여 평생교육의 촉진자로서 숙달해야 할 일곱 가지 요소를 제시하였다. 이 요소들은 다양한 프로그램의 개발과 실시에 반드시 필요한 교수 원리라고 할 수 있다.

① 학습을 유도하는 물리적 · 심리적 환경을 조성하는 능력
② 교육 방법의 선정과 교과 과정 개발에 학습자를 참여시키는 능력
③ 학습 요구 진단에 학습자를 참여시키는 능력
④ 학습자의 학습 목표 수립을 격려하는 능력
⑤ 동원 가능한 자원을 파악하고 활용하여 학습 목표 성취 전략을 개방하는 능력

⑥ 학습자의 학습 계획 실천을 지원하는 능력
⑦ 학습에 대한 질적 평가에 학습자를 참여시키는 능력

이와 더불어 브룩필드는 교수자의 역할 중 특히 비판적 분석가의 역할을 강조하였다. 또한 교수자가 학습자에게 공감과 지원을 제공하고 권능을 부여하는(enable) 촉진자로서의 역할을 제시하였다.

(3) 녹스가 제시한 평생교육자의 자질

녹스(Knox, 1979)는 평생교육의 교수자가 갖추어야 할 자질로서 다음의 세 가지 영역에서의 숙달됨(proficiency)을 강조하였다.

가. 평생교육 영역 전반에 대한 인식

- 평생교육 기관 및 조직에 대한 이해
- 평생교육 관련 사회적 추세 및 쟁점에 대한 이해
- 인사 · 조직 · 자원 등 유용한 자료에 대한 파악과 해석

나. 성인학습자와 평생학습에 대한 인식

- 성인학습자에 대한 이해
- 성인의 생애 주기 및 평생교육 참여 동기에 대한 이해
- 성인의 학습 방법 및 학습 환경에 대한 이해

다. 관계를 통한 창의적 실천에 대한 숙달

- 평생교육자들의 다양한 배경과 전문성을 성인교육의 실천에 적용하는 능력의 숙달
- 행정가 · 교사 · 상담자 · 프로그램 개발가 및 자원 인사로서 평생학습

지원 능력의 숙달

(4) 그라보스키가 제시한 평생교육자의 자질

그라보스키(Grabowski, 1976)는 평생교육의 교수자에게 요구되는 자질을 다음과 같이 요약하였다.

① 성인학습자의 학습 동기와 참여 유형에 대한 이해
② 성인의 학습 요구에 대한 이해
③ 성인학습의 이론과 실천에 대한 숙달
④ 지역사회 요구의 인식
⑤ 다양한 교수 방법론에 대한 숙달
⑥ 의사소통 능력 및 경청 능력
⑦ 교육 자료의 활용 능력
⑧ 개방성
⑨ 자신의 지속적인 학습 수행
⑩ 프로그램의 평가 능력

3) 학습 분위기

평생교육자는 학습자 또는 학습 집단 전체를 대상으로 학습으로 인한 변화를 주도하고 촉진하는 사람이다. 따라서 평생교육자에게 요구되는 능력과 자질을 갖추고 이러한 변화를 일으키는 매개자(change agent)가 되어야 한다. 평생교육의 교수자는 학습자의 변화를 유도하기 위한 학습의 관리자 역할과 학습 분위기 조성자 역할을 수행할 것이 기대된다.

교수자의 스타일은 성인학습 집단의 분위기에 큰 영향을 미친다. 교수자에 따라 학습 분위기가 편안하고, 따뜻하며 우호적일 수도 있는 반면, 긴장되고 적대적일 수도 있다. 학습자들의 반응 역시 학습 분위기에 따라 냉담하고 의존적일 수도 있고, 때로는 이와 반대로 책임감과 자신감을 갖고 주도적일 수도 있다.

교육 프로그램을 진행할 때 학습 분위기는 대개 다음의 네 가지의 유형으로 분류할 수 있다.

① **호의적 vs 배타적:** 학습 집단 내의 분위기가 호의적인지 배타적인지에 따라 교수자와 학습자 간의 정서적 유대가 달라짐
② **직접적 vs 간접적:** 교수자와 학습자 간 또는 학습자 간의 상호작용이 직접적인지 간접적인지에 따라 학습 분위기가 달라짐
③ **열정적 vs 소극적:** 교수자가 가르치는 주제나 수업에서 다루는 학습과제에 대한 교수자와 학습자의 몰입 정도가 열정적인지 소극적인지에 따라 학습 분위기가 달라짐
④ **조직적 vs 비조직적:** 교수자가 얼마나 조직적 또는 비조직적으로 학습 과정을 운영하고 관리하는가에 따라 학습자가 학습 활동에 참여하며 자신의 시간을 가치 있게 활용하는 것에 대한 보람을 느끼는 정도가 달라짐

한편, **교수자의 태도** 역시 학습자의 학습을 촉진하는 중요한 요소이다. 모든 학습자는 냉담하고 자기중심적인 태도를 가진 교수자보다는 친절하고 이해심 많은 교수자를 선호한다. 또한 수업을 계획적으로 진행하며 학습 동기 유발을 위해 노력하는 책임감 있는 교수자를 신뢰한다. 따라서 교수자는 매 수업에서 학습자들의 다양한 특성과 배경을 고려하여 이에 적합한 태도와 함께 올바른 언어를 사용하는 것이 바람직하다. 교수자가 민주적 태도로 적절한 언어를 사용할 때 학습자는 자신이 존중받고 있다고 느낀다.

4) 교수자의 선발 및 오리엔테이션

(1) 교수자의 선발

프로그램 운영관리자는 자격요건을 규정하여 모집 공고 또는 추천을 통해 특정 교육 프로그램에서 수업을 담당할 교수자를 모집할 수 있다. 교수자 직위에 신청한 사람이나 추천받은 인물 중에서 자격과 자질, 경력 및 인품 등을 종합적으로 고려한 후 선발 과정을 거쳐 가장 적합하다고 판단되는 교수자를 선정한다. 이때 지원자의 경력 및 자격에 관한 자료를 문서로 수합할 필요가 있으며, 지원동기, 기관의 이념과 프로그램의 가치 등에 대한 이해도 및 공감도를 파악한다. 또한 교수자의 전문적 능력은 물론 학습자 및 행정 직원들과 원만한 대인관계 형성 능력을 가진 사람을 선발하는 것이 좋다.

선발된 교수자는 기관과 공식적인 계약서를 작성하여 계약을 맺고 책임과 권한을 명확히 한 후 이를 토대로 업무를 시작하는 것이 바람직하다. 이와 함께 급여의 수준과 지급 조건에 대해서도 구체적으로 계약서에 규정하는 것이 좋다. 급여는 보통 타 기관에서 시행 중인 유사한 프로그램의 담당 교수자의 급여와 비슷한 수준으로 결정되는 경우가 많다. 수업료의 수준이나 참여학습자의 숫자에 따라 가변적이 될 수도 있으며, 경력, 전문적 자격증 소유 여부나 과거에 담당했던 프로그램의 성과 등을 고려하여 더 높은 수준의 급여가 제공될 수 있다. 이러한 계약 절차가 끝난 다음에 교수자는 계약 기간 동안의 자신의 역할 및 책임에 대해 동의한 후 기관의 요구와 본인의 기대 및 프로그램 목표의 성취를 위해 노력하게 된다.

(2) 교수자 오리엔테이션

어떤 조직이든 처음에 발을 디디는 사람에게는 조직에 대한 안내를 위한 적응 훈련 또는 기초 교육이라 하는 오리엔테이션이 실시되기 마련이다. 수업을 담당할 교수자에게도 기관의 철학과 사명을 비롯한 교육 이념에 대하여 알려주고 이에 기초하여 프로그램을 진행하도록 하는 것이 좋다. 잠재적 학습참여자에 대한 정보를 제공하는 것도 프로그램을 실시하게 될 교수자에게 도움을 준다. 교수자 오리엔테이션은 보통 신입 교수자를 위한 워크숍의 형태로 실시되며 때로는 관련 책자와 함께 선임자의 슈퍼비전 형식으로 진행되기도 한다. 오리엔테이션의 내용으로는 대개 다음과 같은 사항이 포함된다.

① 기관의 역사와 이념
② 기관의 기본 정책 및 규정
③ 기관의 조직 구조
④ 활용 가능한 인적·물적 자원
⑤ 직무수행 평가 관련 규정
⑥ 급여, 작업시간, 휴가 관련 규정
⑦ 승진, 연수, 성과급 관련 규정
⑧ 연구실, 강의실 및 행정 지원 부서의 배열

2. 물적 자원의 선정과 관리

1) 교육 장소 및 시설의 선정과 관리

교육 프로그램을 실시하기 위해서는 무엇보다 **접근성**이 높은 장소를 선정하여 프로그램 진행에 적합한 **물리적 시설**을 갖추어야 한다. 프로그램의 진행이 가능한 물리적인 공간, 즉 건물이나 강의실의 확보가 우선되어야 한다. 또한 근래 현장과의 연계를 추구하는 교육이 증가하고 있는 것을 고려하여, 지역사회 내에서 협동학습이 가능한 교육 장소의 확보 가능성도 타진해 볼 수 있다.

교육 프로그램의 목표를 달성하고 성과를 거두기 위해서는 교수-학습 활동이 전개되는 현장에서 학습자들이 편안함을 느끼고 학습에 전념할 수 있는 환경이 마련되어야 한다. 대부분의 교육이 실시되는 강의실과 실습실은 항상 깨끗하고 위생적으로 관리되어야 하며, 학습자가 사용하기에 편리하도록 잘 정돈되어 있어야 한다. 또한 근래 더욱 확산되어 온 스마트한 교육 현장에서 많이 활용되는 컴퓨터를 비롯한 다양한 시청각 기자재 및 모바일 기기는 항상 사용에 불편함이 없도록 관리하는 것이 좋다. 또한 각종 설비 및 비품 관리를 위해 전담 인력이 상주하여 기자재의 오작동 시나 비품의 부족 시 도움을 구할 수 있도록 한다.

관리 시설을 갖추기 위해 고려되어야 할 사항을 다음과 같이 제시할 수 있다.

① 프로그램이 진행될 전용 건물의 확보
② 프로그램 참여자들의 주차 공간의 확보
③ 강의실, 실습실, 상담실, 팀 학습을 위한 스터디 룸 및 휴식공간의 확보
④ 책 · 걸상, 칠판, 스크린, 마이크, 컴퓨터, 빔 프로젝터, 음향기기 및 모든 기자재의 작동을 위한 콘트롤 박스의 구비
⑤ 식당, 휴게실, 정수기의 비치

2) 성인학습자를 위한 교육 환경 조성

특히 평생교육 프로그램의 잠재적 학습자 집단은 주로 성인학습자로 구

성되므로 성인학습자가 학습하기에 쾌적한 교육환경을 마련함으로써 이들의 교육 만족도 향상과 프로그램 목표의 성공적 달성을 기대할 수 있다. 성인학습자 중에는 점차 성장이 둔화되고 신체적 건강이 쇠퇴 국면에 있는 성인 후기 또는 노년기의 학습자들도 적지 않으며, 이들은 시력 및 청력의 약화로 인해 학습에 어려움을 호소하기도 한다. 또한 성인기부터 점차 시작되는 중추신경계 기능의 감퇴에 따라 생리적 반응속도의 저하가 발생하게 된다. 따라서 정보와 자료를 분석하거나 판단하는 능력이 낮아지고 의사결정이나 반응 속도가 저하되어 학습 능력의 쇠퇴를 가져올 수 있다.

프로그램 운영관리자나 교수자는 성인학습자들이 젊은 사람들에 비해 학습 속도가 늦거나 이해도가 낮을 수도 있다는 점을 인지하고 이러한 특성을 고려한 시설 및 환경 구성에 힘써야 할 것이다. 예를 들면, 성인학습자는 젊은이에 비해 좀 더 여유 있는 학습 공간을 선호하는 경향이 있다. 따라서 교육 장소는 참여 인원의 숫자에 비해 비좁다는 느낌이 들지 않으며 어느 정도 개인적 공간의 확보가 가능하도록 선정하는 것이 좋다. 책상과 걸상 역시 성인학습자가 사용하기에 편하도록 크기와 높이가 알맞고 이동 가능하며 안락한 것으로 구비할 필요가 있다. 학습이 일어나는 공간의 조명도 시력 약화를 경험하는 성인학습자가 읽고 쓰기에 어려움이 없도록 적절한 조도를 유지하도록 준비한다. 근래 환경 친화적인 요소에 대한 인식이 더욱 높아지고 있는 추세를 고려할 때, 이러한 요소를 강의실을 비롯한 학습 환경 구성에 반영하는 것도 바람직할 것이다.

요약하면, 평생교육 프로그램에 참여한 성인학습자를 위한 바람직한 교육환경 구성을 위해 반영할 사항들은 다음과 같다.

첫째, 강의실 등 교육 장소의 크기는 성인학습자들이 불편함을 느끼지 않도록 적절한 공간이 확보될 수 있도록 한다.

둘째, 성인학습자의 쇠퇴하는 시청각 능력 및 반응 속도를 감안하여 책상, 의자, 조명 등 학습 환경 구성에 이를 반영한다.

셋째, 강의실 내의 책걸상 및 기자재는 성인학습자의 학습을 촉진할 수 있도록 적절히 배치한다.

3) 교육 장소의 배열

교수자는 교육 프로그램을 효과적으로 진행하기 위해서 교육이 실시되는 강의실 내의 배치를 교육 프로그램의 특성과 목적에 따라 다양하게 전개할 수 있다. 학습 장소도 전통적 강의실은 물론 강당이나 실습실 등 다양한 장소를 목적에 맞게 자유롭게 사용할 수 있도록 미리 준비한다. 또한 수업 내용을 구상할 때, 예를 들어 강의법을 사용하려는 교수자는 좌석 배치 유형을 U자형이나 사선형으로 배치할 수도 있고, 또 극장과 같은 배열이나 반원형의 계단식 강의실처럼 구성하는 등 여러 가지 형태의 배열을 고려할 수 있다. 또한 평생교육 프로그램에서 자주 사용하는 토의법을 진행할 때는 서로가 얼굴과 표정을 보면서 상호작용이 원활하게 일어나도록 원탁이나 장방형 탁자와 같은 배열을 준비하는 것이 좋다. 따라서 교수자는 학습 내용과 학습 목표에 적합한 배치를 미리 구상하고 부수적 환경 조성에도 주의를 기울여야 할 것이다.

3. 재정 관리와 예산 관리

1) 재정 관리

재정 관리는 재무 관리라고도 하며 어떤 조직이 목표 달성을 위해 필요한 재정 자원을 합리적, 계획적으로 동원하여 배분하고 효율적으로 사용하고 관리하는 과정을 말한다. 보통 재정 관리는 예산을 수립한 다음, 예산상의 수입과 지출 활동을 모니터하고, 재정 자원의 수입과 지출에 관한 사항을 기록·정리하고, 재정 관리의 전반적인 과정을 평가하는 절차로 이루어진다.

프로그램 개발에 있어서 재정 관리란 프로그램의 활동 내용을 금전적으로 판단하고 기술하는 것이다. 어느 기관이나 조직에서나 재원의 확보와 관리는 중요하다. 교육 프로그램을 실시하는 평생교육 기관에서도 재정 관리는 매우 중요하며 그 이유로는 다음의 세 가지를 들 수 있다. 우선, 재정 관리는 기관의 생존과 직결된다. 재원이 확보되고 조달되어야만 프로그램을 운영할 비용을 충당할 수 있기 때문이다. 그다음으로는 기관 및 프로그램과 관련된 이해당사자들, 예를 들면 정부나 지방정부, 후원자, 프로그램 참여자들에게 재원이 어떻게 사용되었는지에 대해서 알리고 평가받아야 할 책임이 있기 때문이다. 끝으로, 재정 관리는 프로그램의 평가는 물론 기관이나 조직의 평가 과정에도 지대한 영향을 미치며, 더 나아가 프로그램의 개선이나 유지 또는 폐지를 결정하는 데 중요한 지표가 된다.

재정의 유형은 프로그램의 특성과 지원 주체에 따라 다양하다. 또한 조직의 성격이 공적 조직인가 민간 조직인가, 또는 영리 추구 기관인가 비영리 기관인가에 따라 차이가 있다. 대부분의 경우는 보조금의 지원으로 프로그램을 운영하게 되며 재정 확보의 정도는 프로그램 효과에 영향을 미치게 된다. 따라서 어느 조직이나 프로그램의 원활한 운영을 위해 재정을 확보하기 위한 노력을 하게 된다.

다음에서는 프로그램 개발에서 재정을 확보하기 위한 두 가지 전략을 제시하였다.

(1) 프로그램 재정 확보 전략

대부분의 프로그램 개발가는 프로그램 실시 전에 필요한 재원을 조달하기 위해 다음과 같은 전략을 사용한다.

첫째, 기부금이나 후원금을 확보하기 위해 여러 재정 원천을 파악하고 접촉한다.

둘째, 국가나 지방자치단체의 다양한 지원 사업 공모에 프로포잘을 제출하여 심사를 거쳐 사업비를 조달한다.

셋째, 소속 기관의 일반 재정의 일부를 교육 프로그램 시행에 사용하도록 요청한다.

넷째, 수업료를 인상하거나 수업료 이외의 다른 수입원을 개발한다.

(2) 프로그램 재정의 적정 수준 결정 전략

교육 프로그램의 운영을 위해 프로그램의 재정 수준을 결정할 때 고려해야 할 사항들은 다음과 같다.

첫째, 프로그램 소요 비용과 수입을 토대로 재정 관리의 목표를 정한다.

둘째, 수입 확보를 위한 구체적 계획을 수립한다.

셋째, 구체적 항목에 따라 수입과 지출을 설정한다.

넷째, 승인을 받아 예산을 집행한다.

다섯째, 모든 재정 거래는 정확히 기록한다.

여섯째, 회계 보고는 최소한 연 1회 이루어져야 한다.

2) 예산 관리

(1) 예산 수립

평생교육 프로그램을 실행하고 운영하기 위해서는 먼저 발생할 비용을 예측하고 조달해야 한다. 예산(budget) 수립은 **재정적 측면에서 준비하는 프로그램 운영에 관한 계획**이다. 보통 프로그램 개발을 계획하는 시점에서부터 프로그램의 실시를 위한 예산 확보 계획(전략)과 예산안의 수립이 이루어져야 한다. 예산은 **향후 1년 동안의 조직의 목표를 금전적으로 명시한 것**이며, 그 1년 동안의 재정 활동에 대한 감시 장치를 제공하는 근거가 된다. 좀 더 구체적으로 살펴보면 예산은 독립적인 기관이나 조직이 장래 일정 기간 동안에 대하여 계획된 지출과 그 지출을 위한 자금조달 계획의 서술이다(United Way of America, 1975). 또한 예산은 정해진 재원으로 목표 달성을 위해 여러 가지 활동을 지원하고 통제한다는 점에서 조직을 관리하는 가장 중요한 도구인 동시에 성과를 증진할 수 있는 도구이기도 하다.

대부분의 기관에서 교육 프로그램을 운영할 때 **반드시 발생하는 비용**을 여러 가지 항목으로 구분해 고려할 수 있다. 일반적으로 장소나 편의시설 이용료, 장비, 기자재 관련 비용을 비롯해, 교수자 및 강사진의 급여 비용과 행정인력 관련 비용 등이 포함된다.

[그림 10-1]에는 서울 소재 한 사회복지기관의 세입과 세출의 예산 총괄표가 제시되어 있다. 이 총괄표의 세입 부분은 각종 사업비, 보조금 수입, 후원금 수입, 법인 전입금, 전년도 이월금 등이 차지한다. 세출 부분은 주로 인건비와 운영비가 대부분을 차지하는 사무비로 구성되는 것을 알 수 있다.

나. 2017년도 세입 · 세출예산 총괄표

(단위: 천 원)

세입					세출					
구분	2016년 2차 추경(A)	2017년 예산(B)	증감(B–A)	비율(%)		구분	2016년 2차 추경(A)	2017년 예산(B)	증감(B–A)	비율(%)
합계	**3,213,453**	**3,046,603**	**–166,850**	**–5.2%**		**합계**	**3,213,453**	**3,046,603**	**–166,850**	**–5.2%**
사업(실비)수입	**214,896**	**226,696**	**11,800**	**5.5%**		인건비(복지관)	894,064	985,633	91,569	10.2%
급식지원사업	120,500	132,300	11,800	9.8%		인건비(경로당)	63,725	64,198	474	0.7%
평생학습사업	88,750	88,750	0	0.0%		인건비(법인)	8,700	8,940	240	2.8%
기능회복사업	3,454	3,454	0	0.0%		인건비(실비사업)	–	–	0	–
건강증진사업	992	992	0	0.0%		인건비(비지정)	–	–	0	–
기타사업	1,200	1,200	0	0.0%		인건비(노인사회활동지원사업)	27,742	27,742	0	0.0%
보조금 수입	**2,835,026**	**2,675,706**	**–159,319**	**–5.6%**		인건비(노인돌봄사업)	366,144	384,960	18,816	5.1%
국고보조금	445,777	392,176	–53,601	–12.0%	사무비	인건비(맞춤복지서비스사업)	18,648	18,648	0	0.0%
시도보조금	1,650,720	1,570,232	–80,488	–4.9%		인건비(오금경로문화센터)	8,607	8,893	286	3.3%
시군구보조금	738,529	713,298	–25,230	–3.4%		인건비(고령자취업알선)	29,943	32,999	3,056	10.2%
후원금 수입	**80,900**	**53,670**	**–27,230**	**–33.7%**		업무추진비	7,400	7,400	0	0.0%
지정후원금	60,900	23,670	–37,230	–61.1%		운영비(복지관)	164,547	156,274	–8,274	–5.0%
비지정후원금	20,000	30,000	10,000	50.0%		운영비(법인)	–	14,000	14,000	–
법인전입금	**25,000**	**30,000**	**5,000**	**20.0%**		운영비(오금경로)	3,264	2,978	–286	–8.8%
전년도이월금	**55,912**	**58,661**	**2,749**	**4.9%**		운영비(실비사업)	5,160	4,540	–620	–12.0%
잡수입	**1,719**	**1,870**	**151**	**8.8%**		운영비(종사자상해보험)	690	690	0	0.0%

[그림 10-1] 사회복지기관의 세입세출 예산 총괄표 예시

출처: 송파노인종합복지관(2017).

한편, 카파렐라(Caffarella, 1994)는 평생교육 프로그램을 개발할 때 적용할 수 있는 세 가지의 예산 유형으로 개발 비용, 전달 비용, 평가 비용에 대하여 설명하였다.

① 개발 비용

프로그램 개발 비용(developmental costs)은 **프로그램을 개발하는 과정에서 발생하는 비용을** 말한다. 주로 개발에 직간접으로 참여하는 인력의 급여 등에 지급되는 비용이다. 따라서 조직에 소속된 내부의 인력에 의해 프로그램 개발이 진행될 때는 프로그램 개발 비용을 별도로 산정할 필요가 없다. 그러나 조직 내의 모든 프로그램을 자체 내 인적 자원으로 충당하기에는 어려움이 있을 수 있고, 때로는 더 새로운 프로그램 개발을 위해 외부 인력이나 지원이 필요할 때도 있다. 이럴 때에는 전문 컨설팅 업체에 의뢰하거나 아웃소싱을 통해 협동 프로그램 개발을 모색할 수 있으며, 참여한 외부의 전문가들에게 비용이 지급된다.

② 전달 비용

전달 비용(delivery costs)은 프로그램을 실제로 실시하는 과정에서 발생하는 비용을 말한다. 교육 시설 임대료, 교・강사 및 프로그램 진행 인력에 대한 급여, 기자재 및 장비 사용료, 수업 자료비 등이다. 전달 비용에 대한 충분한 투자는 프로그램 참여자들의 만족도를 향상시키는 효과를 얻는 데 도움을 준다.

③ 평가 비용

평가 비용(evaluation costs)은 프로그램 운영에 대한 결과를 평가하는 데 소요되는 비용을 말한다. 주로 프로그램이 종료된 후에 실시되는 평가 활동을 위한 비용으로, 수집한 자료의 분석 및 처리 비용, 평가 보고서 작성 비용, 평가 자료 제작 비용 등이 포함된다. 조직 외부의 평가 기관이나 평가 전문가에게 평가를 의뢰할 경우에 사용되는 비용도 포함되며, 조직 내부에서 실시하는 평가에 대한 비용은 포함되지 않는다.

(2) 예산 수립의 원리

예산은 장래 활동에 대한 재정 계획이므로 미래를 변화시키는 과정이라 할 수 있다. 프로그램을 개발할 때 예산 수립은 원가 및 비용을 고려하여 경영적 마인드로 접근하는 것이 좋다. 예산을 수립할 때 고려해야 할 사항은 다음과 같이 제시할 수 있다.

첫째, 프로그램 예산을 관리할 재정 담당자를 선정하고 프로그램 개발가와의 원활한 소통과 이해가 이루어지도록 한다.

둘째, 프로그램 운영을 위해 확보 가능한 재원의 출처를 확인하고 전체 예산의 규모를 결정한다.

셋째, 예산 배분의 형평성이 보장되도록 하여 프로그램의 이해당사자들의 예산 배분에 대한 동의를 얻는다.

넷째, 예산 항목별로 한계 액수를 정해 규모 있는 예산 집행이 가능하도록 한다.

다섯째, 수강료를 결정할 때는 참여자가 부담을 느끼지 않을 수준으로 액수를 산정한다.

여섯째, 재정 충당금과 보조금을 파악하고 후원금 등 수강료 이외의 수입원을 개발한다.

(3) 예산 편성 및 집행

효과적인 예산 편성을 위해서는 우선 기관의 예산 편성 지침을 확인한 다음, 개발하고자 하는 프로그램의 구체적 목표를 검토하는 작업이 필요하다. 목표를 근거로 하여 예산 편성의 방향성이 결정되기 때문이다. 목표 설정을 할 때에는 가능하면 과거 프로그램의 운영 실적을 고려하여 목표 달성의 정도를 측정 가능하도록 제시하는 것이 좋다. 또한 재정의 원천을 파악하고 재정의 동원 가능성을 검토하여 수입을 확인하는 작업을 거치게 된다. 그다음으로는 프로그램의 운영이 원활히 진행되는 데 필요한 요소들의 우선순위를 정한 후, 우선순위를 반영하여 수입과 지출 예산안을 잠정적으로 확정한다. 마지막으로 확인한 수입을 토대로 예산안을 수정 · 보완하여 확정한 후 승인을 얻어 재정을 배분하고 관리한다.

따라서 대부분의 기관에서 프로그램 개발을 위한 예산 편성이 이루어지는 과정은 다음과 같이 요약할 수 있다.

첫째, 조직의 기본 목표에 따른 예산 편성 지침을 확인한다.

둘째, 프로그램의 구체적 목표를 설정한다.

셋째, 조직의 과거 및 현재의 프로그램 운영 전반에 관한 정보와 자료를 분석한다.

셋째, 조직 내·외의 재정 원천과 접촉하여 동원 가능한 재정 수입을 확인한다.

넷째, 확인한 수입을 근거로 우선순위에 따른 잠정적 예산안을 개발한다.

다섯째, 예산안을 수정·보완하여 확정한 후 승인을 얻는다.

여섯째, 재정을 배분하고 운영·관리한다.

이러한 예산 편성 과정은 [그림 10-2]와 같이 제시할 수 있다.

[그림 10-2] 프로그램 예산 편성의 절차

(4) 평가

프로그램 개발에 있어서 예산 관리는 예산안에 따라 분배된 재정이 효율적으로 집행되도록 관리하는 데 중점을 둔다. 재정 관리에 대한 평가는 프로그램의 실행이 효과적으로 이루어졌는가를 재정적 차원에서 판단하는 것으로 다음의 사항들을 고려하여 진행된다.

첫째, **효율성**의 원칙이다. 프로그램을 실시하는 데 있어서 비용과 노력을 최소화하려는 노력이 있었는가를 파악한다.

둘째, **효과성**의 원칙이다. 프로그램의 목표 달성이 얼마나 효과적으로 이루어졌는지를 파악한다.

셋째, **보고**의 원칙이다. 재정 활동이 반드시 보고되어야 하며 보고의 원칙에 대한 규정이 있어야 재정 관련 행위를 감시하고 통제할 수 있다. 특히 예산의 남용이나 항목 변경 등은 반드시 보고되어야 한다.

넷째, **환류**의 원칙이다. 프로그램의 전반적인 재정 관리에 대한 규칙, 기준, 소통 및 계약 등에 대한 기록 및 장단점에 대한 피드백을 확보하여 추후 프로그램 개선에 활용되도록 한다.

참고문헌

송파노인종합복지관(2017). 2017년 초 세입, 세출 예산 총괄표.

신용주(2012). **평생교육 방법론**. 서울: 학지사.

차갑부(2002). **사회교육방법의 탐구**. 서울: 양서원.

Brookfield, S. (1986). *Understanding and facilitating adult learning*. San Francisco, CA: Jossey-Bass.

Caffarella, R. S. (1994). *Planning program for adult learners: A practical guide for adult educators, trainers, and staff developers*. San Francisco, CA: Jossey-Bass.

Galbraith, M. W. (Ed.). (2004). *Adult learning methods: A guide fo effective instruction* (3rd ed.). Malabar, FL: Krieger Publishing Company.

Grabowski, S. M. (1976). *Training teachers of adult models and innovative programs*. Syracuse, NY: Syracuse University.

Kidd, R. J. (1973). *How adults learn*. NY: Cambridge Books.

Knowles, M. S. (1970). *The modern practice of adult education: From pedagogy to Andragogy*. Englewood Cliffs, NJ: Cambridge Adult Education.

Knowles, M. S. (1989). *The making of an adult educator*. San francisco, CA: Jossey-Bass.

Knox, A. B. (Ed.). (1979). *Assessing the impact of continuing education*. San Francisco, CA: Jossey-Bass.

Rogers, A. (1998). *Teaching Adults* (2nd ed.). Buckingham: Open University Press.

Sork, T. S. (2000). Planning educational programs. In A. I. Wilson & E, R. Hayes (Eds.), *Handbook of adult and continuing education*. San Francisco, CA: Jossey-Bass.

Thompson, J. L. (1980). *Adult education for a change*. London: Hutchinson.

United Way of America (1975). *Budgeting: A guide for united ways and non-for-profit human service organization*. Alexandra, Virginia: United Way of America.

제 11 장

평생교육 프로그램의 마케팅과 홍보

1. 마케팅의 이해

1) 마케팅의 개념

근래 평생교육 프로그램 개발에서 프로그램 마케팅(program marketing)은 중요한 요소로 더욱 주목받고 있다. Knox(1979)는 평생교육 프로그램 마케팅에 대하여 잠재적 학습자에게 프로그램을 가장 효과적으로 알리고 또 참여를 촉진하는 방법을 파악하는 포괄적인 의미로 설명하였다. 평생교육 프로그램에서 마케팅이란 평생교육 기관이 개발한 프로그램에 대한 잠재적 학습자의 참여를 적극적으로 유도하기 위한 활동이라 할 수 있다. 프로그램 마케팅은 홍보 또는 광고와 유사한 의미로 이해되기도 하나, 실은 더 적극적이며 광범위한 개념이며 상품화된 프로그램을 판매하는 것보다 훨씬 복합적이다. 소비자의 요구와 필요를 파악하여 이를 충족시키기 위한 가치교환 활동이라는 마케팅의 전통적 개념에서 한 걸음 더 나아간 것이기 때문이다.

미국 마케팅협회(AMA; American Marketing Association, 1985: 1)에 의하면 마케팅은 개인과 조직의 목표를 만족시키는 교환을 창출하기 위해 아이디어, 재화 및 서비스의 개념화, 가격 정책, 촉진 및 유통 활동을 계획하고 집행하는 과정이다. 더 간략히 정의하면 소비자의 목표를 충족시키기 위해 시장에서 교환을 가능하게 하는 활동들이라 할 수 있다. 마케팅 개념의 특징은 목표 달성을 통한 만족, 교환의 창출, 개인 및 집단으로서의 교환 당사자, 교환의 대상, 교환이 일어나게 하는 활동 과정이라는 점에 있다. 교환의 창출은 교환이 일어나도록 하는 것인데 일반적으로 교환 당사자인 개인이나 조직이 자신이 제공하는 것(비용)이 받는 것(보상)보다 가치가 더 크거나 같다고 판단할 때 이루어진다.

목표달성이란 개인이나 조직의 요구와 필요를 충족시키는 것이다. 영리 조직에서는 이윤 창출이 가장 중요한 목표로 인식되나, 비영리 조직에서는 개인이나 집단의 문제 해결이나 성장 발전을 추구하는 것이 요구이자 목표가 될 수 있다. 마케팅의 개념은 주로 기업의 생존과 성장을 위한 활동으로서 인식되면서, 영리를 추구하는 기관의 전용물로 여겨져 왔다. 기업에서의 마케팅은 고객에게 경쟁 기업의 제품보다 더 큰 가치를 제공하기 위한 체계적, 조직적인 계획이라 할 수 있다. 여기에는 생산, 가격, 촉진, 유통을 총괄적으로 계획, 실행, 통제하는 과정이 포함되어 있다.

평생교육 영역의 마케팅을 연구한 베더(Bedder, 1986)는 특히 마케팅이 갖는 상호작용적인 측면을 강조하였으며, 소비자 요구와 관심의 반영 정도, 가격 및 장소의 적절성, 학습 서비스의 적합성 등을 중시하였다. 평생교육 프로그램 개발에서 마케팅은 잠재적 학습자 고객들과 지속적인 상호작용을 통해 그들이 원하는 것을 파악하고 이를 프로그램과 서비스로 개발하는 것을 추구한다. 마케팅을 통해 적정한 가격과 방식으로 교육 프로그램과 서비스에 대한 접근성을 높임으로써 더 큰 가치와 만족도 및 효용성을 제공하는 것을 목표로 한다.

따라서 평생교육 프로그램 개발가는 이러한 마케팅의 개념을 평생교육에 적용하여 교육 프로그램을 더 많은 잠재적 학습자에게 판매하여 참여도를 높이고 만족도를 향상시킬 전략을 개발해야 할 것이다. 제품이 많이 판매되어야 수익이 높아지듯이, 프로그램에 대한 참여율이 높아야 프로그램의 수익이 창출되고 프로그램 운영이 순조롭게 진행되면서 더욱 성장할 수 있기 때문이다.

평생교육 프로그램의 마케팅을 시작할 때 검토할 내용은 다음과 같다.

첫째, 우리 프로그램이 잠재적 학습참여자에게 어떤 기대를 일으킬 것인가?
둘째, 그 기대를 충족시키려면 어떤 서비스를 개발할 것인가?
셋째, 우리 프로그램이 개인학습자와 사회에 어떤 기여를 할 수 있을 것인가?
넷째, 우리 프로그램을 널리 알리기 위해 어떤 홍보 전략을 사용할 것인가?

2) 마케팅의 원리

코틀러(Kotler, 1972)는 마케팅의 요소로 시장의 요구나 수요, 가치, 만족, 교환 및 전달을 제시하였다. 또한 시장의 긍정적인 반응을 추구하는 마케팅의 원리를 다음과 같이 네 가지로 분류하여 제시하였다.

첫째, 마케팅은 사람들이 참여해서 만들어 내는 활동이다. 가치를 교환하는 행위는 어떤 체제나 컴퓨터 시뮬레이션에 의해 수행되는 것이 아닌 사람들이 참여함으로써 생겨나는 사회적 활동인 것이다. 마케팅은 상호작용적인 것이므로 개인이나 집단이 존재하는 것을 전제로 하는 상황에서 발생하게 된다.

둘째, 마케팅에서는 참여하는 사람 또는 주체는 상대방에게 행하는 자신의 행위에 대해 상대방이 특정한 내용과 방식으로 반응을 보여 주기를 기대한다. 공급자로서 시장에서 자신의 재화나 서비스가 긍정적인 반응을 얻기 원하는 이러한 성향이 바로 지속적인 가치 교환의 기초가 되는 것이다. 따라서 마케팅은 공급자가 시장으로부터 보다 호의적인 반응을 얻기 원하는 특성을 기반으로 해서 이루어지는 조직적인 노력이라 할 수 있다.

셋째, 그러나 현실에서는 상대로부터 원하는 반응을 얻을 확률이 일정하지 않으므로 가변적이다. 만약 공급자가 시장의 반응이 긍정적이기를 원한다면 자신이 제공하는 재화나 서비스가 시장의 관심과 요구를 충족시킬 수 있는 것이라야 가능한 것이다. 결국 마케팅은 공급자가 시장의 수요자로부터 자신이 원하는 반응을 얻을 확률을 높이기 위해 전개하는 활동이라 생각할 수 있다.

넷째, 결론적으로 마케팅은 재화나 서비스의 공급자가 자신이 얻기를 기대하는 시장의 긍정적인 반응을 얻기 위해 수행하는 활동이다. 따라서 상대방이 중요시하는 가치에 대해 인식하고 여기에 초점을 맞춰 이를 충족시키는 재화와 서비스를 공급하는 것이 필수적이다. 마케팅에서는 시장의 요구가 가장 중요하므로, 시장의 요구를 파악하고 분석한 결과를 토대로 보다 더 긍정적 반응을 얻기 위한 활동에 착수하게 된다. 시장의 호응을 얻는 것에서 한 걸음 더 나아가 시장으로 하여금 자신이 제공하는 재화와 서비스를 원하도록 시장의 기준과 가치를 변화시킬 수 있게 모색하는 노력도 필요하다.

마케팅의 원리는 다음과 같이 요약할 수 있다.

① 마케팅은 제공자와 상대방 또는 소비자가 존재할 때 이루어지는 사회적 활동이다.
② 마케팅에서 제공자는 상대방으로부터 받기를 원하는 반응의 특정한 내용과 형식이 있다.
③ 제공자가 상대방으로부터 원하는 반응을 얻을 확률은 고정적이지 않다.
④ 상대방으로부터 원하는 반응을 얻을 확률을 높이는 활동이 마케팅이다.

2. 마케팅 절차 및 전략

1) 마케팅 절차

시멀리 외(Simerly & Associates, 1989)는 평생교육 기관에서 프로그램 마케팅을 보다 효과적으로 수행하기 위해 다음과 같은 사항에 관심을 가져야 한다고 하였다.

첫째, 효과적인 마케팅 전략 개발을 위해서 마케팅, 광고, 홍보, 선전 간의 차이점에 대한 명확한 개념 정의가 필요하다. 마케팅은 기관과 대중 간의 상호작용을 지칭하는 용어로 평생교육 프로그램을 잠재적 학습참여자들에게 전달하기 위한 연구와 분석을 포함하는 종합적인 과정이다. 마케팅에는 평생교육 기관의 요구나 가치와 학습참여자의 요구나 가치가 고려되며, 프로그램 재정 안정을 위한 마케팅의 목표 달성을 위해 노력한다.

둘째, 효과적인 마케팅은 기관의 목표와 직접적으로 관련된다.

셋째, 평생교육 기관이 환경에 적응하면서 생존하기 위해서는 보다 효과적인 마케팅 전략을 수립해야 한다. 이를 위하여 변화하는 환경과 상황에 대한 분석이 필요하다.

넷째, 마케팅에 있어서는 잠재적 학습참여자들을 중요한 자산으로 인식하고 이들을 대상으로 한 서비스 체계를 개발하는 것이 중요하다.

다섯째, 마케팅 자료 중에서 단순한 통계가 아닌 심리학적 자료는 특히 수집과 측정이 쉽지 않으므로, 인구통계학적 자료와 함께 심리학적 자료의 수집과 분석에 대한 전략이 요구된다.

여섯째, 평생교육 프로그램과 서비스가 제공되는 시장에 대한 신뢰할 만한 시장분할 전략의 수립이 필요하다.

일곱째, 마케팅의 결과를 계속 추적함으로써 마케팅의 효과를 효율적으로 측정할 수 있다.

여덟째, 지속적인 마케팅 계획의 개발과 개선이 필요하다.

2) 마케팅 전략

프로그램 개발에서 전개되는 마케팅의 절차를 [그림 11-1]과 같이 제시하였으며, 주요 단계에 대하여 다음과 같이 설명하였다(최성재, 남기민, 2008; Kotler, 1972).

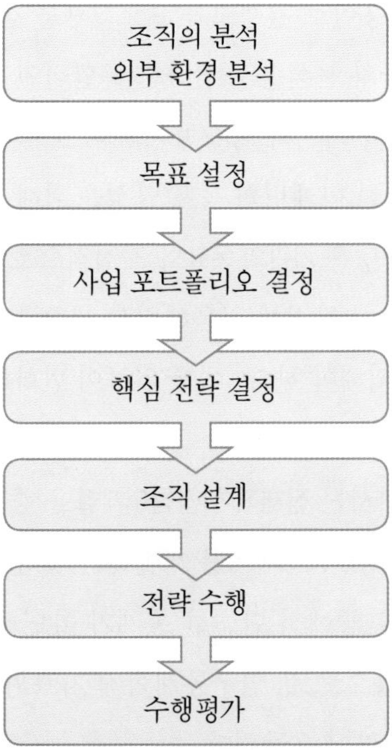

[그림 11-1] 전략적 마케팅 계획의 절차

첫째, **조직 및 외부환경 분석:**

프로그램 개발가는 조직, 그리고 조직의 외부 환경을 분석해야 한다. 조직의 목표는 물론 경쟁 조직 및 사회적, 정치적, 경제적, 기술적 환경을 분석하여 마케팅 전략을 개발한다.

둘째, **목표 설정:**

조직의 설립 목적과 프로그램의 목표에 적합한 구체적 목표를 설정한다.

셋째, **사업 포트폴리오 결정:**

포트폴리오(portfolio)는 보통 수행 중이거나 향후 수행 가능한 프로그램의 목록을 말한다. 포트폴리오에는 조직을 구성하는 프로그램들이 포함되며, 포트폴리오 분석을 통해 경쟁력과 시장에서의 매력도에 따라 어떤 프로그램을 수행할 것인지를 결정한다.

넷째, **핵심 전략 결정:**

핵심적 마케팅 전략은 **시장세분화, 표적시장 선택, 경쟁적 포지셔닝** 등 세 가지 요소로 구성되며, 이를 **'STP 전략'**이라고 한다(한국능률협회, 1994). 각 전략에 대해 알아보면 다음과 같다.

① **시장세분화**(segmentation): 시장은 재화나 서비스에 대해 관심과 지불 능력을 가진 사람들의 집합이다. 시장세분화는 프로그램 목표에 기초해 잠재적 학습참여자를 분류하는 것이다. 즉, 프로그램의 핵심적 학습참여자가 될 대상자들의 연령, 성별, 라이프스타일, 교육 프로그램 참여 경험 등을 파악함으로써 가장 효과적으로 이들의 만족도를 높일 수 있는 프로그램 구성 및 비용 효율적인 운영 방안을 모색할 수 있다.

② **표적시장 선택**(targeting): 표적시장 선택은 시장세분화를 거쳐 파악된 잠재적 학습참여자들 중 어떤 집단을 주요 학습자 대상으로 보고 접근할

것인가 하는 질문과 관련된다. 프로그램 운영이 안정되고 효율적으로 진행되기 위해서는 핵심 학습자 집단을 선정하고 이들을 중심으로 모든 노력을 집중하는 것이 바람직하기 때문이다.

③ **경쟁적 포지셔닝**(competitive positioning): 시장세분화와 표적시장 선택이 완료된 다음에는 표적시장 내에서 교육 프로그램이 점유할 위치의 개념인 포지셔닝에 대한 계획이 필요하다. 경쟁적 포지셔닝이란 동일한 표적시장 내에 제공되는 교육 프로그램이 다른 기관의 프로그램과 뚜렷하게 구별되는 경쟁적 요소로서의 상대적 위치를 말한다. 포지셔닝을 통해 잠재적 학습참여자들에게 프로그램의 차별화된 강점을 인식하도록 함으로써 경쟁력을 발휘할 수 있다.

즉, STP 전략이란, 시장을 세분화하고, 거기서 그 조직의 표적집단을 설정하고, 표적화된 집단을 만족시켜 주기 위해서 다른 경쟁 조직과 차별화된 위치를 선점하는 것이다(한국능률협회, 1994).

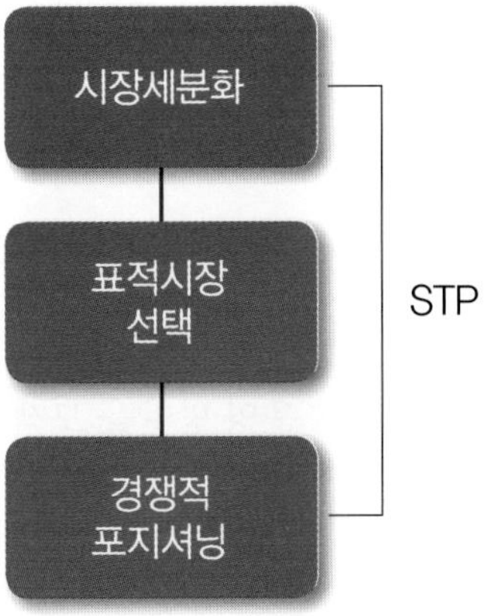

[그림 11-2] 프로그램 마케팅의 핵심 STP 전략

프로그램 마케팅의 핵심전략인 STP 전략을 [그림 11−2]와 같이 제시할 수 있다.

다섯째, 조직 설계:
선정된 마케팅 전략을 성공적으로 실시하기 위해서는 조직에서 이를 지원하는 체계를 갖출 필요가 있다. 마케팅 전문가를 임용하거나 전담 부서를 새로 편성할 수도 있고 때로는 기존의 조직을 새롭게 혁신해서 마케팅 전략을 효과적으로 수행하기 위한 구조 개편 등을 진행한다.

여섯째, 전략의 수행:
전략의 수행은 마케팅을 통해 기대하고 추진하는 교환이 실제로 교육 프로그램 참여로 이어지도록 하는 구체적인 조치이다.

일곱째, 수행평가:
마케팅 전략을 실시한 후에는 마케팅 목표를 성공적으로 달성했는지를 평가한다. 구체적 자료에 의해 타당성 있는 결과를 도출한 다음 기관, 교육 프로그램 개발가, 마케팅 전담 부서, 교수자, 후원자 등과 정보 공유가 가능하도록 하며 추후 마케팅 전략 수립 시 이를 반영한다.

3) 마케팅 믹스

마케팅의 구성 요소에 대한 개념은 **제품**(product), **가격**(price), **장소**(place), **홍보**(promotion)의 네 가지 요소(4p)로 구성되는 마케팅 믹스(marketing mix)라는 개념으로 설명할 수 있다(Boone, 1985). 마케팅 혼합이라고도 불리는 마케팅 믹스는 [그림 11−3]에 제시된 것과 같이 마케팅 목표를 달성하기 위하여 마케팅 담당자가 사용가능한 여러 가지 도구의 조합을 말한다(Kotler, 1972). 평생교육 기관들은 이러한 네 가지 요소들에 대한 개선과 향상을 통

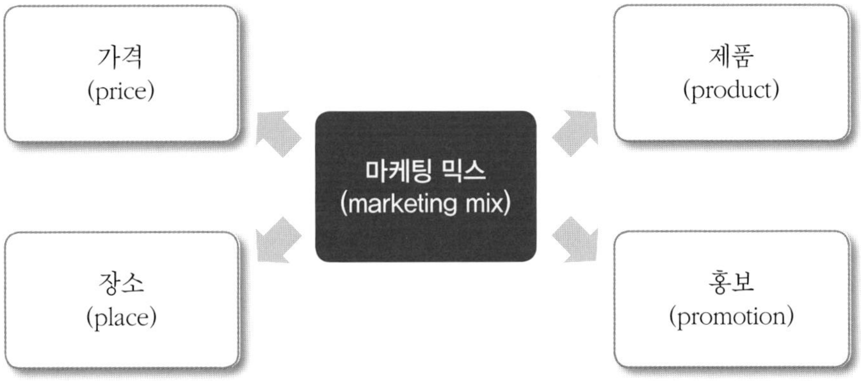

[그림 11-3] 마케팅 믹스

해 프로그램에 대한 잠재적 학습자의 참여를 확대할 수 있다.

(1) 제품

평생교육 프로그램의 마케팅에서 **제품**(product)은 평생교육 기관에서 개발하거나 제공한 **교육 프로그램**이나 **서비스**를 말한다. 평생교육 기관은 학습자의 요구를 사정한 후 이에 기초하여 프로그램이나 서비스를 다양하고 개선된 모습으로 변화시킬 수 있다. 잠재적 프로그램 참여자들에게 프로그램에 참여함으로써 그들이 목표로 하는 지식이나 기술, 가치를 획득하도록 하는 것이 관건이 된다. 따라서 제공되는 수많은 교육 프로그램 중에서 잠재적 학습참여자들이 원하는 요구를 충족시키는 데 비교 우위를 차지할 수 있도록 특성화된 프로그램을 개발하는 것이 중요하다.

(2) 가격

가격(price)은 잠재적 학습참여자가 평생교육 프로그램에 대해 지불하는 **수강료**를 책정하는 것을 말한다. 교육 프로그램의 적정 수강료를 결정하는 것은 매우 복잡한 문제이다. 평생교육 기관은 영리를 주목적으로 하는 기관이라고 할 수는 없지만, 프로그램의 재정적 수익을 얻어야 프로그램 운영을 원활하게 진행할 뿐 아니라 프로그램을 계속 유지할 수 있기 때문이다. 수강료는 많은 학습참여자들에게 프로그램 참여가 부담이 되지 않도록 적절하게 책정하되, 프로그램 운영의 재정 안정성을 확보할 수 있는 수준으로 정하는 것이 좋다.

(3) 장소

장소(place)는 주로 시설의 위치나 접근성, 편의성 등 공간적 특성과 관련된다. 평생교육 프로그램이 실시되는 장소는 잠재적 학습참여자의 프로그램 참여 가능성 및 참여 의지에 큰 영향을 미친다. 따라서 평생교육 기관은 교육 프로그램의 장소로 잠재적 학습참여자들의 접근성을 높일 수 있도록 교통이 편리하고 다양한 편의시설이 갖추어진 곳을 선정하는 것이 좋다. 특히 성인학습자들의 신체적, 정서적, 사회적 특성을 고려한 강의실 및 환경 구성이 이루어진다면 더욱 높은 참여율을 기대할 수 있을 것이다.

(4) 홍보

홍보(promotion)란 평생교육 기관이 개발한 프로그램을 다양한 커뮤니케이션 기법을 사용하여 잠재적 학습참여자에게 알리는 것이다. 아무리 좋은 프로그램이라도 노출되고 알려지지 않으면 프로그램 참여를 이끌어 낼 수 없다. 따라서 평생교육 기관은 신문이나 라디오, TV, 현수막, 포스터, 게시판과 같은 전통적인 홍보 수단은 물론, 인터넷 매체, 웹사이트의 배너광고나 SNS(social service network)를 활용하여 프로그램에 대해 적극적으로 홍보할 필요가 있다. 영향력 있는 홍보수단에 대한 정보를 수집하고 분석한 후 가장 효과적인 방법을 선택하여 잠재적 학습참여자들에게 프로그램 정보를 제공함으로써 참여를 유도한다.

4) 수강료 책정

프로그램에 참여하는 학습자는 수강료를 지불해야 한다. 수강료를 통한 재정 수입은 프로그램의 안정성과 수월성 확보를 위한 가장 큰 재원이기 때문이다. 그러나 프로그램 수강료의 액수와 수준을 어느 정도 선에서 정할 것인지는 프로그램 운영관리자에게 매우 중요하고 또 민감한 과제이다. 수강료의 결정에는 기관의 이념과 가치, 보조금이나 지원금의 여부 등도 영향을 미치며, 프로그램 참여자의 모집과 프로그램의 운영 평가와도 관련된다.

베더(Bedder, 1986)에 의하면 프로그램의 수업료 결정 방식은 지출 중심, 수요 중심, 가격경쟁의 세 가지로 분류된다(기영화, 2001: 193).

우선, **지출 중심형**은 프로그램에 소요되는 총비용과 참여자 수를 예측하여, 지출 비용을 프로그램 참여자들의 수업료로 충당하는 방법이다. 지출 비용에는 고정 비용과 가변 비용이 포함되며 고정 지출 비용을 토대로 가격이 정해진다. 따라서 프로그램 등록을 취소하는 사람에 대해 벌금을 부과할 수 있다. 그러나 프로그램 등록 취소자가 많더라도 반드시 개설되어야 하는 프로그램의 경우는 지출 비용으로 가격을 정한다.

다음으로, **수요 중심형**은 프로그램에 대한 수요에 따라 수업료가 결정되는 방식이다. 비록 프로그램 참여자 수가 적더라도 그들의 수요가 강하면 수업료는 상대적으로 상승하게 된다. 그러나 수요가 적은 프로그램의 경우 수업료는 낮아진다. 이 원리는 대부분 기업 대상의 프로그램에서 적용된다.

끝으로, **경쟁가격형**은 수업료 책정의 기준을 경쟁력에 두는 방식이다. 즉, 프로그램들 간의 비교를 통해 경쟁력이 높게 나타난 프로그램에는 상대적으로 높은 수업료를 책정하게 된다.

수업료는 프로그램에 소요되는 고정 비용과 가변 비용 및 총지출과 총수입을 고려해 산정한다. **고정 비용**은 참여자 수에 관계없이 고정적으로 지출되는 비용으로 주로 시설사용료, 기자재나 설비와 관련된 것이다. **가변 비용**은 참여자 수에 따라 비용이 달라지는 것으로, 주로 사람 수에 따라 변동되는 교재비, 복사비, 식사비 등이 포함된다.

3. 홍보

1) 홍보의 개념과 목적

(1) 홍보의 개념

평생교육 프로그램 개발에서 홍보(public relation)는 좋은 프로그램을 만드는 것 이상으로 중요한 부분이다. 효과적 홍보를 통해 열심히 개발한 프로그램에 대해서 널리 알리고 소개하여 많은 잠재적 학습참여자들로 하여금 프로그램에 참여하고 싶도록 동기를 유발할 수 있기 때문이다. 홍보의 원래 의미는 기관이나 조직이 지역사회 내의 주민이나 단체 및 조직 등과 좋은 관계를 형성하고 이를 유지하기 위한 활동을 말한다. 평생교육 기관도 프로그램에 대한 정보를 제공하고 타 기관이나 지역 주민의 협조와 이해를 구하기 위한 전략으로 홍보에 많은 노력을 기울인다.

홍보 활동은 주로 가능한 한 많은 사람들에게 프로그램의 목적과 내용, 특성과 접근 방법에 대해 구체적인 정보가 전달되도록 하는 것에 중점을 두며, 더 나아가 **프로그램 참여를 촉진하는 활동**을 전개하게 된다. 이런 과정은 기업에서 생산된 제품을 선전하는 것과 유사하다. 왜냐하면 좋은 프로그램을 개발했어도 참여 대상 학습자들이 그 프로그램에 대해서 들어보지 못하거나 알지 못해서 관심이 없다면 프로그램 참여율이 낮아지게 되어 프로그램 개발의 의의를 찾기가 어렵게 된다. 우리나라에서도 다양한 기관과 조직에서 평생교육 프로그램이 제공되고 있으며 홍보가 효과적으로 이루어지지 않을 경우에는, 잠재적 학습참여자들은 참여할 프로그램에 대한 정보가 충분치 않아 선정에 어려움을 겪을 수 있다. 학습자들이 평생교육 프로그램의 영역과 지원 서비스 등에 대한 인식을 확대하는 방안으로 홍보는 더욱 중요한 의의를 갖는다.

(2) 홍보의 목적

홍보는 다음과 같은 다양한 목적으로 실시된다.

첫째, 프로그램에 대한 정확하고 진실한 정보를 지역 주민은 물론 타 기관과 단체 등 필요한 주체들에게 효과적으로 제공한다.

둘째, 평생교육 기관이 실시하는 프로그램의 소개를 통해 기관의 설립이념, 활동 및 업적에 대한 지역의 이해와 호응도를 높임으로써 기관 및 프로그램의 정당성을 확보하고 후원자를 모집할 수 있다.

셋째, 지역 주민을 대상으로 하는 상호작용을 통해 잠재적 학습참여자들의 교육 요구의 파악과 참여 동기의 유발이 가능하다.

넷째, 잠재적 학습참여자의 프로그램 참여를 독려함으로써, 수강료로 대부분의 재원을 조달하는 대다수의 평생교육 기관의 재정을 안정시킬 수 있다.

2) 홍보의 원칙과 과정

(1) 홍보의 원칙

홍보활동을 성공적으로 실시하기 위해서는 많은 사항을 고려해야 하나, 주요 원칙들은 다음과 같이 제시할 수 있다.

첫째, 홍보의 목표를 명확하게 설정하고 활동을 계획한다.
둘째, 어떤 기관 또는 어떤 사람들을 대상으로 할 것인지를 파악한다.
셋째, 홍보활동에 동원 가능한 자원을 확인한다.
넷째, 홍보의 구체적 기법에 대해 숙지한 후 상황에 맞게 이를 사용한다.
다섯째, 인간적 접촉을 중시하며 항상 진실한 정보를 전달한다.

(2) 홍보의 과정

김진화(2001)는 평생교육 프로그램에서 홍보의 과정은 [그림 11-4]와 같은 다섯 단계에 걸쳐 진행된다고 하였다. 각 단계별 설명은 다음과 같다.

첫 번째 단계에서는 잠재적 학습자를 파악한다. 홍보의 대상을 명료화하기 위해 프로그램에 참여할 것이 예상되는 잠재적 학습참여자 집단에 대해 알아보고 이에 대한 정보를 수집한다.

두 번째 단계에서는 잠재적 학습자들이 갖고 있는 평생교육 기관이나 프로그램에 대한 인식, 이미지 및 태도를 분석하고 평가한다.

세 번째 단계에서는 잠재적 학습자들 중에서 프로그램 참여를 주도할 만한 핵심적인 사람들을 파악하고 이들로 하여금 기관 및 프로그램에 대하여 기대되는 태도를 정립하도록 한다.

네 번째 단계에서는 프로그램의 특성과 학습자의 요구에 적합한 홍보 전

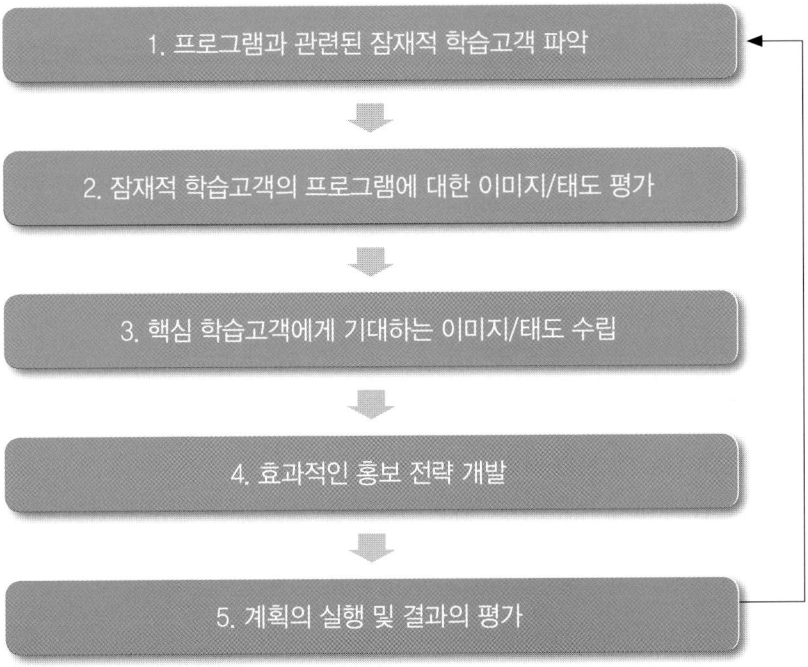

[그림 11-4] 평생교육 프로그램의 홍보 과정

출처: 김진화(2001), p. 355.

략을 개발한다.

다섯 번째 단계에서는 홍보 전략에 따라 홍보를 실행한 다음 그 결과를 평가한 후 피드백을 전달한다.

3) 홍보 기법

평생교육 현장에서 많이 활용하는 프로그램 홍보 기법으로는 신문 및 잡지 광고, TV와 라디오 광고, 우편물 · 전단, 팸플릿 · 현수막 · 포스터, 전화, 개인적 접촉, 인터넷, 이메일, 모바일 광고 · SNS 등이 있다.

(1) 신문 및 잡지 광고

근래 인터넷 매체가 비약적 발전을 이루었지만, 아직도 많은 사람들은 신문이나 잡지와 같은 인쇄 매체를 신뢰하는 경향이 있다. 이제는 신문이나 잡지의 종류가 더욱 다양해지고 대중화되어 이들의 광고란에 홍보하는 방식도 더욱 다원화되고 있으며, 여기에는 기관지, 단체나 시설의 소식지, 지역사회 생활정보지 등이 모두 포함된다. **불특정 다수의 대중**에게 손쉽게 널리 접근할 수 있다는 점이 장점이나, 일회적이며 비용이 적지 않게 든다는 단점이 있다. 신문 광고를 홍보 수단으로 계획할 때는 해당 신문의 구독률, 독자성향, 가장 광고효과가 높은 요일, 비용 등에 대해 미리 파악할 필요가 있다.

신문에 게재할 광고문을 제작할 때는 효과적인 **광고 문구**를 작성하기 위해 많은 노력이 필요하며 전문적인 지식과 기술이 요구된다. 가능한 많은 사람들의 시선을 단숨에 끌어들일 수 있도록 간결하고 강력한 헤드라인으로 시작되는 것이 좋다. 또한 광고 문장을 누구나 쉽게 읽고 이해할 수 있도록 고안하여 호소력을 갖도록 하는 것이 중요하다.

(2) TV와 라디오 광고

많은 사람들이 여가시간에 TV 시청을 즐긴다는 사실을 고려할 때 TV는 그 **신속성**, **접근 용이성**, **광범위성**으로 인해 가장 강력하고 광고료가 높은 광고 매체의 하나로 인식된다. 또한 대중이 인쇄 매체를 접할 때와는 다른 생생한 메시지를 접할 수 있다는 점이 장점이라 할 수 있다. TV의 파급력에는 미치지 못하나 라디오도 장소의 제한을 받지 않는 편의성으로 인해 고정 청취자가 많아 광고효과가 적지 않다. TV나 라디오에서 짧은 시간 내에 청취자에게 기억될 만큼 확실한 영향력을 가진 광고를 만들기 위해서는 광고 문안이나 화면, 영상이나 음성 광고의 제작에 특별한 전문 기술이 필요하다. 따라서 상당한 비용이 든다는 것이 특징이다.

한편, 각 지역 유선방송과 케이블 TV 등을 통한 평생교육 프로그램 마케팅은 사람들에게 강렬하게 기억될 수 있으므로 잠재적 학습자의 참여를 증대시킬 수 있다. 그러나 그 내용을 다시 보거나 듣기가 어렵다는 제한점도 있다.

(3) 우편물 · 전단

평생교육 프로그램의 홍보 방법으로 많이 활용되어 온 것으로서, 구체적 내용을 소개하는 **우편물**을 미리 파악된 잠재적 학습자들을 대상으로 발송하면 매우 효과적이다. 편지나 안내책자, 선전지 등의 형태로 정보를 전달할 수 있는 것이 장점이다. 프로그램에 관심을 가질 만한 **타깃 집단**을 선정하고 구성원의 주소와 이름을 정리한 **명단**을 확보하는 것이 필수적 과제이다. 관련 기관이나 단체, 종교기관, 동문회 등을 통해 명단을 얻을 수 있다. 학습 참여자의 거부감을 줄이기 위하여 중복된 발송을 피하는 것이 좋으며, 우편물이 반송되지 않도록 주기적인 주소 점검이 필요하다.

전단지는 잠재적 학습자들이 많이 거주하는 아파트 등에서 신문과 함께 또는 별도로 배포할 수 있다. 적은 비용의 단면 전단을 제작해 특정 프로그램에 대해 널리 홍보할 수 있으나 읽히지 않고 버려지지 않도록 내용과 디자인을 적절히 선정해야 한다.

(4) 팸플릿 · 현수막 · 포스터

가장 보편적으로 사용되는 홍보 방법의 하나로 **팸플릿**(pamphlet) 등의 인쇄물을 배부하는 것을 생각할 수 있다. 프로그램의 내용과 성격에 따라 차이가 있지만, 이벤트 등 일회성 사업의 소개라면 포스터나 현수막, 전단지 등이 효과적이고, 다양한 내용의 프로그램이라면 팸플릿에 그 내용을 담아 제작하는 것이 바람직하다. 팸플릿은 프로그램에 대한 중요한 정보를 빠짐

[그림 11-5] 제2회 아빠 자랑대회 포스터

출처: 송파구청 홈페이지(http://www.songpa.go.kr/)

없이 담아서 잠재적 학습자에게 프로그램 참여를 유도하기 위한 중요한 안내 자료의 역할을 하게 된다. 예를 들면, 프로그램의 명칭과 장소, 지속 기간과 강사진, 수강료, 학사제도 및 혜택, 교통 등에 대한 정보를 모두 제공하는 것이 특징이다.

팸플릿은 보통 전단지나 일반 광고물보다 고급스러운 종이와 디자인으로 제작되므로 제작비용이 더 많이 든다. 팸플릿 속에 전달하는 정보가 정확한지, 오탈자는 없는지 미리 확인하여 완벽한 안내 자료의 역할을 하도록 한다.

현수막이나 **포스터**의 경우는 비교적 제작과 설치 비용이 저렴하고 사용하기 용이하므로 많이 사용된다. 사람들이 한눈에 그 내용을 기억할 수 있을 만큼 인상적인 문구를 사용해 매력적인 색상과 도안으로 제작하는 것이 관건이다. 홍보하는 프로그램에 대해 관심과 흥미를 유발할 수 있도록 가장 중요한 특징을 시각적으로 부각시키는 것이 효과적이다.

[그림 11-5]에는 아빠 자랑대회 포스터가 제시되어 있다.

(5) 전화

전화는 관심이 별로 없는 잠재적 학습참여자들의 참여를 유도할 수 있는 방법이다. 인쇄 매체나 방송과 같은 홍보 방식으로는 접근할 수 없는 **개별적, 직접적 상호작용**에 의해 잠재적 참여자들을 접촉함으로써 효과를 거둘 수 있다. 직접적 상호작용을 하게 되므로 효과적일 수도 있으나, 준비가 완벽하게 이루어지지 않은 상태에서 전화 홍보를 시도하게 되면 상대방의 부담과 거부감은 더 커지게 되어 오히려 비효과적일 수 있다. 따라서 전화 홍보를 계획할 때는 구체적 계획을 가지고 매뉴얼을 개발하여 체계적으로 준비하는 것이 좋다. 우선 명단과 전화번호 리스트의 합법적 수집으로부터 시작하여, 통화할 동안의 멘트를 정리하여 대본 형식으로 만들어 매뉴얼과 함께 사용하며, 불편을 주지 않는 시간대를 택해, 상대방의 의견을 경청하고 예의 있게 정보를 전달하는 방식에 대해 미리 숙지하고 연습을 한 후 진행하는 것이 좋다. 전화를 거는 사람의 예절 바른 태도와 정보 제공의 숙련도에 따라 더 큰 효과를 거둘 수 있다.

(6) 개인적 접촉

개인적 접촉은 개별적으로 **면대면 접촉**에 의해 실시되는 확실하고 설득력 있는 홍보 방법이다. 프로그램 개발가나 참여자, 교수자 등 프로그램에 직접 참여했던 사람들이 프로그램에서 자신이 경험한 바에 대해 긍정적으로 전해 주는 것은 매우 효과적인 홍보 기법이라 할 수 있다. 흔히 입소문이라고 불리는 개인적 접촉 방식은 잠재적 학습자를 프로그램에 참여하도록 설득하는 방법으로서 효과적이다. 그러나 시간과 비용 면에서 표준화하기 어려운 부분이 있어 체계적인 방법으로 정착되기에는 어려움이 있다.

(7) 인터넷

근래 인터넷은 인간의 삶의 모든 영역에 커다란 영향을 미치는 중요한 매체로 인식된다. 인터넷은 지식정보사회를 살아가는 현대인이 시공간을 초월해서 누구나 제약 없이 항상 접속하고 활용하는 도구가 되었다. 많은 사람들이 인터넷에서 정보를 얻는 수단으로 매시간 활용하고 있으므로, 중요한 홍보 수단으로 활용되고 있다. 포털을 비롯한 많은 인터넷 홈페이지에서 배너 광고나 팝업 광고를 비롯해 광고 영상이나 메시지를 자주 볼 수 있으며, 신문이나 방송 등 전통적 홍보 기법에 비해 **진입장벽이 낮고 접근성**이 뛰어나다는 장점을 갖는다. 인터넷은 학습자가 적극적으로 정보를 탐색하며 상호작용도 가능하다는 특징을 갖는다.

또한 인터넷 홍보물은 제작이 용이한 편이고 거의 무제한적인 양의 정보를 전달할 수 있다. 그러나 편의성에 비해 문제점도 적지 않아 불필요하거나 불건전한 정보가 포함되거나 정보 보안 문제 또는 사생활 침해가 일어나지 않도록 철저한 홈페이지 관리가 필수적이다. 인터넷 홍보물의 제작에도 전문성과 비용이 요구되며, 사전에 내용과 형식에 대한 검토가 이루어져야 할 것이다. 특히 인터넷 홍보 문구는 타 홍보 매체에 비해 더 간결하고 개인적인 친근감을 느낄 수 있도록 작성하는 기술이 요구된다.

(8) 이메일

이메일은 가장 대중적인 인터넷 커뮤니케이션 수단이다. 인터넷 계정만 있으면 누구나 쉽게 이메일을 사용할 수 있으며, 비용이 거의 안 들고 기록과 보관이 용이하며 동시에 많은 사람에게 발송할 수 있다는 장점이 있기 때문이다. 시간과 공간의 제약을 받지 않음은 물론 답장도 쉽게 주고받을 수 있어 최근 SNS 사용의 급격한 증가에도 불구하고 이메일은 여전히 많은 사람들이 보편적으로 많이 사용하는 인터넷 서비스이다. 따라서 이메일은 저렴하고 편리한 기법으로 중요하게 인식되며 적절히 사용된다면 매우 효과적인 홍보 기법이라 할 수 있다.

(9) 모바일 광고 · SNS

근래 컴퓨터와 태블릿 PC, 스마트폰의 보급이 보편화됨에 따라 이러한 모바일 기기를 이용한 홍보 활동이 급격히 증가하고 있다. 특히 스마트폰 등을 통한 모바일 광고가 크게 늘고 있다. 문자나 그림 동영상 등이 자유롭게 전달되면서 소셜 네트워크 서비스로 불리는 SNS(Social Network Service)를 활용한 정보들이 활발하게 공유되며 신속하고 새로운 정보 공유 수단으로 자리 잡고 있다. SNS는 온라인상에서 불특정 타인과의 관계망을 형성하도록 해주는 웹기반 서비스를 말한다. 보다 자세히 알아보면, SNS는 사용자 간의 자유로운 의사소통과 정보 공유, 그리고 인맥 확대 등을 통해 사회적 관계를 생성하고 강화시켜 주는 온라인 플랫폼을 의미한다(https://ko.wikipedia.org/wiki).

SNS는 유사한 관심사를 가진 사람들이 정보를 서로 쉽게 교환하는 사회적 관계망의 역할을 한다. 실시간 정보 교환이 가능하므로 이동성을 갖춘 모바일 기기들과 접목하면서 서비스의 영역이 확장되며 더욱 개별화, 지능화되는 추세이다. 특히 사회적으로 관심이 큰 이슈에 대한 공감대 형성과 마케팅 수단으로 활용도가 증가하고 있으며 홍보 기법으로서도 큰 잠재력을 갖고 있는 것으로 인식된다.

정보통신 영역의 급격한 변화는 홍보 방식에도 새로운 요소를 추가하게 되어 편리하고 창의적인 홍보 유형으로 계속 진화하고 있다. 그러나 매일 넘쳐나는 정보와 홍보문자 속에서 정보 공해로 인식되거나, 읽히지도 못 한 채 삭제되는 일회성의 메시지가 되지 않도록 홍보 내용의 질 관리는 물론 제작과 전달이 효과적으로 이루어지도록 해야 할 것이다. 아울러 SNS 활용 시에 지켜야 할 윤리적 지침이 강화되고 적용된다면 더욱 효과적인 홍보 수단이 될 것으로 보인다.

참고문헌

기영화(2001). 평생교육 프로그램 개발. 서울: 학지사.

김진화(2001). 평생교육 프로그램 개발론. 서울: 교육과학사.

김한별, 박소연, 유기웅(2010). 평생학습을 위한 프로그램 개발 및 평가. 서울: 양서원.

신용주(2004). 평생교육의 이론과 방법. 서울: 형설출판사.

최성재, 남기민(2008). 사회복지행정론. 서울: 나남출판.

한국능률협회(1994). 기업경영과 마케팅. 서울: 한국능률협회.

American Marketing Association(1985). AMA board approves new marketing definition. *Marketing News, 19*(4), 1.

Bedder, H. (Ed.). (1986). *Marketing continuing education*. San Francisco, CA: Jossey Bass.

Boone, E. J. (1985). *Developing programs in adult education*. Englewood Cliffs, NJ: Prentice Hall.

Boyle, P. G. (1981). *Planning better programs*. New York: McGraw Hill.

Knox, A. B.(Ed.). (1979). *Assessing the impact of continuing education*. San Francisco, CA: Jossey Bass.

Kotler, P. (1972). A generic concept of marketing. *Journal of Marketing, 36*, 46 54.

Long, H. B. (1983). *Adult learning: Research and practice*. NY: Cambridge University Press.

Simerly, R. G., & Associates (1989). *Handbook of marketing for continuing education*. San Francisco, CA: Jossey Bass.

송파구청 홈페이지(http://www.songpa.go.kr/)

위키피디아(https://ko.wikipedia.org/wiki)

제 12 장

평생교육 프로그램의 평가

교육 프로그램의 평가는 정해 놓은 기준에 의하여 투자 대비 효율성, 효과성 및 교육 활동의 결과에 대한 가치를 판단하는 과정이다. 근래 많은 평생교육 프로그램이 자격증 취득과 연계되고 또 프로그램 평가 결과가 프로그램의 미래에 중요한 영향을 미치므로 평가의 중요성은 더욱 커지고 있다. 평생교육의 평가에는 다른 교육 부문보다 더욱 다양한 잣대와 가치 기준이 적용된다. 교육 프로그램의 유형이 다양하고 참여자의 특성도 일반화하기 어려울 정도로 다원적이기 때문이다. 이 장에서는 평생교육 프로그램 평가의 개념과 목적, 평가의 영역 및 준거, 평가 모형 및 평가자의 역할에 대하여 알아보기로 한다.

1. 프로그램 평가의 이해

1) 평가의 개념과 특성

평가(evaluation)란 교육 활동에 대하여 가치(value)를 부여하며 판단하는 것이다. 월드론과 무어(Waldron & Moore, 1991)는 평가를 경험의 가치를 결정하는 하나의 과정으로 보았다. 프로그램 평가란 프로그램의 설계부터 시작하여 목표 설정, 실행, 교육 결과에 이르는 과정은 물론, 평가 절차 및 평가 결과까지 포함하는 모든 과정을 검증하는 일련의 의사결정 과정이다. 더 간단히 말하면, 평가는 어떤 프로그램을 계속할 것인지, 수정 또는 종료할 것인지를 판단하기 위한 작업이다. 그렇기 때문에 평가는 가장 높은 지적 능력이 요구되는 일이며, 특히 평생교육의 평가는 지속적인 검증과 가치 부여 작업이 요구되는 복합적인 영역이다.

이러한 평가의 의미는 보일(Boyle, 1981)이 설명한 평가의 정의에서 더 구체적으로 알 수 있다. 우선 평가 준거를 설정한 후, 이 준거를 정당화할 수 있는 평가 목표에 기초하여 수집된 자료에 의해 평가 대상을 판단하게 된다. 즉, 프로그램 평가는 계획된 교육 프로그램을 실행한 다음, 신뢰할 만한 자료를 토대로 평가 기준을 설정하여, 프로그램의 기획과 실천이 얼마나 효과적으로 진행되었으며, 또 목표를 얼마나 달성했는지에 대한 모든 과정을 검증하여 그 가치를 판단하는 것이다.

2) 프로그램 평가의 목적

평가의 목적은 어떤 프로그램의 목표가 성취되었는지, 또 어느 정도 성취되었는지를 측정하는 것이다. 따라서 학습자들이 무엇을 배웠고 무엇을 배우지 못했는지를 파악하는 것은 중요하며, 평가 결과를 담당 교수자나 프로그램 개발가, 그리고 기관이 숙지할 필요가 있다. 평가는 어떤 교육 현장에서나 반드시 이루어져야 하며, 교육이 끝나고 학습자가 보여 준 변화에 대한 판단을 하기 위한 것이므로 학습자나 교수자 모두에게 필수불가결한 활동이다.

평가의 주요 목적이 선발과 배치에 있는 학교교육과는 달리, 평생교육 프로그램의 평가는 주로 학습자의 성장과 프로그램의 개선에 그 목적을 둔다. 평가는 학습자에 대한 진단과 이해를 돕고, 교육 수행 관련 요인의 개선을 지원하며 교육 프로그램 관련 의사결정을 위한 가치 있는 자료를 제공한다. 특히 기획에서부터 실행에 이르는 프로그램 개발의 전 과정에 대한 피드백을 제공함으로써 어떤 프로그램에 대한 최선의 결정을 내리도록 하는 데 평가의 목적이 있다.

평가는 교육기관, 프로그램 개발가, 교수자, 학습자, 고용주 등이 다양한 목적으로 실시하며, 특히 교육의 질 향상을 추구하는 과정에서는 절대적으로 중요하다. 평가를 통해 프로그램 참여자들의 만족도를 파악하며 요구의 반영 정도, 내용의 참신성, 기술 및 기법의 적용 가능성과 프로그램 운영 전반에 대한 진단을 토대로 개선 사항을 파악하게 된다. 평가는 기관의 정책 수립 및 운영 전략 개발과 관련된 의사결정을 위한 지속적, 종합적 활동이므로, 준거 선정 및 평가 실시에 있어서 객관성과 합리성, 타당성의 확보가 특히 중요하다.

3) 프로그램 평가의 의의

효과적인 평가를 실시하는 것은 쉽지 않다. 누구나 평가에 대한 적지 않은 거부감을 가지고 있으며, 또한 객관적 기준과 타당성을 갖춘 평가 도구의 개발이 매우 어렵기 때문이다. 그럼에도 불구하고 프로그램 개발에 있어서 평가가 갖는 의의는 매우 크다. 카파렐라(Caffarella, 1994: 120)는 평가가 프로그램 개발에 관련된 기관 및 사람들에게 중요한 피드백을 제공한다는 점을 가장 중시하였다. 그녀는 프로그램 평가가 갖는 가치에 대해 다음과 같이 설명하였다.

- 프로그램 목표에 충실하도록 해준다.
- 프로그램 개발의 모든 영역에 대한 의사결정을 위한 정보를 제공한다.
- 학습 설계와 실천에 있어서 개선할 사항을 파악하도록 해준다.
- 학습에 대한 응용력을 증대시킨다.
- 프로그램에 책무성(accountability)을 부여한다.
- 프로그램의 주요 업적에 대한 자료를 제공한다.
- 미래 프로그램을 위한 개선 방향의 설정을 돕는다.

필립스(Phillips, 1991)는 더 구체적으로 프로그램 평가의 의의를 다음과 같이 기술하였다.

- 프로그램 목표의 달성 여부를 측정한다.
- 평가는 교육 환경, 프로그램 내용, 교육 자료, 프레젠테이션 기술, 스케줄, 강사 등 프로그램 구성 요소의 효과성을 측정한다.
- 프로그램 소요 비용 대비 프로그램 효과성 및 가치를 비교·분석한다.
- 미래 프로그램 참여자를 예측케 하며, 잠재적 학습 고객들에게 프로그램을 홍보하여 이들의 프로그램 참여 결정에 영향을 미친다.
- 프로그램 실행 과정을 통해 시험이나 질문 등으로 교육 활동의 명확성과 타당성을 검증한다.
- 추후 평가를 실시하여 프로그램에 참여함으로써 가장 혜택을 많이 얻은 참여자 집단과 가장 적게 얻은 참여자 집단을 파악한다.
- 참여자가 프로그램을 통해 성취한 결과를 강화시킨다.
- 최종 평가에서 미래 프로그램 참여자들의 참여 동기와 목적 등 마케팅 전략에 도움이 되는 정보를 수집할 수 있다.
- 프로그램이 요구 충족 또는 문제 해결에 얼마나 적절했는지를 판단할 수 있다.
- 의사결정 과정에서 경영자 측에 도움을 줄 수 있는 중요한 기초 자료를 제공한다. 평가의 핵심은 프로그램의 수정, 존속 여부 등 미래를 결정하는 것이다. 이러한 정보는 교육 프로그램의 교·강사 및 운영관리자, 미래의 프로그램 기획에 자원을 배정하는 행정책임자 등 다양한 사람들에게 반드시 필요하다.

4) 프로그램 평가자의 자질과 역할

평가는 주로 기관, 프로그램 개발가를 비롯한 관련자, 교수자, 학습자 및 외부 전문가들에 의해 실시된다. 평가자에게는 평가요구의 측정으로부터 평가 결과 보고서 작성에 이르는 **전문적이고 포괄적인 업무 수행 능력**이 요구된다. 평가자는 구체적인 평가 계획을 세우고 평가를 실시하여 프로그램의 성과를 판단한다. 최종적으로 평가결과에 대한 결과 보고서를 작성하여 제출함으로써 프로그램의 미래에 대한 의사결정에 필요한 정보를 제공한다.

따라서 평가자에게는 평가업무 전반에 관한 지식과 기술을 갖추는 것은 물론이고, 평가에 대한 전문적 역량과 행정 능력은 물론 평가를 원활하게 진행하기 위한 대인관계 능력을 구비할 것이 요구된다. 또한 자원의 확보와 함께 평가가 실시되는 상황적 맥락을 정확히 파악하여 공평하고 객관적인 평가가 진행되도록 해야 한다.

평가자의 역할을 정리해 보면 다음의 세 가지로 제시할 수 있다.

첫째, 평가자는 전문적인 **평가 수행 능력**을 갖추어야 한다. 즉, 평가 계획을 세우고 평가 모형과 평가 준거를 선정한 후, 이에 적절한 평가 도구의 개발 능력이 요구된다. 또한 프로그램 평가 결과를 분석하여 보고서를 제출하는 일련의 작업 수행 능력을 갖추어야 한다.

둘째, 평가자는 **행정 능력**을 갖추어야 한다. 효과적 평가가 이루어지기 위해서는 인적 · 물적 자원이 필요하며, 전담 인력과 예산의 확보는 물론 조직 내외의 상황 및 여건에 대한 파악이 필요하다. 따라서 평가를 수행하기 위한 기획과 예산집행, 스태프 관리 등을 순조롭게 진행할 수 있는 행정적 능력이 요구된다.

셋째, 평가자에게는 **정치적 역량**이 필요하다. 평가와 관련하여 기관 내외

〈표 12-1〉 프로그램 평가자의 10 가지 체크리스트

1. 이 프로그램은 실험적(experimental)으로 실시하는 프로그램인가? 또는 계속 진행 중(ongoing)인 프로그램인가? 2. 이 평가의 청중(audience)은 누구인가? 3. 이 평가의 설계(design), 척도(measures), 지표(indicators)는 청중의 요구에 적합한가? 4. 이 평가는 결과(outcome) 평가인가? 또는 영향력(impact) 평가인가? 5. 이 평가의 목적(purpose)은 무엇인가? 6. 이 평가의 목적은 의사결정을 위한 자료(decision-oriented data) 제출인가? 또는 고객 인구집단(client population)에 대한 이론 개발(theory building)인가? 7. 이 평가 결과로 얻은 정보는 프로그램 예산(program funding)을 얼마나 삭감(cut)할 것인가를 결정하는 데 사용될 것인가? 또는 프로그램의 다양한 요소들에 대한 최선의 예산 분배(can best be allocated)에 사용될 것인가? 8. 현실적으로 이용 가능한 자금 한계 내에서 수월성 있는 평가(quality evaluation) 기준에 부합하는 평가 설계를 고안할 수 있을 것인가? 9. 지금 평가하려는 것이 프로그램 스태프와의 토의 결과 확정된 기관의 목표달성에 핵심적인가? 10. 유사 평가 프로그램들과 비교할 때 이 프로그램은 전문성, 수월성 및 수행 기준에 있어서 현재 어떤 수준인가? 또한 이 평가결과는 프로그램 실행가에게 어떻게 활용될 것인가?

출처: Sylvia & Sylvia (2012), pp. 201-204 내용을 표로 구성.

의 관련자, 참여자, 지역사회 단체 및 프로그램 후원자들의 피드백을 수합한다. 또한 평가 내용의 활용 방안에 대해 잘 알고, 프로그램의 성공적 정착을 위해 관련 이해당사자들 간의 조정과 협력을 이끌어 낼 수 있어야 할 것이다.

5) 프로그램 평가자의 체크리스트

실비아와 실비아(Sylvia & Sylvia, 2012)는 기관의 프로그램 평가자들이 평가에 앞서 반드시 검토해야 할 10가지의 체크리스트를 제시하였다. 그 내용은 〈표 12-1〉과 같다.

2. 평가의 유형

1) 프로그램 평가의 접근 방식

(1) 목표 중심 평가

목표 중심 평가는 프로그램 실행 전에 수립된 목표의 달성도를 파악하는 데 사용되는 접근 방식이다. 프로그램 기획 단계에서 미리 예상되는 결과, 즉 프로그램 목표의 설정 후 프로그램이 실행된 다음 도출된 결과를 측정하고, 그 결과를 평가 기준이 되는 프로그램 목표와 비교하여 가치를 판단하는 과정이다.

(2) 의사결정 중심 평가

의사결정 중심 평가 모형은 의사결정자에게 필요한 정보를 제공하여 프로그램에 대한 의사결정을 지원하는 것에 초점을 둔다. 즉, 평가의 목적이 프로그램 목표 달성여부에 대한 가치 판단이라는 차원에서 한 걸음 더 나아가 의사결정자를 돕기 위한 정보 제공임을 중시한다. 의사결정 평가 접근법으로는 스터플빔(Stufflebeam, 1971)의 CIPP 모형이 대표적이다. 이 모형은 프로그램을 계획하고 실행하는 것을 하나의 연속적인 활동으로 보며, 상황평가, 투입평가, 과정평가 및 산출평가를 계속 순환적으로 실시함으로써 산출평가가 다시 평가의 대상으로 재투입되는 순환적 의사결정을 강조한다.

(3) 가치판단 중심 평가

가치판단 중심 평가는 프로그램의 가치를 판단하는 것에 중점을 둔다. 즉, 학습참여자들의 학습 목표 달성도를 일률적으로 평가하는 것이 아니라, 이들이 프로그램에 참여함으로써 획득한 성찰 또는 인식이나 태도 변화를 파악하는 접근법이다.

2) 평가의 종류

(1) 형성평가와 총괄평가

프로그램 평가를 실시 시점에 따라 크게 형성평가(formative evaluation)와 총괄평가(summative evaluation)로 분류한다. 실행 중에 있는 프로그램을 개선하거나 변화시키기 위해 행해지는 평가를 형성평가라 하고, 프로그램의 결과에 초점을 맞춘 것을 총괄평가라 한다. 또한 프로그램이 시작되기 전에 주로 학습자 수준 및 특성을 파악하기 위해 실시하는 진단평가가 있다. 이 중에서 보편적으로 활용되는 형성평가와 총괄평가에 대해 알아보기로 한다.

형성평가는 어떤 활동을 개선하거나 그 강점을 유지하고 약점을 보완하기 위한 증거를 수집하고 이를 평가하는 과정이다(Waldron & Moore, 1991:

164). 이는 지속적인 대안탐색 과정이며, 학습 목표의 달성 과정 및 수업 과정에서 문제점이나 개선해야 할 점을 파악하여 이를 보완하기 위한 것이다. 특히 학습 진도의 조정이나 교육 프로그램 실시 중 문제점을 바로잡기 위한 목적으로 많이 활용된다. 형성평가의 주 평가자는 보통 교수자나 프로그램 운영관리자이다.

반면에, 총괄평가는 프로그램의 최종 종결 단계에서 프로그램의 효과에 대한 총체적 판단을 하는 것이다. 프로그램을 미래에도 계속할 것인가 또는 종료할 것인가에 대한 결정을 내릴 수 있도록 돕는다. 즉, 프로그램에 대한 종합적 평가를 실시하는 것이다.

이 두 가지 유형의 평가에서 평가자는 각기 다른 역할을 수행한다. 형성평가에서 평가자는 보통 교수자 또는 조직자가 된다. 프로그램을 개선하는 것이 목적이므로 발전적인 활동에 관심이 있는 평가자가 형성평가 과정에 적극적으로 참여하는 것이 좋다. 반면, 총괄평가를 수행하는 평가자에게는 특히 공명정대함과 객관성이 더욱 강조된다. 따라서 객관적인 제3자가 평가자가 되는 것이 바람직하다.

〈표 12-2〉 형성평가와 총괄평가

구분	형성평가	총괄평가
실시 시점	프로그램 실행 중 실시	프로그램의 최종 단계에 실시
의미	프로그램의 개선 및 변화 추구에 중점을 둠	프로그램 결과에 중점을 둠
목적	교수-학습 활동 개선	프로그램의 향후 지속 여부에 대한 의사결정
평가자	교수자나 프로그램 조직자	객관적이고 공정한 제3자

출처: 신용주(2012), p. 356.

〈표 12-2〉는 형성평가와 총괄평가가 각각 실시 시점, 의미, 목적 및 평가자 등을 중심으로 비교한 것을 보여 준다.

(2) 비용 편익 분석과 비용 효과 분석

비용 편익 분석(cost benefit analysis)은 프로그램의 궁극적 효과를 **재정적**으로, 즉 현재의 **화폐 가치로** 환산한 것이다. 즉, 프로그램 참여 결과 얻게 된 결과물(이익)을 프로그램 실시에 투입한 비용(비용)과 비교하는 것이다. 비용 편익 분석의 실시에는 전문적 기술이 필요하며 결과에 따른 논란의 여지도 있을 수 있다. 한편, **비용 효과 분석**(cost effectiveness analysis)은 투입 비용 대비 **목표 달성 정도**를 측정하게 되며 주로 화폐적 분석이 적절치 않은 상황에 적용된다.

그러나 비용 편익 분석의 효율성과 비용 효과 분석의 효과성을 정확히 측정하는 것은 쉽지 않은 과제이다. 따라서 인과관계의 맥락을 추정하고, 동원된 인적 및 물적 자원의 관계를 검토하여, 사용된 방법과 기법 등 다른 투입 내용을 분석한다. 한편, 결과의 측면에서는 보통 투입된 것들과 결과에 대하여 모두 계량적으로 검증하는 과정을 거친다.

(3) 양적 평가와 질적 평가

양적 평가는 **정량평가**라고도 하며 주로 계량적으로 측정 가능한 검증 방법을 통해 구체적인 평가 결과를 보여 주는 자료의 제출이 가능하다. 척도의 사용이나 가설 검증이 가능하며 데이터 수집 절차가 용이한 편이다. 한편, **정성평가**라고도 불리는 질적 평가는 주로 정량적 접근이 어려운 주제의 평가에 사용된다. 따라서 구체적, 계량적인 자료 대신에 서술적 질문지를 사용한 인터뷰 또는 관찰에 의해 파악된 대상자의 지식, 기술, 태도의 변화를 기술한 자료를 제출하게 된다.

3) 프로그램 평가의 영역 및 준거

(1) 프로그램 평가의 영역

프로그램 평가의 핵심 영역은 프로그램의 목적, 프로그램의 내용, 프로그램 참여자, 프로그램 운영 등 네 가지 영역으로 분류할 수 있다.

① 프로그램의 **목적** 평가: 목표 지향적 평가의 원리에 따라 프로그램의 목표가 달성되었는지를 평가한다.
② 프로그램의 **내용** 평가: 프로그램의 질적인 측면에 초점을 맞추어 프로그램 내용의 적용 가능성 및 요구의 반영 정도를 판단한다.
③ **참여자 반응**에 대한 평가: 프로그램 참여자의 프로그램에 대한 느낌이나 만족도를 파악한다.
④ 프로그램 **운영**에 대한 평가: 시설, 편의 시설, 수강료, 교 · 강사 등을 비롯한 프로그램의 전반적인 운영 내용에 대하여 관련 요인들을 종합적으로 점검하여 평가한다.

(2) 프로그램 평가의 준거

프로그램 평가를 성공적으로 실시하기 위해서는 우선 평가를 위한 준거의 개발이 이루어져야 한다. 이러한 평가의 준거에는 보통 **효과성**, **효율성**, **적정성**, **형평성**, **대응성**, **적절성** 등이 포함된다.

〈표 12-3〉 프로그램 평가의 준거

평가 준거	평가 문항	평가 영역
효과성	가치 있는 프로그램 결과가 도출되었는가?	프로그램 효과의 평가
효율성	얼마큼의 노력과 비용이 프로그램에 투입되었는가?	프로그램 비용 대 수익률의 평가
적정성	프로그램이 문제 해결에 얼마큼 기여했는가?	문제 해결에 대한 적정성의 평가
형평성	프로그램의 비용과 프로그램으로 인한 혜택과 효율이 집단 간에 공평히 배분되었는가?	프로그램 참여 기회 및 자원 배분의 근거에 대한 평가
대응성	프로그램이 기관 및 참여자의 요구 충족 및 목표 달성에 얼마나 대응적이었는가?	프로그램의 기관 및 참여자 요구에 대한 대응성 평가
적절성	도출된 프로그램의 결과가 실제로 가치 있는가?	모든 준거에 대한 검증

출처: 김진화(2001), p. 423 수정: 신용주(2012), p. 357 재인용.

3. 프로그램 평가의 모형

평생교육 프로그램의 평가 모형은 여러 가지가 있지만 크게 두 가지 유형으로 분류된다. 첫 번째는 교육의 결과에 초점을 두는 **결과 중심 모형**으로 커크패트릭(Kirkpatrick, 1994)의 4단계 평가 모형과 필립스(phillips, 1991)의 ROI(Return On Investment) 모형이 대표적이다. 다음으로는 교육 프로그램의 모든 과정을 종합적으로 평가하는 **과정 중심 모형**으로 주로 프로그램 경영자의 의사결정에 유용한 정보를 구체화하여 제공하는 유형이며, 스터플빔(Stufflebeam, 1971)의 CIPP 모형이 대표적이다. 그 밖에 보편적으로 많이 사용되는 모형으로 카파렐라(Caffarella, 1994)의 평가 수준 모형이 있다. 여기서는 커크패트릭의 결과 중심 평가 모형, 스터플빔의 과정 중심 평가 모형, 그리고 카파렐라의 평가 수준 모형을 중심으로 알아보고자 한다.

1) 커크패트릭의 4단계 평가 모형

가장 대표적인 결과 중심 평가 모형인 커크패트릭 모형은 간결하고 실용적인 특성 때문에 널리 활용되고 있으며, 반응평가, 학습평가, 행동평가 및 결과평가의 네 가지 차원으로 이루어져 있다.

(1) 반응평가(reaction evaluation)

프로그램 참여자의 만족도를 측정하는 것으로, 참여자들의 반응에 따라 프로그램의 지속 여부를 결정하게 된다. 반응평가에서 평가의 기준은 프로그램 참여자의 프로그램에 대한 전반적인 반응이 된다. 여기에는 시설, 시간, 강사, 교재, 내용, 방법론 및 학습 분위기가 포함되며, 참여자들이 프로그램 진행 도중 나타내는 반응이나 반응 평가지 등을 통해 측정한다.

(2) 학습평가(learning evaluation)

학습평가는 프로그램 참여자들이 무엇을 배웠는지를 측정하는 것이다. 즉, 프로그램 참여자들이 프로그램에 참여한 결과로 획득하게 된 지식이나 기술의 증진 및 태도 변화를 파악한다. 참여자를 대상으로 지필검사, 문답시험 및 직무 시뮬레이션 등의 방법으로 평가하며, 평가 시기는 프로그램의 전 · 후, 진행 중 또는 일정 시간이 지난 후에도 가능하다.

(3) 행동평가(behavior evaluation)

행동평가는 참여자들이 프로그램에 참여한 결과로 나타내는 행동, 특히 직무수행과 관련된 행동 변화를 측정하는 것이다. 즉, 프로그램을 통해 습득한 지식과 기술이 참여자의 행동을 얼마나 변화시켰는지를 파악한다. 주로 평가 전·후 비교나 통계적 비교, 장기적 추적 등의 방법을 사용한다. 행동평가는 실시하기가 쉽지 않은데, 그 이유는 학습된 내용이 실제 행동으로 언제, 어떻게 변화되어 나타날지를 예측하기 어렵기 때문이다.

(4) 결과평가(result evaluation)

결과평가는 참여자가 프로그램에 참여한 결과 조직에 얼마나 긍정적인 영향을 미쳤는가를 측정한다. 특히 비용 절약, 근무결과 개선, 수월성 향상의 정도 등을 파악함으로써 기관의 발전에 기여한 정도를 판단한다. 미리 프로그램 실시 전·후의 자료 수집을 통해 기관의 개선되어야 할 사항들을 분석해

〈표 12-4〉 커크패트릭 평가 모형

평가의 차원	측정 내용	측정 방법
반응 (만족도)	참여자들의 프로그램에 대한 반응을 측정	반응 평가지
학습 (성취도)	무엇을 배웠는지를 측정	지필 테스트, 기술 실습, 직무 시뮬레이션 등
행동 (적용도)	직무수행과 관련된 행동 변화를 측정	프로그램 전·후 비교, 관찰, 통계적 비교, 장기적 추적 등
결과 (기여도)	프로그램 참여가 조직에 긍정적인 영향을 미쳤는가를 측정	비용 절약, 학습 결과 개선, 수월성 향상 등

출처: 신용주(2004), p. 229.

놓는 것이 중요하다.

〈표 12-4〉에는 커크패트릭 모형의 평가 차원별 측정 내용과 방법이 제시되어 있다.

2) 스터플빔의 CIPP 평가 모형

스터플빔(Stufflebeam, 1971)의 CIPP 모형은 **의사결정 중심 평가 모형**으로도 불리며, 프로그램의 의사결정을 위한 합리적, 분석적인 근거를 제공하는 것을 목적으로 한다. CIPP 모형은 **상황평가, 투입평가, 과정평가** 및 **산출평가**의 네 가지로 이루어져 있다. 이 모형은 프로그램과 관련된 의사결정자들에게 새

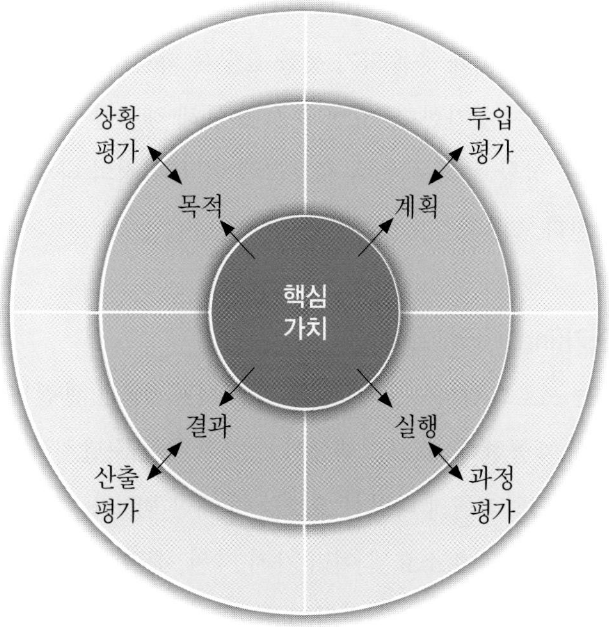

[그림 12-1] CIPP 평가 모형의 핵심 요소

출처 : Stufflebeam (2004), p. 249.

로운 정보를 지속적으로 제공함으로써 **프로그램 개선을 위한 의사결정**을 지원하는 것에 중점을 둔다. 요약하면, 상황평가는 목표설정에, 투입평가는 프로그램 설계에 도움이 되고, 과정평가는 실행을 안내하며, 산출평가는 프로그램의 재순환 여부를 결정하는 데 도움을 준다고 할 수 있다.

[그림 12-1]에는 스터플빔이 개발한 CIPP 평가 모형의 핵심 요소들과 그 상호 관계가 제시되어 있다.

스터플빔의 CIPP 평가 모형에서 제시한 네 가지 차원인 상황평가, 투입평가, 과정평가, 산출평가에 대하여 알아보면 다음과 같다.

(1) 상황평가(context evaluation)

배경평가라고도 하며 프로그램 **목표 결정**을 위한 근거를 제공하기 위해 실시되는 가장 **기본적인 평가 유형**이다. 바람직한 환경이나 장해 요인들에 대한 총괄적인 검토와 함께 충족되지 못한 요구를 파악하고 문제를 진단함으로써 상황에 대하여 평가한다. 요구 분석을 통해 해결할 문제나 성취할 목표를 결정하며, 상황 분석을 통해 프로그램 목표 설정의 타당성과 실행 가능성을 파악한다.

(2) 투입평가(input evaluation)

투입평가는 프로그램의 목표 달성을 위한 **자원 활용**과 관련된 **의사결정**에 필요한 정보를 제공한다. 프로그램에서 수립된 목표를 달성하기 위하여 필요한 **물적 자원, 인적 자원**의 다양한 요소들에 대한 **평가**가 수행된다. 스터플빔의 모형은 프로그램에 소요된 여러 가지 자원, 해결 방안 및 진행 절차에 대한 운영 적절성과 효율성을 판단하기 위한 목적으로 주로 사용된다. 또한 목표 달성 전략 및 전략 수행 방안의 검토와 함께 프로그램 운영에 부정적 영향을 미치는 장해 요인을 파악한다.

(3) 과정평가(process evaluation)

과정평가는 주로 프로그램의 운영관리자에게 주기적인 피드백을 제공하기 위해서 수행되며 프로그램 설계 및 과정의 개선과 보완에 초점을 둔다. 원래 의도했던 운영 계획과 비교하여 실행 수준이 어떠한지에 대한 정보를 제공한다. 과정평가는 주로 프로그램의 실시 중에 나타날 수 있는 문제점이나 결함 및 실패의 소지가 있는 사항들을 미리 예측하고 실천 계획을 구체화할 수 있도록 피드백을 제공하는 것을 목표로 한다.

(4) 산출평가(product evaluation)

산출평가는 프로그램의 종료 단계에서 목표 달성에 대한 결과를 측정하고 해석하기 위하여 실시된다. 프로그램 참여자의 요구가 충족되었는지, 또 문제가 해결되었는지의 여부를 판단하며, 투입 비용(시간 · 비용 · 노력)에 대비한 산출 결과의 가치 측정에 초점을 둔다. 프로그램에 대한 종합적 평가를 수행하기 위해 상황, 투입, 과정, 산출의 전 과정과 연계하여 분석한다. 산출평가 결과를 토대로 프로그램을 지속할 것인지, 수정 및 개선할 것인지 또는 종결할 것인지의 여부를 결정하게 된다.

3) 카파렐라의 평가 수준 모형

카파렐라(Caffarella, 1994)의 평가 수준 모형 역시 현장에서 보편적으로 많이 사용되는 평가 유형으로 평가 방법과 자료 수집 방법의 예를 구체적으로 제시하였다. 이 모형에서는 프로그램 종료 후의 참여자들의 반응에 초점을 둔다. 참여자들은 프로그램의 수업 내용, 교수 기법, 시설이나 프로그램의 장단점 등에 관한 자신의 견해를 제시함으로써 프로그램에 대한 피드백을 제공한다. 카파렐라가 제시한 평가수준 모형의 진행 과정은 다음과 같다(신용주, 2004: 231).

① 목표 점검: 프로그램 진술 목표의 충족 여부 결정
② 체제 평가: 프로그램 결과와 관련 자원 활용의 효율성, 교육 기능의 구조, 기획 및 실행 과정의 효과성에 대한 피드백 제공
③ 사례연구법: 참여자 · 교수자 · 후원자의 관점에서 프로그램의 장점 기술
④ 준 법적평가: 자문가의 의견 청취를 통한 프로그램의 질 평가
⑤ 전문가 평가: 미리 결정된 범주 및 전문가로 구성된 패널에 의한 평가, 대규모 교육 프로그램의 지원 · 과정 · 평가에 초점
⑥ 평가 수준 점검: 참여자 반응 · 학습 · 행동 변화 · 결과에 대한 수준 측정

4. 평가의 절차 및 방법

프로그램 평가를 진행할 때 모두 동일한 과정으로 진행되는 것은 아니지만, 대체로 평가의 절차는 평가 과정의 설계, 평가 목표 수립, 평가 내용 및 평가 방법의 선정, 평가 자원의 확보, 평가 방법 및 평가 도구 선정, 평가의 실시, 평가 자료 처리 및 분석, 평가 결과의 반영을 거쳐 진행된다.

평가의 절차를 각 단계별로 알아보면 다음과 같다.

1) 평가 과정의 설계

프로그램 평가가 성공적으로 진행되기 위해서는 프로그램 평가의 실시 및 평가 결과 활용에 대한 구체적 계획이 세워져야 한다. 카파렐라(Caffarella, 1994)의 평가 수준 모형에서 제시된 단계 중 특히 핵심이 되는 체계적 평가 과정의 절차를 구체적으로 알아보면 〈표 12-5〉와 같다(신용주, 2004).

〈표 12-5〉 카파렐라의 평가 수준 모형의 진행 절차

① 평가결과에 영향을 미치는 사람 및 단체로부터 지원을 확보하고, 평가의 범주와 시간계획을 분명히 설정함
② 평가의 계획과 관리에 누가 참여하는지를 결정함
③ 평가의 목적과 결과 활용 방법을 정확히 기술함
④ 평가 내용과 문항을 구체화함 • 주요 평가 영역: 참여자의 학습, 교육 프로그램 자체, 프로그램 결과, 프로그램 기획 과정, 프로그램이 하위 단위나 조직 전체에 미치는 영향, 프로그램이 지역사회나 사회에 미치는 영향 등
⑤ 평가에 필요한 증거를 누가 제공할 것인지 결정함
⑥ 평가 방법을 선정하고 구체화함(예: 양적 평가는 단답형 문항으로, 질적 평가는 면접으로 등)
⑦ 자료 수집 방법과 시기를 결정함: 평가 목적 및 평가 방법에 의해 결정함
⑧ 분석 절차를 구체화함 • 양적 자료: 빈도 분석이나 카이자승을 활용하거나 더 복잡한 통계 분석이 가능 • 질적 자료: 유형 및 주제에 의해 분석이나 에세이 형식으로 보고함
⑨ 프로그램 평가 기준 및 기준 결정 절차를 구체화함
⑩ 평가 실시에 필요한 구체적인 시간 계획과 예산을 결정함
⑪ 평가를 마친 후 권고안과 평가 보고서를 제출함 • 보고서는 평가 목적의 부합 여부에 초점을 둠 • 권고안은 실천을 위한 행동 전략을 제시함
⑫ 프로그램의 개선 및 권고 사항에 대한 피드백을 제공함

2) 평가의 목표 설정

평생교육 프로그램의 평가는 궁극적으로 특정 교육 프로그램의 목표 달성이 얼마나 효과적, 효율적으로 이루어졌는지의 여부를 측정하기 위한 것이다. 평가의 목표는 평가의 상황이나 제공기관이나 이해관계자들에 따라 다르게 수립될 수 있다. 따라서 평가를 실시하기 위해서는 평가 대상과 내용, 방법 및 활용 방안에 대한 전반적인 틀을 구상한 후에 구체적인 목표 달성 여부를 검토하게 된다.

3) 평가 자료 수집 기법 및 평가 도구 선정

(1) 평가 자료 수집 기법의 선정

평생교육 프로그램의 평가는 평가 목적에 적절한 평가 **자료 수집 방법과 측정 도구**를 선택하여 적용함으로써 이루어진다. 평가 자료 수집 기법의 결정은 교육 프로그램의 목표, 참여학습자 집단의 규모와 특성, 평가를 위한 자원의 확보 수준, 학습 영역 및 내용 등을 검토하여 이루어져야 한다. 보편적으로 활용되는 기법으로는 주로 관찰법, 인터뷰, 질문지법, 시험, 포트폴리오 등을 들 수 있다.

① 관찰법

교수자 및 학습자의 **행동과 태도**를 직접 파악하는 데 유용한 방법이다. 관찰법을 효과적으로 실시하기 위해서는 주의 깊게 관찰한 내용을 정확하게 기록하고 분석하는 관찰자의 개인적 능력과 자질이 중요하다.

② 인터뷰

면담법이라고도 하며 프로그램에 관련된 주요 인물들, 프로그램 개발가, 프로그램 운영관리자, 교수자, 학습자 등과의 대화를 갖고 프로그램에 관해 원하는 정보를 수집하는 방법이다. 대상자와 직접 대면하는 경우도 있고 전화나 이메일로도 이루어질 수 있다.

③ 설문조사법

설문조사법은 가장 보편적으로 많이 사용되는 평가 기법이다. 설문지를 통해 조사 대상자의 프로그램에 대한 **인식과 태도** 등에 관한 정보를 얻을 수 있다. 규모가 큰 학습자 집단을 대상으로 객관적 자료를 수집하기 용이하지만 설문지가 오류 없이 평가목적에 적절하도록 개발되어야만 원하는 정보를 획득할 수 있다.

〈표 12-6〉에는 지역사회복지관에서 실시한 사회교육 프로그램에 참여한 학습자 대상의 교육 만족도 조사 설문지가 제시되어 있다.

④ 시험

시험은 시험지나 컴퓨터를 통해 프로그램에 참여한 학습자들의 **지식 · 기술 · 태도의 변화 수준**을 측정하는 방법이다. 시험을 통해 학습자가 학습목표를 달성했는지를 측정하여 평가할 수 있다. 학습내용의 단순한 기억의 평가를 위해서나 더 복잡한 사고 능력의 측정을 위해서도 실시되며, 평가 내용에 따라 시험의 유형도 달라진다. 기본적인 지식 수준을 측정하기 위해서는 **퀴즈나 객관식 시험**이 적합하며, 심화학습의 측정을 위해서는 허용된 시간 내에 깊이 있는 분석을 요구하는 **테이크 홈**(take home) **시험**도 적용된다.

〈표 12-6〉 사회교육 프로그램의 교육만족도 조사 설문지

사회교육 만족도 조사

■ 항상 저희 복지관을 이용해 주셔서 감사합니다. 내년도 사업 향상에 설문조사 결과가 사용되니 성심성의껏 답변 부탁드립니다. 감사합니다.

1. 이용자 이름(보호자 이름)

2. 프로그램 이용 기간

3. 본 기관 이용하게 된 계기

4. 사회교육을 통해 여가선용의 기회가 되셨습니까?

매우 그렇다	그렇다	보통	그렇지 않다	매우 그렇지 않다

5. 사회교육 강사의 수업 진행방식에 만족하십니까?

매우 그렇다	그렇다	보통	그렇지 않다	매우 그렇지 않다

6. 당감복지관의 사회교육 운영에 만족하십니까?(환경, 시스템)

매우 그렇다	그렇다	보통	그렇지 않다	매우 그렇지 않다

7. 내년도 사회교육에 참여할 의사가 있습니까?

매우 그렇다	그렇다	보통	그렇지 않다	매우 그렇지 않다

8. 프로그램 이용 시 개선될 점 및 기타 건의사항

출처: 당감종합사회복지관(2015), p. 318.

⑤ 포트폴리오

전통적으로 예술이나 건축 강좌 등에서 사용되어 온 평가 방식이나, 근래에는 다양한 영역의 교육 상황에서 활발하게 사용되고 있다. 포트폴리오는 학습자가 어느 일정 기간에 걸쳐 성취한 작업 내용을 보여 주므로, 학습자가 그간 이루어 온 성장 과정을 알 수 있다는 점이 특징이다. 학습자의 초기 작품과 최근의 작품을 함께 제출하도록 함으로써 발전 내용을 파악한다.

(2) 평가 도구의 제작

평가의 정확도는 어떤 평가 도구를 선정하여 사용하는가에 달려 있다. 따라서 평가목표를 달성하기 위하여 평가 내용을 측정할 **척도**(scale)**나 도구**(instrument)**의 개발이나 선정**은 매우 중요하다. 좋은 평가 도구란 그 도구가 평가하고자 하는 내용과 일치되는 **타당성**, 각 문항에 대한 응답에서 평가 목표에 부합되는 응답을 정확히 얻어낼 수 있는 **신뢰성**, 또 누가 평가하더라도 항상 일관되게 점수를 획득할 수 있는 **일관성**과 **객관성**이 확보된 도구를 말한다.

한편, 학습자의 가치관, 동기 유발, 태도, 특별한 기술의 획득 등은 전통적인 시험에 의해서는 측정되기 어려울 때가 있다. 따라서 이에 적절한 평가 방법을 개발하기 위한 다양한 시도가 이루어져야 할 것이다.

4) 평가의 실시

평가 목표를 달성하기 위한 평가 내용이 결정되고 평가 도구가 제작되면 미리 결정된 방법에 따라 평가가 실시된다. 앞서 선정된 평가의 방법을 적용해서 평가를 실시한다. 교육 프로그램 시작 전에 미리 참여자들에게 평가 일정에 대해 알려준다. 지필시험이나 인터뷰, 질문지법, 관찰법 등 평가 방법에 대하여 미리 알려주고, 어떤 도구를 사용한 평가가 언제 어떻게 실시될 것인지를 예고하여 충분한 준비 기간을 준 다음, 정해진 일시에 정해진 방식으로 공정하게 실시한다.

5) 평가 결과의 처리 및 분석

평가를 실시한 후 평가 자료가 수집되면 수집된 자료를 정확하고 객관적으로 분석한다. 자료 분석 절차는 지금까지의 모든 평가 과정의 귀결 단계이므로 특히 많은 주의를 기울여야 한다. 수집된 자료가 아무리 중요한 내용을 포함하고 있어도 충분한 분석과 해석이 이루어지지 않으면 평가의 효과를 거둘 수 없으며, 평가의 결과가 그릇되게 활용될 수도 있다.

평가 자료에 대한 분석은 평가 방법에 따라 달라지며 대개 **양적 자료**로부터는 **객관적인 지표**를, **질적 자료**로부터는 깊이 있는 **기술적 자료**를 얻게 된다. 관찰법을 사용했을 때는 주로 평가 대상 행위의 출현 빈도수를 산출하여 평정한다. 인터뷰의 실시 결과는 응답 내용을 범주화해서 정리 요약하며, 질문지법을 사용한 경우에는 보통 통계 기법을 통한 자료 분석을 실시한다. 시험은 미리 정해 놓은 측정 기준에 따라 점수를 산정하며, 포트폴리오는 학습자의 전반적인 수행 수준의 검토와 함께 발전 상황에 대한 분석을 토대로 평가한다.

6) 평가 결과의 보고 및 활용

평가를 실시하는 데 소요된 인적 · 물적 자원을 고려할 때, 평가 결과가 적절하게 활용되지 않으면 자원의 커다란 손실을 입게 된다. 따라서 평가 결과를 최대한 활용하여 프로그램의 개선이나 홍보에 기여하도록 해야 할

평가 보고서의 구성

I. 서론
가. 보고서의 요약 및 목차
나. 보고서의 목적, 범주, 제한점
다. 평가의 목적

II. 본론
가. 프로그램 목표
나. 프로그램 진행 및 결과
다. 평가 진행 절차 및 결과

III. 결론
가. 평가 결과의 분석 및 해석
나. 주요 내용의 요약 및 결론
다. 제언

[그림 12-2] 평가 보고서의 구성

것이다. 평가는 교육 프로그램을 제공한 기관 및 프로그램 담당자와 관련자들에게 프로그램이 어떻게 작동되고 있으며, 또 어떻게 프로그램의 질을 향상시킬 수 있는지에 대한 중요한 시사점을 제공한다.

보고의 형식은 여러 가지가 있으나 여기서는 서면보고의 구성에 대해 알아보기로 한다. 대부분의 일반적인 보고서는 [그림 12-2]와 같은 형식으로 작성된다.

지금까지 주로 기관과 프로그램 개발가 및 운영관리자의 차원에서 평가의 기능을 살펴보았으나, 사실 프로그램의 진행자인 교수자나 프로그램의 참여자인 학습자에게도 평가 결과를 전달하는 것은 매우 의미 있는 일이다. 왜냐하면 평가는 단순히 학습자의 성적 산출을 위해 프로그램 종료 시에 실시되는 활동은 아니며, 평가 자체가 학습자와 교수자에게는 좋은 학습 경험이 되기 때문이다. **좋은 평가**는 교육 프로그램에서 학습자가 제대로 이해하지 못한 부분들을 깨닫게 해 주며, 성취감과 학습 동기 유발에 도움을 준다. 한편, 교수자에게는 학습자의 수준에 맞춰서 프로그램의 수준과 진도를 조정할 수 있는 준거를 제공해 주기 때문이다.

한편, 프로그램 평가가 종료된 후 작성된 **평가 보고서**는 평생교육 기관과 프로그램 관련자들에게 실질적인 도움을 준다. 무엇보다 평가 보고서는 프로그램의 평가 결과를 토대로 **프로그램에 관한 다양한 의사결정**을 내리는 데 활용된다. 우선 프로그램의 목표 달성 정도와 학습자의 학업 성취도, 학습자의 교수자에 대한 만족도는 물론, 기관 및 교육 프로그램, 시설, 기자재 등 물리적 환경에 대한 만족도 등을 측정한 평가 보고서를 통해 프로그램이 어떻게 운영되고 결과는 어떠한지에 대한 기본 정보를 얻게 된다. 따라서 보고서는 프로그램 개선을 위한 기초 자료인 동시에 프로그램의 성과에 대한 좋은 홍보 자료로 활용될 수 있다.

만약 목표로 했던 성과를 거두지 못한 경우라면 평가 보고서를 통해 그 원인은 무엇인지에 대해서도 파악할 수 있다. 또한 프로그램의 **책무성**과 **비용효율성**에 대한 분석 내용을 토대로 프로그램의 미래에 대한 중요한 의사결정이 이루어지게 된다.

7) 프로그램의 실패 요인 분석

프로그램이 성공을 거두지 못하고 실패한 경우에는 그 실패 원인에 대한 면밀한 분석이 필요하다. 오랜 시간의 준비와 노력에도 불구하고 실패한 교육 프로그램의 특징은 대체로 다음과 같다(Sork, 1991).

첫째, 프로그램 기획은 일부 완성되었으나 실행되지 못한 경우에 실패 원인은 주로 프로그램 목표나 고객 대상이 분명하게 규정되지 않아 프로그램이 제공되지 않은 상태에서 종결되었기 때문이다.

둘째, 프로그램 계획의 완성에도 불구하고 등록 미달로 프로그램이 취소되어 실패한 경우에는 주로 수강료나 시간, 장소의 부적절성, 잠재적 학습 고객이나 지역사회의 관심 부족, 후원과 마케팅의 부적절함 때문이다.

셋째, 프로그램이 진행되고 있음에도 불구하고 참여자들의 기대 수준에 부응하는 프로그램 내용을 전달하지 못해 실패한 경우에는 주로 목표의 불명확성, 교수자의 미숙함, 시설이나 복지의 미흡함 때문이다.

넷째, 프로그램이 진행되고 있으며 참여자들이 만족하고 있음에도 불구하고 설정된 목표 달성을 이루지 못해 실패한 경우에는 주로 목표의 불명확성, 수업의 비효율성, 기대의 비현실성 및 수업 기법의 부적절성 때문이다.

실패한 프로그램은 반드시 그 원인에 대한 세심한 탐색이 필요하다. 그 원인을 분석하여 대안을 제시하고 같은 실패를 겪지 않도록 프로그램 개발에 반영함으로써 프로그램의 질을 높이고 프로그램 성공률을 향상시킬 수 있다.

참고문헌

김진화(2001). **평생교육 프로그램 개발론**. 서울: 교육과학사.

당감종합사회복지관(2015). 2015년 운영계획서(서비스 제공 기능).

신용주(2004). **평생교육의 이론과 방법**. 서울: 형설출판사.

신용주(2012). **평생교육 방법론**. 서울: 학지사.

Boyle, P. G. (1981). *Planning better programs*. New York: McGraw Hill.

Caffarella, R. S. (1994). *Planning program for adult learners: A practical guide for adult educators, trainers, and staff developers*. San Francisco, CA: Jossey Bass.

Kirkpatrick, D. I. (1994). *Evaluating training program: The four levels*. CA: Bernett Koehler Publishers.

Phillips, J. J. (1991). *Handbook of training evaluation and measurement method*. Houston, TX: Gulf.

Sork, R. I. (1991). Planning programs for adults. In S. B. Merriam & J. T. Cunningham (Eds.), *Handbook of adult and continuing education*. San Francisco, CA: Jossey Bass.

Stufflebeam, D. L. (1971). The relevance of the CIPP evaluation model for educational accountability. *Journal of Research and Development in Education*, 5, 19-25.

Stufflebeam, D. L. (2004). The 21st century CIPP mode. In M. C. Alkin (Ed.), *Evaluation root: Tracing theorists' views and influences*, p. 249.

Sylvia, R. D., & Sylvia, K. M. (2012). *Program planning and evaluation for the public manager*. Long Grove: IL. Waveland Press.

Waldron, M. W., & Moore, G. A. B. (1991). *Helping adults learn: Course planning for adult learners*. Toronto, Ontario: Thompson Educational Publishing, Inc.

제3부

평생교육 프로그램 개발의 실제

제 13 장

프로그램 개발의 실제

이 장에서는 지금까지 앞에서 제시한 평생교육 프로그램 개발의 이론적 기초와 구체적 절차 및 다양한 환경 요소를 적용하여 현장에서 필요로 하는 프로그램을 개발하고 실제로 실시한 사례들을 소개한다.

첫 번째는 고령화 사회의 도래와 함께 노년기의 자립적 삶을 영위하는 데 기본이 되는 취업 관련 프로그램 개발 사례를 선정하였다. 서울 소재 종합사회복지관에서 실시한 중장년 및 노인의 취업을 지원하는 교육 프로그램 개발의 전모를 구체적으로 알 수 있도록 제시하였다.

두 번째는 최근 사회적으로 크게 이슈화되고 있는 성희롱 · 성매매 · 성폭력 · 가정폭력의 근절을 위해 국내 대학의 학생생활연구소에서 개발한 재학생 대상 예방교육 워크숍 프로그램 개발 사례이다.

두 가지 프로그램 개발 사례 모두 원 자료를 인용한 것이며, 요구 관련 부분 중 일부는 저자가 추가로 보완하였다.

사례 분석 I

고령자인재은행 "중장년, 재취업 희망의 날개를 달자!"[1)]

여기 소개하는 첫 번째 프로그램 사례는 중장년층의 청소원취업교육생을 대상으로 교육 및 취업알선 서비스를 제공하는 프로그램이다. 이 프로그램은 ○○종합사회복지관과 고령자인재은행에서 주관하여 50~65세의 청소원취업희망자를 대상으로 진행되었다.

프로그램 개발 과정은 다음의 절차를 밟아 진행되었다.

1. 프로그램 필요성
2. 요구조사
   1) 요구조사
   2) 요구조사지
3. 환경 분석 및 상황 분석
   1) 환경 분석
   2) 상황 분석
4. 프로그램 선정
   1) 대상 및 인원
   2) 목적 및 목표
   3) 개요
   4) 일정
   5) 프로그램 세부 내용
5. 자원 활용
   1) 인적 자원
   2) 지역 자원
6. 예산 편성
7. 홍보
8. 평가
   1) 과정평가
   2) 성과평가
   3) 프로그램 만족도 조사 설문지
   4) 출석부 양식

1) 출처: 동작종합사회복지관(http://www.dongjaksw.or.kr/)

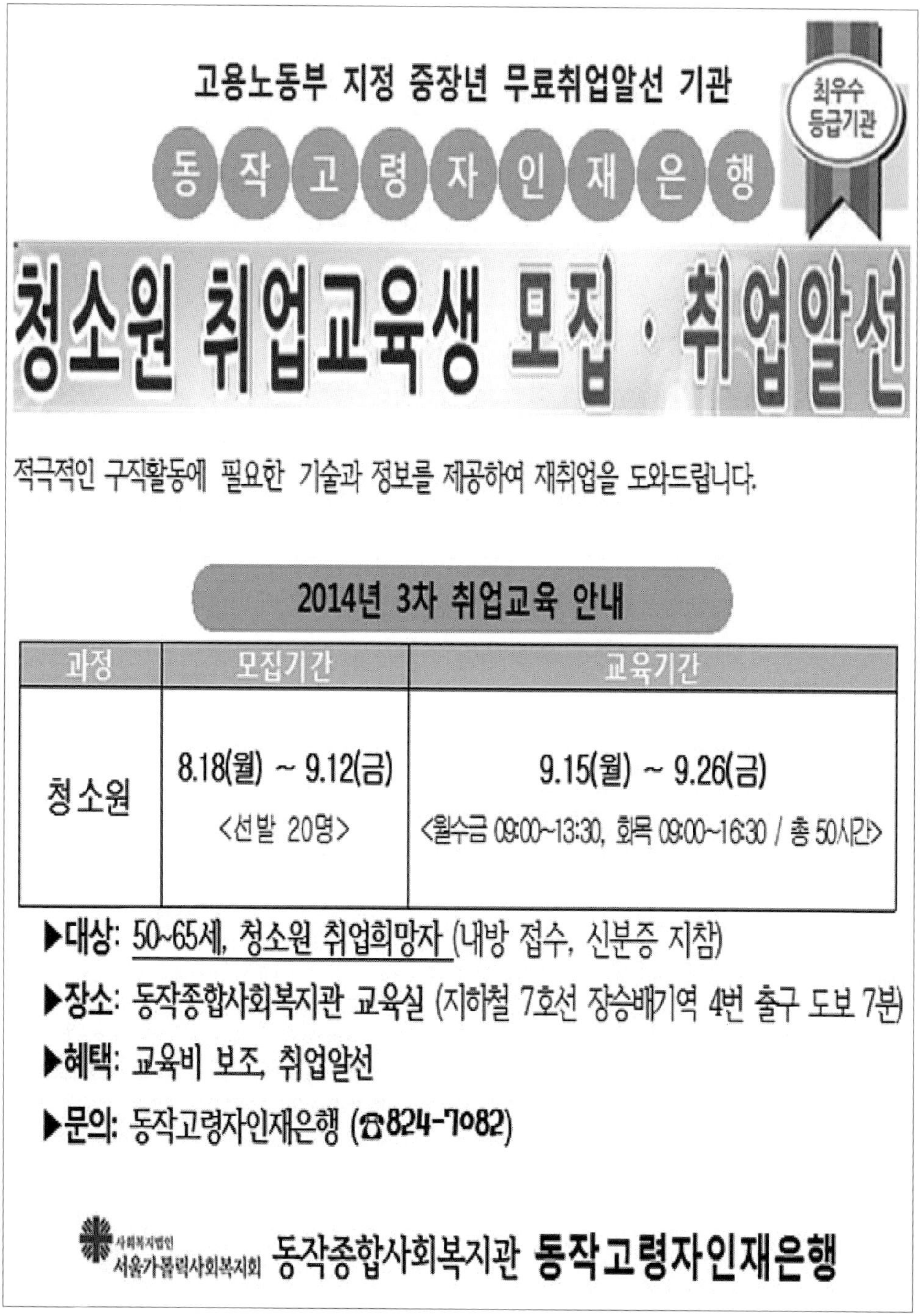

고용노동부 지정 중장년 무료취업알선 기관

최우수 등급기관

동 작 고 령 자 인 재 은 행

청소원 취업교육생 모집 · 취업알선

적극적인 구직활동에 필요한 기술과 정보를 제공하여 재취업을 도와드립니다.

2014년 3차 취업교육 안내

과정	모집기간	교육기간
청소원	8.18(월) ~ 9.12(금) <선발 20명>	9.15(월) ~ 9.26(금) <월수금 09:00~13:30, 화목 09:00~16:30 / 총 50시간>

▶대상: 50~65세, 청소원 취업희망자 (내방 접수, 신분증 지참)

▶장소: 동작종합사회복지관 교육실 (지하철 7호선 장승배기역 4번 출구 도보 7분)

▶혜택: 교육비 보조, 취업알선

▶문의: 동작고령자인재은행 (☎824-7082)

사회복지법인 서울가톨릭사회복지회 동작종합사회복지관 동작고령자인재은행

고령자인재은행 "중장년, 재취업 희망의 날개를 달자!"

1. 프로그램 필요성

우리나라는 고령사회에 이미 접어 들어섰음은 반론의 여지가 없는 현실이다. 문제는 이러한 고령사회의 속도가 다른 OECD 국가에 비해 매우 빠르게 진행되고 있다는 것이다. 우리나라의 65세 이상 노령인구는 평균수명의 연장으로 2018년에 고령화사회로 진입하고, 2026년에는 노령인구 구성비가 20.8%로 본격적인 고령사회를 넘어선 초고령사회에 진입할 것으로 전망하고 있다. 이제 인간수명이 연장된 고령화사회를 맞이함에 따라 노인들 중에는 젊은이 못지않은 건강한 노인들이 늘어나고 있고, 이들 중에는 일할 의욕도 있고, 일할 능력도 있고, 일을 하지 않으면 당장 생계의 위협을 받는 노인들도 적지 않다.

2014년 고용통계에 따르면 사실 우리나라의 장년 고용률은 69.9%(2014년 상반기 기준)로 경제협력개발기구(OECD) 평균(54.9%)을 상회하지만 정년을 채우고 퇴직하는 근로자는 7.6%로 10명 중 1명꼴에도 못 미치는 것이 현실이며 작년에 비해 50대 이상의 취업자 수가 증가된 것으로 기록되지만 비정규직이 대부분이고 저임금의 단순노무직에 국한되어 있다. 이들의 의존 소득원은 주로 본인의 노동, 자녀의 지원이 가장 많이 차지하고 있으며 중장년들이 겪는 가장 어려운 문제로 경제적 어려움을 호소하고 있다. 한국 사회에서 기존의 고령자에 대한 가족의존적인 비공식적 부양체계가 쇠퇴하는 현상이 지속되고 있는 가운데 고령자의 실업은 공적 부담의 증가로 직결된다.

65세 이상의 노인인구 중에서 국민연금 수령자 비율은 31.2% 수준이고 기초노

령연금은 최고 20만 원에 불과하여 나이가 들어서도 일자리를 찾을 수밖에 없는 실정이다. 고령자 대상의 복지증진과 같은 소극적 접근은 막대한 공적 부담의 증가, 세대 간 갈등 야기, 정책수단의 형평성에 대한 논란 등과 같은 제2, 제3의 사회적 문제를 연동시킨다. 따라서 최선의 대안으로서 교육훈련을 통하여 고령자의 근로 능력을 연장 · 향상시킴으로써 고용 가능성을 유지시키는 적극적 접근의 필요성이 요구된다. 이에 개인의 경력개발 과정에서 경험하게 되는 실업, 이 · 전직, 재취업, 퇴직 등과 같은 문제 상황을 해결하기 위하여 교육훈련과 취업활동의 과정이 이음새 없이 연계될 수 있도록 정부는 장년고용대책으로 "장년 나침반(생애설계 프로그램) 프로젝트"를 본격적으로 추진하는 방안을 제시하였는데 장년층의 생애경력 설계를 지원하고 퇴직 전부터 전직 지원 등을 통해 인생 2막을 준비하는 평생 경력개발 · 관리 대책으로 근로자가 생애 전반에 걸쳐 경력을 설계할 수 있도록 하고, 일정 기간 고용보험에 가입한 만 50세 근로자를 대상으로 개별 · 집단상담 등을 통한 경력진단, 개인 목표 재설정 및 동기부여, 향후 진로설계, 은퇴 후 재무설계 및 건강관리 프로그램 등도 제공한다는 내용이다. 이것은 경력진단을 통해 재직 중 개인 목표를 재설정해 다음 일자리로의 이동이 보다 원활해질 수 있도록 도움을 주는 것으로 퇴직 후 재취업을 위한 중장년층에게 희망의 날개를 달아줄 것으로 본다.

노인들의 풍부한 지식과 경험을 활용하여 자신의 능력에 적절한 취업활동의 기회를 부여함으로써 개인적으로는 경제적 독립성을 추구할 수 있게 하고, 사회적으로는 사회적 비용을 줄일 수 있다. 현재 우리나라 65세 이상 노인의 약 70%는 미취업자이고, 이들 중 약 1/3이 취업을 희망하고 있으므로 2011년 65세 이상 536만 명 중 123만 명 정도는 취업을 희망하는 것으로 추정할 수 있다. 노인취업은 보충적 소득 보장뿐만 아니라 노인의 정체성 상실, 사회로부터 소외감, 삶의 무기력함으로부터 자신의 정신적 · 육체적 건강을 유지하고 부족한 노동력 확보를 통한 국가경제의 지속적인 발전에 기여할 수 있다는 거시적 · 포괄적 시각에서 이해되어야 한다. 베이비붐 세대의 은퇴가 본격화된 만큼 생산 가능한 인구였음에도 불구하고 노령화로 인해 의지와 상관없이 은퇴하게 된 아직 일하고자 하는 욕구를 가진 고령인력을 적절히 사용하여 삶의 질 향상과 경제적 사회적 지위를 확보해 윤택한 노후를 보낼 수 있도록 원조할 필요가 있다.

2. 요구조사

1) 요구조사

2013년 지역 내 60세 이상 어르신을 대상으로 취업에 대한 의향을 분석한 결과 '희망한다'가 65명(63.1%), '희망하지 않는다'가 38명(36.9%)으로 응답하였다.

〈어르신 취업 희망여부〉

구분	빈도	%
희망한다	65	63.1
희망하지 않는다	38	36.9
합계	103	100

또한 2013년 지역 내 60세 이상 어르신들을 대상으로 노년기의 어려움에 대하여 조사한 결과 '건강문제'가 94명(42.5%)로 가장 많았으며, '경제적 어려움' 55명(24.9%), '여가문화 및 사회활동의 부족' 27명(12.2%), '심리, 사회적인 고립감 및 소외감' 20명(9%), '배우자 사망에 따른 우울증' 8명(3.6%), '가정 및 사회에서의 권위상실' '노인학대, 폭력 및 자살' 7명(3.2%), '자살충동이나 관련된 생각' 3명(1.4%)

순으로 나타났다.

〈노년기 어려움〉

구분	빈도	%
건강문제	94	42.5
경제적 어려움	55	24.9
여가문화 및 사회활동의 부족	27	12.2
심리, 사회적인 고립감 및 소외감	20	9
배우자 사망에 따른 우울증	8	3.6
가정 및 사회에서의 권위상실	7	3.2
노인학대, 폭력 및 자살	7	3.2
자살충동이나 관련된 생각	3	1.4
합계	221	100

2013년 복지관에서 가족 기능을 보완하기 위한 프로그램에 대한 욕구조사 결과에서도 '실직퇴직자를 위한 직업훈련 및 취업알선'이 12명(17.9%)으로 가장 많이 응답했으며, '방과 후 아동에 대한 보호 및 학습지도' 97명(14.5%), '여가 및 취미생활을 위한 프로그램' 96명(14.3%), '심리정서적 문제 해결을 위한 프로그램 및 상담' 90명(13.4%), '노인 장애인 보호시설 운영' 85명(12.7%), '저소득층에 대한 후원금 지원' 75명(11.2%), '의료지원서비스' 56명(8.3%), '가사 일을 도와줄 가정도우미 파견' 26명(3.9%), '자살충동과 관련한 상담' 21명(3.1%), '기타' 5명(0.7%) 순으로 나타났다.

〈가족문제 해결 프로그램 욕구〉

구분	빈도	%
실직 퇴직자를 위한 직업훈련 및 취업알선	120	17.9
방과 후 아동에 대한 보호 및 학습지도	97	14.5
여가 및 취미생활을 위한 프로그램	96	14.3
심리정서적 문제 해결을 위한 프로그램 및 상담	90	13.4
노인 장애인 보호시설 운영	85	12.7
저소득층에 대한 후원금 지원	75	11.2
의료지원서비스	56	8.3
가사 일을 도와줄 가정도우미 파견	26	3.9
자살충동과 관련한 상담	21	3.1
기타	5	0.7
합계	671	100

2013년 조사에 참여한 지역주민들이 겪고 있는 가족의 가장 중요한 문제나 고민에 대한 조사결과 '경제적 어려움'이 110명(23.3%)로 가장 많이 응답했으며, '없다' 108명(22.9%), '자녀양육의 어려움' 70명(14.8%), '여가문화의 부족으로 인한 어려움' 54명(11.4%), '심리, 사회적인 어려움' 43명(9.1%), '가족부양의 어려움' 23명(4.9%), '의료적인 어려움' '기타' 11명(2.3%), '가족불화로 인하 어려움' 8명(1.7%), '자살충동 및 고민 2명(0.4%) 순으로 나타났다.

〈가족의 중요한 문제〉

구분	빈도	%
경제적 어려움	110	23.3
없다	108	22.9
자녀양육의 어려움	70	14.8
여가문화의 부족으로 인한 어려움	54	11.4
심리, 사회적인 어려움	43	9.1
집안, 가사문제의 어려움	32	6.8
가족부양의 어려움	23	4.9
의료적인 어려움	11	2.3
기타	11	2.3
가족불화로 인한 어려움	8	1.7
자살충동 및 고민	2	0.4
합계	472	100

이와 같은 사실은 어르신뿐만 아니라 중장년층, 상당수의 지역주민들이 경제적인 문제 해결이 가족이 가지고 있는 중요한 문제로 인식하고 있음을 알 수 있었고, 특히 어르신들의 경제적인 문제는 생계와 관련된 사안임을 의미하며, 고령화사회를 맞이하는 우리 사회의 노인문제를 바라보는 시각에서 노인취업 문제가 가장 시급한 문제라고 해도 과언이 아닐 것이다. 또한 노인 취업문제는 노인의 경제적 어려움과 역할상실 그리고 여가활동의 문제를 한꺼번에 해결할 수 있는 가장 효과적인 방법이라 생각하기에 이에 본 복지관은 고령구직자의 취업에 실질적인 도움을 주기 위해 취업능력향상 프로그램을 계획하였다.

2) 요구조사지[2), 3)]

취업 및 직업 영역

1. 귀하의 가족 중에서 주수입을 담당하고 있는 사람은 누구입니까?
   ① 부 ② 모 ③ 조부모 ④ 기혼자녀 ⑤ 미혼자녀 ⑥ 기타
2. (직장인일 경우) 현재 가족의 주수입을 담당하고 있는 사람의 직업 상태는 어떻습니까?
   ① 실직상태이다 ② 취업상태이긴 하나 이직을 고려하고 있다
   ③ 취업상태이긴 하나 정리해고나 퇴출의 위협을 받고 있다 ④ 아무 문제 없다 ⑤ 기타
3. (자영업일 경우) 현재 가족의 주수입을 담당하고 있는 사람의 직업 상태는 어떻습니까?
   ① 소득이 높다 ② 소득이 낮다 ③ 파산의 위기에 있다 ④ 아무 문제 없다 ⑤ 기타
4. 가족의 주수입을 담당하고 있는 사람이 직업이 있다면, 직업과 관련한 어려움을 우선순위대로 2가지만 적어 주십시오. 1순위( ), 2순위( )
   ① 기술자격의 부족 ② 적성의 문제 ③ 직장 내 대인관계의 부족
   ④ 이직을 고려하고 있으나 다른 직업에 대한 기회가 없어서 ⑤ 수입이 부족하다
   ⑥ 관련복지제도의 미비(퇴직금, 생리휴가 등) ⑦ 기타
5. 위의 4번에서 선택하신 응답의 문제 정도는 어느 수준입니까?
   ① 매우 심각하다 ② 대체로 심각하다 ③ 그저 그렇다
   ④ 대체로 심각하다 ⑤ 전혀 심각하지 않다
6. 취업 및 직업과 관련해서 귀하께서 받고자 희망하는 서비스가 있다면 어떤 것인지 우선순위대로 2가지만 적어 주십시오. 1순위( ), 2순위( )
   ① 직업훈련 심리 및 직업상담 ② 직업알선
   ③ 창업자금의 융자(복지관 자체 또는 금융기관과 연계)
   ④ 공공근로의 제공 ⑤ 국가의 정책적 지원(육아휴직 등)
   ⑥ 대인관계 향상프로그램 ⑦ 기타
7. 위 4번에서 응답하신 문항의 프로그램이 지역사회복지관에서 시행된다면 참여하겠습니까?
   ① 꼭 참여할 것이다 ② 참여할 것이다 ③ 고려해 보겠다
   ④ 참여하고 싶으나 여건이 안 된다 ⑤ 참여할 의사 없다(관심없다)
8. 만약 지역사회복지관에서 직업훈련과 관련한 프로그램을 실시한다면 어떤 종류의 훈련을 받고 싶으십니까? 하나만 선택해 주십시오.
   ① 정보통신 관련 ② 요리자격증반 ③ 도배 및 장판
   ④ 목공 ⑤ 전자전기관련 ⑥ 창업(자영업)관련 지원 ⑦ 기타
9. 위와 같은 프로그램이 지역사회복지관에서 실시된다면 참여하겠습니까?
   ① 꼭 참여할 것이다 ② 참여할 것이다 ③ 고려해 보겠다
   ④ 참여하고 싶으나 여건이 안 된다 ⑤ 참여할 의사 없다(관심없다)
10. (위의 문항에서 ④, ⑤에 응답한 경우만) 참여하지 않는 이유는 무엇입니까?
    ① 바쁘고 시간이 없어서 ② 참여한다고 달라질 게 없으므로
    ③ 내가 참여할 프로그램이 아니므로 ④ 나에게 맞는 프로그램이 없어서
    ⑤ 참여하고 싶지만 방법을 몰라서 ⑥ 기타

---

2) 요구조사지는 원 자료에는 미포함된 부분으로 평택복지재단(2011). 평택시 사회복지시설 욕구조사 실무도움서, pp. 165-166의 욕구조사 설문지 예시자료 부록 중 취업 및 직업 영역 부분을 사용하여 작성함.

3) 평택복지재단(2011). 평택시 사회복지시설 욕구조사 실무도움서. pp. 165-166.

3. 환경 분석 및 상황 분석

1) 환경 분석

관내 서울시 동작구는 주거비 부담능력이 거의 없거나 극히 취약한 수급가정들을 위한 임대아파트 단지가 조성되어 있고, 일반지역과 저소득지역이 혼재되어 있으며 계층 간의 갈등과 상대적 빈곤감이 심화되고 있다. 2014년 서울특별시 서울통계에 따르면 동작구민 407,470명 중에 50세 이상 중장년, 노인인구가 135,087명, 34%를 차지하였고, 동작구의 노년부양비는 16.7%이며 노령화 지수는 106.4%로 나타남으로써 동작구의 급속한 고령화사회로 접어들고 있음을 알 수 있다.

2) 상황 분석

본 복지관에서는 1996년에 고령자인재은행 사업을 시작하여 가사도우미와 베이비시터를 필요한 곳에 파견하여 여성 구직자들의 일자리를 마련하였고, 매년 취업능력향상 프로그램을 통해 배출한 교육생들을 동작구 인근지역 사업체에 공급하여 취업률 60% 이상을 달성하였다. 이러한 높은 취업률로 인해 일자리를 구하지 못한 어르신 구직자들이 고령자인재은행에 상담을 신청하는 횟수가 증가하고 있다. 2013년 지역 내 60세 이상 어르신들을 대상으로 실시한 지역주민욕구조사에 따르면, 현재 어르신들이 겪고 있는 어려움이 무엇인지에 대한 질문에 대해 건강문제라고 답한 경우와 경제적 어려움이라고 답한 경우가 높게 나타났으며, 노인을 위해 가장 필요한 서비스가 무엇인지 묻는 질문에도 일자리 마련 및 알선이 가장 많아 어르신들이 겪고 있는 문제점 중 가장 많은 부분이 건강과 경제적 어려움이라는 것으로 판단된다. 또한 가족문제해결을 위한 프로그램 욕구 조사에서도 실직퇴직자를 위한 직업훈련 및 취업알선이 응답자 중 가장 많은 부분을 차지하였다. 따라서 고령자인재은행 취업능력향상 프로그램을 통해 노인들의 사회역할 상실로 오는 경제, 사회적 문제들을 해소하고, 어르신들의 재취업을 통해 사회역할의 재분배, 가정에서의 역할 증대, 노후의 활력을 되찾을 수 있도록 하기 위한 취업지원 프로그램을 확대하여 실시할 필요가 있다. 특별히 어르신들의 재취업은 단순한 경제적 측면뿐만 아니라 어르신들의 정체성 부여와 사회적 관계의 유지 등과 같은 사회 전반적 노인문제를 효과적으로 예방하며, 노인에 적합한 직업군에 대한 교육, 훈련을 통해 재취업을 함으로써 길어진 노후생활을 대비한다는 중요한 의미도 갖고 있다고 하겠다.

이에 본 복지관에서는 실직 및 저소득, 경제적 빈곤 등으로 인해 취업에 대한 욕구를 가진 노인들에게 인프라 구축을 통한 네트워크를 형성하여 무료취업알선 등을 실시하여 소득활동 기회를 제공하고, 변화하는 취업환경에 대한 정보제공, 현장상담, 지역 내 홍보활동, 구인처 개척활동, 직장적응력 향상을 위한 취업능력향상 프로그램 내 취업의욕고취 프로그램, 직무능력향상교육, 심층상담, 일자리개척동아리 등을 통해 취업을 지원하여 소득활동을 통한 가정안정과 편안한 노후생활을 지원하고자 한다.

4. 프로그램 선정

1) 대상 및 인원

취업 욕구를 가지고 있는 동작구 내 50세 이상의 고령자 및 50세 이상의 고령자 채용을 희망하는 개인 및 업체

대상구분	내용	단위 수(명)
일반대상	서울시 인구수*	10,103,233
위기대상	동작구 인구수*	407,470
표적대상	동작구 내 50세 이상 중장년, 노인인구*	135,087
실인원수	표적대상 중 본 기관의 구직자(3,686명) 및 구인처(3,107곳)*	6,793

* 서울특별시 서울통계(2014)

2) 목적 및 목표

목적	근로능력이 있으며 취업에 대한 욕구를 가지고 있는 지역 노인들을 대상으로 교육 및 상담을 통해 취업의지 고취 및 직장 적응력 향상을 도와 취업촉진을 돕고, 지역 내 인프라 구축을 통한 취업정보제공 등 취업알선을 도모하여 자활자립과 편안한 노후생활을 지원하고자 한다.	
목표	산출목표	성과목표
목표 1. 적극적인 구직자 발굴, 구인처 개발을 통해 취업을 도모하여 가정 내 자활자립 지원	1-1. 현장상담을 통해 구직자, 구인처 발굴(연 10회)	구인상담 3,883건 (월 408곳 이상) 구직상담 3,900건 (월 441명 이상) 목표달성 90% 이상
	1-2. 1:1 개인별 맞춤 구직 상담(매월)	
목표 2. 고령구직자들에게 취업알선 및 취업을 통한 안정적인 고용기회 창출	2-1. 청소원, 요양보호사 등 여성고령자 특성에 맞는 적합 직종 취업알선, 주차관리원, 건물관리원, 경비원, 청소원 등 남성고령자 적합 직종을 탐색하여 취업알선 진행(연간)	취업알선 4,204건 (월 425건 이상) 취업건수 4,100건 (월250건 이상) 목표달성 90% 이상
	2-2. 구인, 구직자의 효과적인 매칭(연간)	

목표 3. 구직자들의 취업 의지 고취 및 직장적응력 향상을 위한 취업능력 향상 프로그램 진행	3-1. 직장적응능력 향상을 위한 직무능력 향상 프로그램 실시(연 3회)	등록 대비 수료 80% 이상 프로그램 만족도 사전-사후조사 실시 90% 이상 만족
	3-2. 실질적인 취업정보 공유를 위한 일자리 개척 동아리 운영(연 3회)	
목표 4. 시간선택제 구직자 관리	4-1. 시간선택제 가사도우미로 활동하고 있는 구직자와 신규 희망자들을 위한 새로운 기술을 습득할 수 있는 기회 제공(연 2회)	등록대비 수료 80% 목표달성 90% 이상
목표 5. 고령자인재은행의 지역 내 인식증진을 위한 구인처, 구직자 개발과 홍보 활동 및 구인처 개척 활동을 통한 취업률 상승	5-1. 지역 내 유관기관, 지역신문, 플랜카드, 구인처 방문 등 다양한 방법을 통한 구인처 구직자 개발 및 홍보 진행(연 10회)	홍보 연간 10회 실시하여 구인처, 구직자 수 목표 90% 이상 달성
	5-2. 취업률 상승을 위해 다양한 구인처 개척 활동 진행(연 10회)	구인처 개척활동을 10회 실시하여 구인처 80곳 확보

3) 개요

가. 사업개시: 1996년 1월
나. 사업기간: 2015년 1월 ~ 12월
다. 운영시간: 월 ~ 금, 09:00 ~ 18:00
라. 대상: 50세 이상 고령자 중 구직의지가 높은 구직자 및 구인처
마. 장소: 동작종합사회복지관 2층 고령자인재은행
바. 주요내용: 맞춤형 구직상담서비스, 적절한 인재 알선 구인상담서비스 연 3회 취업능력향상 프로그램 진행(토탈케어시터, 시설관리 및 주차관리, 경비원)

4) 일정

기간 내용	1월	2월	3월	4월	5월	6월	7월	8월	9월	10월	11월	12월
취업알선												
직업상담 (현장상담, 개별 심층상담)												
취업능력향상 프로그램												
일용직 구직자 교육												
홍보 및 구인처 개척활동 등												

5) 프로그램 세부내용

목표	프로그램명	수행방법	수행시기	수행인력	시행횟수
목표 1. 고령구직자들에게 취업알선 및 취업을 통한 안정적인 고용기회 창출	취업알선	• 일용직 종일, 반일 등의 가사도우미 알선, 상용직 적정 취업처 알선(경비, 시설 주차관리, 요양보호사, 청소관리원 등) 직업상담 통해 적성과 능력에 맞는 일자리 알선	연간	직업 상담사	일 8시간
	취업	• 상용직, 일용직 등의 취업처 제공(경비, 청소관리원, 주차관리, 시설관리, 가사도우미, 요양보호사, 단순노무)	연간	직업 상담사	일 8시간

목표 2. 적극적인 구직자 발굴, 구인처 개발을 통해 취업을 도모하여 가정 내 자활자립 지원	현장상담 진행	• 수시로 유동인구가 많은 곳(지하철역, ○○은행)에 현장부스 설치하여 찾아가는 현장상담 으로 구직자, 구인처 발굴	2월~11월	직업 상담사	연 10회
	개별심층 상담 진행	• 취지: 프로그램 참여 대상자들의 구체적이고 개인적인 욕구를 반영하기 위해 개별상담 진행 • 내용: 취업능력향상 프로그램 각 회기당 22명씩 66명의 심층상담 진행	2월, 5월, 8월	직업 상담사	연 3회
목표 3. 구직자들의 취업의지 고취 및 직장적응력 향상을 위한 취업능력향상 프로그램 진행	취업의욕 고취 프로그램	• 취지: 구직능력을 높여 빠른 취업도모 • 내용: 자존감 향상, 효과적인 의사소통기술과 활용방법, 커리어 로드맵 세우기	3월, 6월, 9월	직업 상담사	연 3회
	직무능력향상 프로그램	• 취지: 직장적응능력을 높이기 위한 직무능력향상 프로그램 진행(토탈케어시터, 경비원, 시설관리 및 주차관리) 1) 토탈케어시터의 미래 및 토탈케어시터의 가치관, 요양보호사의 직업윤리 2) 시설물 유지 보수 및 관리 실무, 기계식 주차관리의 이해 3) 경비업법 및 관련법, 범죄예방론, 장비사용법, 화재대처법, 청원경찰제도	3월, 6월, 9월	외부 강사	연 3회
	일자리개척 동아리	• 취지: 실질적인 취업 정보공유 • 내용: 직무능력향상 교육 관련하여 음식조리 실시 및 취업 성공사례, 이력서 작성 및 면접 tip 공유	3월, 6월, 9월	직업 상담사	연 3회

목표 4. 시간선택제 구직자 관리	가사도우미 교육	• 취지: 직장적응능력을 높이고 일의 효율성을 증진하기 위하여 교육 실시	5월, 10월	직업 상담사	연 2회
목표 5. 고령자인재은행의 지역 내 인식증진을 위한 구인처, 구직자 개발과 홍보 활동 및 구인처 개척활동을 통한 취업률 상승	지역홍보	• 연 10회 홍보활동 실시 • 고령자취업안내에 관한 브로셔 제작(아파트단지, 복지관 비치, 우편발송용) • 홍보 현수막 및 전단지 제작 : 지하철역, 인근 아파트 등 부착하여 홍보 • 홍보지 발송: 동작구 내의 취업처에 분기별 브로셔 발송	연간	직업 상담사	연 10회
	구인처 개척활동	• 직무능력향상 프로그램 토탈케어시터, 시설관리, 주차요원, 경비직 취업을 위해 동작구 내 구인처 발굴 • 상용직 취업을 위한 구인처 방문 및 관리 • 취업정보지 및 각종 구인자료, 노동부 취업전산망 활용 구인정보 확보	연간	직업 상담사	연 10회

5. 자원 활용

1) 인적 자원

연번	이름	직위	경력	사업 내 역할	투입시간 (1주일)	자격증
1	○○○	관장	사회복지 22년	업무총괄	1시간	사회 복지사
2	○○○	부장	사회복지 17년	업무총괄	1시간	사회 복지사
3	○○○	팀장	사회복지 10년	프로그램 조정관리	17시간	사회 복지사
4	○○○	서무경리	회계 경력 3년	서무경리	1시간	경리
5	○○○	직업상담사	직업상담 1년 11개월	구인, 구직상담, 취업알선, 사후관리, 홍보	40시간	직업 상담사
6	○○○	직업상담사	직업상담 1년 10개월	구인, 구직상담, 취업알선, 사후관리, 홍보	40시간	직업 상담사
7	○○○	직업상담사	직업상담 1년 10개월	구인, 구직상담, 취업알선, 사후관리, 홍보	40시간	직업 상담사

2) 지역 자원

연번	자원명	활용계획
1	지역 관할 내 관악고용센터	지역 관할 내 관련기관과 협력하여 취업알선 지원 관련기관과 연계하여 협력사업 실시 및 정보공유
2	해당 직종 전문 외부강사	직무능력향상프로그램의 직종별 전문적 교육

3	복지관 내 교육실	취업능력향상 프로그램 전반적인 교육 장소로 활용
4	지역 내 교육 직종별 유관기관 및 민간업체	(주)○○○○에스, ○○○○학원, (주)○○○○ 등 민간업체의 협조로 직무능력향상 프로그램 관련 직종 현장 실습
5	지역 내 관공서, 구인처, 민간업체	동작구청 일자리경제과, 관악고용센터 등의 협조로 구직자, 구인업체 모집을 위한 지역신문광고 및 현수막 게시 홍보 지원

6. 예산 편성

(단위: 원)

수입	내역	산출근거		소계(천원)	상대계정
	사업비	인건비 61,200		100,200	–
		운영비 39,000			
지출	내역	산출근거		소계(천원)	상대계정
	인건비	인건비 1,700,000원×3명×12월=61,200,000원	61,200	61,200	
	운영비	**〈일반수용비 – 일반〉** 사무용품비 150,000×4회=600,000원 자문비 200,000원×1회=200,000원 직원교육비 300,000원×3명=900,000원 홍보비 250,000×4회=1,000,000원	17,337	61,200 33,530	–

		현장상담 식비 16,000×4회=64,000원 가사도우미 보수교육 강사비 50,000×4시간×2회=400,000원 구인개척활동비 50,000×10회=500,000원 각종 수수료 16,750원×12회=201,000원 시설장비유지비 112,250×16회=1,796,000원 **〈일반수용비 – 취업능력향상PG〉** 홍보비 및 기념품제작 920,000원×3회=2,760,000원 현장상담 식비 16,000×6회=96,000원 참여수당 50,000원×20명×3회=3,000,000원 강사료 50,000원×30시간×3회=4,500,000원 교재비 10,400원×25권×3회=780,000원 소모품비 180,000×3회=540,000원			
		〈공공요금〉 전화, 정보이용료, 전기, 수도, 가스요금 180,000원×12회=2,160,000원	2,160		
		〈피복비〉 100,000원×3명=300,000원	300		

		〈차량비〉 차량주유비 50,000원×12회=600,000원	600		
		〈복리후생비〉 국민건강보험료 61,200,000원×3.4%=2,080,800원 국민연금 61,200,000원×4.5%=2,754,000원 고용보험료 61,200,000원×1.5%=918,000원 산업재해보험료 61,200,000원×0.784%=479,808원 퇴직금 61,200,000원×1/12월=5,100,000원 직원복리후생비 600,000원×3명=1,800,000원	13,133		
	여비	**〈국내여비〉** 출장여비 및 취업의뢰처 방문비 100,000원×4회=400,000원	400	400	–
	업무 활동비	**〈사업추진비 – 일반〉** 30,000원×12월=360,000원 회의비 100,000원×4회=400,000원 현장상담 다과비 34,000×4회=136,000원 구인업체간담회 다과 및 식비 250,000×1회=250,000원 가사도우미 보수교육 다과 및 식비 300,000×2회=600,000원	5,070	5,070	–

		〈사업추진비 – 취업능력향상PG〉 일자리개척동아리활동 실습비 식비 140,000원×3회=420,000원 프로그램 진행비 780,000원×3회=2,340,000원 수료식 다과비 120,000원×3회=360,000원 현장상담 다과비 34,000원×6회=204,000원			

7. 홍보

연번	대상	홍보방법	홍보횟수	활용매체
1	복지관 인근 내 지역주민	가. 지역신문광고를 실시하고 유동인구가 많은 곳에 현수막 부착하여 홍보함	10회	현수막, 지역신문 홍보 활동(교차로, 동작저널, 동작포커스 등)
		나. 자체 홍보 리플릿을 제작하여 관내에 부착하고 동작복지관 홈페이지를 통한 홍보활동을 실시함		

8. 평가

1) 과정평가

과업	공정표		평가방법
	목표량	수행시기	
구인인원	3,883	연간	진행과업 실제수행 과업 모두 시행되었을 경우 목표달성했다고 봄
구직인원	3,00	연간	
알선상담	4,104	연간	
취업	4,100	연간	
현장상담	연 10회	연간	
개별심층상담	66명	연간	
취업의욕 고취 프로그램	3회	연간	
직무능력향상교육	3회	연간	
일자리개척동아리	6개/60명	연간	
지역홍보	10회	연간	
시간선택제 일자리를 위한 교육	40명	연간	
구인처 관리	10회	연간	

2) 성과평가

성과목표	평가지표	자료원	자료수집방법	자료수집 시기
목표 1. 구인상담 3,883건 구직상담 3,900건 목표달성 90% 이상 취업알선 4,104건 취업 4,100건 목표달성 90% 이상	취업알선실적 달성여부	복지관 자체조사	운영일지, 노동부 분기 보고	연간
	구인, 구직 상담 실적 달성여부	복지관 자체조사	운영일지, 인트라넷 등록, 노동부 분기보고	연간
목표 2. 목표대비 100%진행 목표인원 80명 이상 참여	현장상담 진행 횟수, 개별 심층 상담 목표 인원수 66명	복지관 자체조사	현장상담 실시기안, 결과보고, 개별 심층상담 일지	연간
목표 3. 등록대비 수료 80% 이상 프로그램 만족도 조사 90% 이상 만족	출석률 만족도조사	복지관 자체조사	출석부 수료인원 파악 사전-사후 만족도 조사지 분석	연간
목표 4. 홍보활동 목표대비 100% 진행, 구인처 개척활동 10회 실시하여 구인처 80곳 확보	홍보 진행횟수, 홍보결과물	복지관 자체조사	운영일지, 노동부 분기 보고, 홍보결과물	연간
	구인표 작성 80개	복지관 자체조사	운영일지, 노동부 분기 보고, 인트라넷 등록	연간

3) 프로그램 만족도 조사 설문지 예시[4]

○○종합사회복지관
웰빙아카데미 프로그램 만족도 조사

안녕하십니까
여러분의 가정에 건강과 평화를 기원합니다.
사회복지법인 ○○에서 운영하고 있는 ○○종합사회복지관은 지역 어르신들을 위해 다양한 노인복지사업을 전개하고 있습니다. 본 설문조사는 지역 어르신들께서 그동안 실시되어 온 프로그램에 대해 어떻게 생각하고 계신지를 알아보기 위해 실시하는 의견조사입니다. 따라서 본 설문조사는 어르신들을 위한 복지관의 노인복지방향을 설정하고 다양한 노인복지 프로그램들을 개발하는 데 귀중한 자료로 쓰여질 것입니다. 설문조사의 결과는 종합적으로 통계 처리되므로 어르신들의 개인적인 의견과 정보는 외부로 유출되지 않으며, 통계법으로도 보호를 받게 되므로, 안심하시고 설문에 응해 주시면 감사하겠습니다.

2011년　　월
○○종합복지관 관장

○○종합복지관
주소 :
전화번호 :
※ 응답하시는 어르신의 일반적인 특성입니다. 해당되는 것을 표시해 주시거나 적어주세요.

성별	① 남　② 여
연령	① 60~64세　② 65~70세　③ 71~75세　④ 76~80세 ⑤ 80세 이상

4) 박영범(2011). 고령자 취업능력향상 프로그램 운영 매뉴얼. 한국직업능력개발원, pp. 121-125.

주소	① 동작구 동(동 이름 쓰세요) ② 기타 구 동
학력	① 초졸 이하 ② 중졸 ③ 고졸 ④ 전문대 졸 ⑤ 대졸 이상
종교	① 기독교 ② 천주교 ③ 불교 ④ 무교 ⑤ 기타
보호구분	① 일반(비해당) ② 수급자 ③ 기타
월평균소득	원
혼인여부	① 미혼 ② 기혼(배우자 있음) ③ 별거 ④ 사별 ⑤ 이혼 ⑥ 기타( )
가구형태	① 독거노인 ② 노인부부 ③ 혼자+자녀+손자녀 ④ 노인부부+자녀+손자녀 ⑤ 노인단독+손자녀
주거상태	① 자가 ② 전세 ③ 월세 ④ 영구임대 ⑤ □기타( )
주거형태	① 단독주택 ② 다세대/빌라 ③ 아파트 ④ 기타( )

1. ○○ 웰빙아카데미 노인학교에 참여하게 된 경로는 어떤 것입니까?
___ ① 소개(가족/친구) ___ ② 현수막
___ ③ 홍보물(안내지) ___ ④ 본인 스스로

2. ○○ 웰빙아카데미 노인학교에 참여하는 목적은 무엇입니까?
___ ① 건강증진 ___ ② 지식과 배움증진
___ ③ 또래친구와 교류 ___ ④ 시간활용

3. 교육참여를 위해 복지관을 올 때 이용하는 교통수단은 무엇입니까?
___ ① 도보(걸어서) ___ ② 버스
___ ③ 지하철 ___ ④ 자동차 ___ ⑤ 자전거

4. 복지관까지 소요되는 시간은 얼마나 됩니까?
___ ① 10분 이내 ___ ② 30분 이내
___ ③ 1시간 이내 ___ ④ 기타

5. 일주일에 몇 번 정도 복지관을 이용하고 계십니까?
___ ① 5일 ___ ② 2~3일 이용 ___ ③ 1주일에 한 번 ___ ④ 기타

6. 이용하고 있는 프로그램의 수는 몇 과목입니까?

___ ① 1과목 ___ ② 2과목 ___ ③ 3과목 ___ ④ 3과목 이상

7. 어르신께서는 참여 중인 프로그램에 어느 정도 결석하십니까(가장 참여도 좋은 프로그램 기준)?

___ ① 어쩌다 참석한다(1주일에 4회 이상 결석).
___ ② 1주일에 3~4회 결석한다.
___ ③ 1주일에 1~2회 결석한다.
___ ④ 1~2주일에 1~2회 정도 결석한다.
___ ⑤ 한 달에 1~2회 정도 결석한다.
___ ⑥ 결석이 없다(100% 참석).

8. 어르신께서 현재 ○○복지관에서 이용하고 있는 프로그램의 만족도를 표시해 주십시오. 해당하는 과목만 표시하시면 됩니다.

	매우 불만족	불만족	보통	만족	매우 만족
• 한글교실	①	②	③	④	⑤
• 컴퓨터(초 · 중급)교실	①	②	③	④	⑤
• 스위시 교실	①	②	③	④	⑤
• 영어교실	①	②	③	④	⑤
• 일본어교실	①	②	③	④	⑤
• 역사탐방교실	①	②	③	④	⑤
• 댄스스포츠(초 · 중급)교실	①	②	③	④	⑤
• 건강댄스(초 · 중급)교실	①	②	③	④	⑤
• 건강댄스 동아리	①	②	③	④	⑤
• 기체조교실	①	②	③	④	⑤
• 요가교실	①	②	③	④	⑤
• 탁구교실	①	②	③	④	⑤
• 노래교실	①	②	③	④	⑤

• 한지공예교실	①	②	③	④	⑤
• 하모니카교실	①	②	③	④	⑤

9. 어르신께서 현재 ○○복지관의 프로그램을 이용하는 데 있어서 전반적으로 어떻게 생각하십니까?

___ ① 매우 불만족　　___ ② 불만족　　___ ③ 보통
___ ④ 만족　　___ ⑤ 매우 만족

10. ○○복지관의 시설 및 환경에 대한 질문입니다. 해당되는 곳에 표시를 해주세요.

	매우 불만족	불만족	보통	만족	매우 만족
(1) 복지관 강사와 직원(사회복지사)은 친절하다.	①	②	③	④	⑤
(2) 복지관시설(계단, 화장실)은 이용하기에 편리하다.	①	②	③	④	⑤
(3) 복지관을 이용할 수 있는 시간대는 적절하다.	①	②	③	④	⑤
(4) 복지관의 교육환경은 청결하고 깨끗하다.	①	②	③	④	⑤

11. 어르신이 참여한 ○○복지관의 프로그램에 대한 전반적인 의견입니다. 해당되는 곳에 표시를 해주세요.

	매우 불만족	불만족	보통	만족	매우 만족
(1) ○○복지관은 이용하는 데 부담없이 편안한 곳이다(편안함).	①	②	③	④	⑤
(2) 프로그램에 참여한 것은 나에게 도움이 되었다(도움 정도).	①	②	③	④	⑤

(3) 나는 계속 ○○복지관을 이용할 것이다(지속성).	①	②	③	④	⑤
(4) 다른 사람들에게 추천할 만한 프로그램이다(추천성).	①	②	③	④	⑤

12. ○○복지관에 새로 개설되면 좋을 프로그램이 있다면 어떤 것인지 2가지만 표시해 주세요.

영역번호	프로그램명
(1) 교양 · 교육	① 중국어교실 ② 한문교실 ③ 수지침교실
(2) 건강	① 맷돌체조 ② 에어로빅 ③ 라인댄스 ④ 한국무용
(3) 취미여가	① 민요교실 ② 장기바둑교실 ③ 종이접기 ④ 핸드벨 ⑤ 합창반
(4) 기타	① 가요제 ② 아름다운 여생을 위한 임종준비교육 ③ 봉사활동 ④ 상담프로그램

13. ○○복지관에 바라는 점이나 담당자에게 하고 싶은 말이 있다면 써주세요.

설문에 응답해주셔서 감사합니다.
어르신들을 위해 더 노력하겠습니다.

4) 출석부 양식[5)]

20○○년 직업소양교육 출석부

교육기관		교육과정명			년 월 일
교육시간		–		평일	
				주말	

번호	이름	출석여부	번호	이름	출석여부	번호	이름	출석여부	번호	이름	출석여부	번호	이름	출석여부
1			12			23			34			45		
2			13			24			35			46		
3			14			25			36			47		
4			15			26			37			48		
5			16			27			38			49		
6			17			28			39			50		
7			18			29			40			51		
8			19			30			41			52		
9			20			31			42			53		
10			21			32			43			54		
11			22			33			44			55		

5) 박영범(2011). 고령자 취업능력향상 프로그램 운영 매뉴얼. 한국직업능력개발원, p. 128

사례 분석 II

재학생의 올바른 성(性)의식 고취를 위한 성희롱 · 성매매 · 성폭력 및 가정폭력 통합 예방교육 워크숍

프로그램 개발의 두 번째 사례로 성희롱 · 성매매 · 성폭력 및 가정폭력 통합 예방교육 워크숍을 소개한다. 이 프로그램은 ○○ 대학교 학생생활연구소에서 주관한 워크숍으로 재학생을 대상으로 2시간에 걸쳐 진행되었다.

프로그램 개발 과정은 다음의 절차를 밟아 진행되었다.

1. 프로그램 필요성
2. 요구의 인식
3. 프로그램 선정
   1) 대상 및 인원
   2) 목적
   3) 개요
   4) 일정
   5) 프로그램 세부내용
4. 자원 활용
   1) 인적 자원
5. 예산 편성
6. 홍보
7. 평가
   1) 평가 방법
   2) 교육 만족도 조사 설문지

2015-2 성희롱 · 성매매 · 성폭력 및 가정폭력 통합 예방교육

우리 함께 만드는 행복한 세상

강사 : ○○○(인구보건복지협회 ○○지회 청소년 상담실장)

일시 : 2015. 12. 2(수), 16:00~18:00

장소 : 실습동 ○○○ 강의실

신청방법 : 학생이력관리시스템(http://job.koje.ac.kr)

거제대학교 KOJE COLLEGE 학생생활연구소

재학생의 올바른 성(性)의식 고취를 위한 성희롱 · 성매매 · 성폭력 및 가정폭력 통합 예방교육 워크숍[6)]

1. 프로그램 필요성

우리나라 성폭력 발생률은 해마다 증가하고 있다. 성폭력의 대상으로는 아동에서 노인에 이르기까지 계층을 불문하고 발생하여 심각한 사회 문제로 대두되고 있다.

〈아동 · 청소년 대상 강간 · 강제추행범죄 현황〉

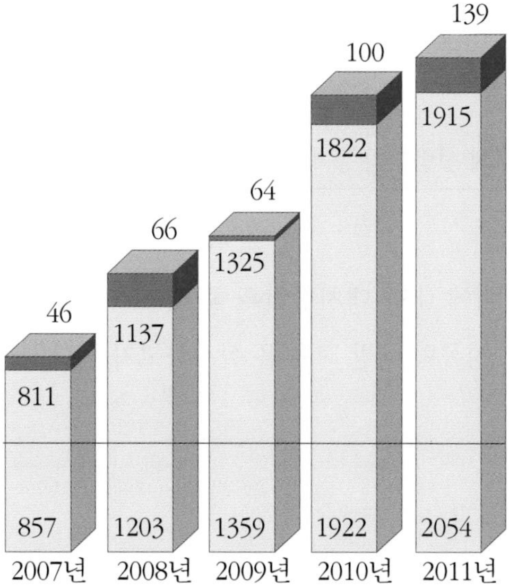

자료: 경찰청

6) 출처: 거제대학교(http://dev.koje.ac.kr/)

우리나라 학교현장에서 현재 진행되고 있는 폭력 관련 예방교육은 지식전달 위주의 성교육과 그로 파생된 성폭력 교육으로 그치고 있고, 성폭력 교육에 관련된 교육 자료가 없기 때문에 실제 현장에서 교육을 진행하는 데 어려움이 있다. 이에 성폭력에 대한 가장 좋은 대책은 예방교육이다.

학생들의 성폭력범죄가 반복되지 않도록 예방해야 할 필요성이 있고, 성폭력은 개인의 성장과정과 성인이 되어서도 다양한 후유증을 남긴다는 점에서 심각하다.

〈경상남도 성범죄자 통계〉[7)]

1	거제시	34명
2	진주시	34명
3	김해시	25명
4	양산시	23명
5	· · ·	· · ·
경상남도 전체 성범죄자 통계		265명

따라서 성폭력범죄에 대한 대처방안의 교육은 성폭력범죄의 재발을 위해서도 필요한 사항이기에 '성폭력 예방 교육'을 실시하고자 한다.

7) 출처: 성범죄자 알림 e 통계자료(http://www.sexoffender.go.kr/m3s3.nsc)

2. 요구의 인식[8), 9)]

성희롱 · 성매매 · 성폭력에 관련한 교육에 대한 요구조사는 없었지만, 대학 내 상담 기구에 접수된 상담, 사건 통계를 통해 예방 교육에 대한 요구를 추정할 수 있다.

교육부(2011) 자료에 따르면 2009년부터 2011년 6월까지 111개 대학의 성폭력 상담기구에 접수된 사건 198건 중 44.4%가 학생-학생 간 사건, 19.2%가 교수-학생 간 사건, 12.1%가 학생-외부인 간 사건이었으며(〈표 1〉 참고), 국가인권위원회(2012)의 대학교 성희롱 · 성폭력 실태조사에서도 2011년 대학 상담 기구에 접수 처리된 사건 207건 중 언어적 성희롱 27.5%, 신체적 성희롱 26.6%, 강제추행 15.9%, 시각적 성희롱 6.3%, 강간 · 강간미수 6.3%, 준강간 4.3%을 차지하고 있다(〈표 2〉 참고). 또한 한국성폭력상담소에 2014년도에 의뢰된 성폭력 상담 1450건 중 대학 내 성폭력 건수는 66건(4.6%)으로 초 · 중 · 고 성폭력을 합친 54건(3.7%)보다 많았으며, 교수 · 강사에 의한 성폭력보다 선배나 동급생에 의한 성폭력이 다수를 차지하고 있다(〈표 3〉 참고).

8) 원 자료에는 요구 관련 부분이 미포함되어 김영희(2015)의 '대학 내 성폭력, 성희롱 어떻게 예방할 것인가?'를 참고하여 작성함.

9) 출처: 김영희(2015). 대학 내 성폭력, 성희롱 어떻게 예방할 것인가?, 대학교육, 제189호, pp. 73-78. 한국대학교육협의회(http://magazine.kcue.or.kr)

〈표 1〉 2009년~2011년 6월 대학 상담 기구에 접수된 사건의 사건당사자 관계[10)]

[단위: 건(%)]

사건당사자 관계	학생–학생	교수–학생	학생–외부인	기타 (교수–교수, 교수–직원, 직원–학생)	계
대학 내 성폭력 · 성희롱	88 (44.4%)	38 (19.2%)	24 (12.1%)	48 (24.1%)	198 (100%)

〈표 2〉 2011년 대학 상담 기구에 접수 처리 된 사건의 피해양상[11)]

[단위: 건(%)]

피해 양상	언어적 성희롱	신체적 성희롱	강제 추행	시각적 성희롱	강간 강간미수	준강간	스토킹	기타	계
대학 내 성폭력 · 성희롱	57 (27.5%)	55 (26.6%)	33 (15.9%)	13 (6.3%)	13 (6.3%)	9 (4.3%)	6 (2.9%)	21 (10.2%)	207 (100%)

〈표 3〉 2014년 한국성폭력상담소 상담 통계: 대학 내 성폭력 가해자 현황[12)]

[단위: 건(%)]

가해자	선배	동급생	교수 · 강사	후배	직원	계
대학교	24 (39.3%)	24 (39.3%)	8 (13.1%)	3 (4.9%)	2 (3.3%)	61 (100%)
대학원	1 (20.0%)	0 (0.0%)	2 (40.0%)	0 (0.0%)	2 (40.0%)	5 (100%)
계	10 (15.2%)	25 (37.9%)	3 (4.5%)	24 (36.4%)	4 (6.1%)	66 (100%)

10) 출처: 교육부(2011). 대학교 성폭력 실태.
11) 출처: 국가인권위원회(2012). 대학교 성희롱 · 성폭력 실태조사.
12) 출처: 학교폭력상담소(2014). 2014년 상담통계.

대학 내 사제 간, 선후배 간, 동급생 간, 남녀 간의 다양한 관계에서 발생하는 성폭력 · 성희롱은 관계 내에 존재하는 힘의 영향력이나 그 친밀함으로 인하여 공식적으로 문제제기를 하기가 현실적으로 어렵고, 가해자 및 주변인들의 시선과 태도 등의 2차 피해로 문제해결 또한 쉽지 않으며 피해자의 고통도 가중된다. 대학 내 성폭력 · 성희롱은 피해자와 가해자, 주변인에게까지 심각한 영향을 끼칠 뿐 아니라 대학의 안전성, 건전성, 교육 분위기를 손상시킴으로써 진리와 자유의 교육공동체를 실현하려는 대학의 이상을 크게 훼손하는 현상이 아닐 수 없다.

성폭력 · 성희롱 근절을 위해 국가는 친고죄 및 반의사불벌죄 폐지, 강간죄 대상에 남성도 포함, 유사강간죄 신설, 카메라이용 촬영죄에 동의 촬영 후 의사에 반한 배포 등의 행위 추가, 성적 목적 위한 공공장소 침입죄 신설, 피해자 법률 조력인 제도 신설 등 피해자 보호 및 지원 강화 등으로 법적인 제도를 보완하고 있으며, 대학의 성폭력 · 성희롱 예방교육 실효성 제고와 관련부처의 성희롱 방지조치 실적보고와 현장점검 등을 통해 각 대학의 성폭력 · 성희롱 예방을 적극 요청하고 있다.

실제로 여성가족부에서는 공공기관 성희롱 방지조치 지침[13)]을 내리고 있다. 이 지침은 국가기관, 지방자치단체, 각급 학교, 공직유관단체 등 공공기관 성희롱 방지조치의 효과적 추진을 위해 필요한 사항과 기관별 추진실적 점검 · 평가를 위한 세부지침을 정하는 것을 목적으로 하고 있다. 또한 「여성발전기본법」 제17조의2, 「여성발전기본법시행령」 제27조의2, 공공기관의 성희롱 예방지침(여성가족부고시 제2008-2호)에 법적 근거를 두고 예방교육을 실시하도록 하고 있다.

13) 출처: 여성가족부(2013). 2013년 공공기관 성희롱 방지조치 · 성매매 예방교육 안내, p. 10.

3. 프로그램 선정

1) 대상 및 인원

- ○○대학교 재학생 80명(4대 폭력 통합 예방교육에 관심이 있는 학생 선착순 모집)
- 참여 학생에 한하여 산학 포인트 1점 지급

2) 목적

- 성희롱 · 성매매 · 성폭력 및 가정폭력의 통합예방교육을 통하여 재학생의 성(性)에 대한 건전한 가치관 함양과 성(性)의식 고취
- 성희롱 · 성매매 · 성폭력 및 가정폭력의 예방법과 상황대처법 알기

3) 개요

일시	2014.11.26(수) 16:00 ~ 18:00
장소	○○○
강사	○○○소장(○○가족상담소 소장 / 법무부 법사랑 위원)
교육구분	『성희롱 · 성매매 · 성폭력 및 가정폭력』의 4대 폭력 통합 예방교육
교육명	폭력 없는 우리 학교 만들기

내용	성(性)에 대한 지식 알아보기 • 성교육과 성희롱 · 성매매 · 성폭력 · 가정폭력에 대한 연계성 이해 • 폭력이 우리에게 미치는 영향 및 폭력의 후유증 • 아름다운 성(性)과 어두운 성(性)의 차이점 • 사례를 통한 예방교육 및 가해자와 피해자의 입장에서 사건보기 • 성폭력 상황에 따른 예방법 및 대처요령 • 법적인 처벌과 처리절차 이해하기
강의형태	강사자의 강의와 학생들의 토론식 교육 • 사례 중심의 교육
신청방법	학생이력관리시스템에서 신청(선착순 100명)
비고	산학포인트 1점 지급 예정

4) 일정

• 일시: 2014. 11. 26(수), 16:00~18:00

• 장소: 실습동 ○○○ 강의실

5) 프로그램 세부내용

날짜	내용	to do list	비고
11/12(수) ~ 11/14(금)	강사 섭외 및 일정 조절	• 강사 섭외 및 일정 조정 • 교육내용 협의 • 강사료 확정 • 강사 서류 접수	[강사서류] –강사프로필 –신분증사본 –통장사본
11/13(목) ~ 11/14(금)	프로그램 계획	• 시행 계획서 작성 • 교육장소(강의실) 물색 및 예약	자원예약관리–신청

11/14(금)	시행 공문	• 시행 계획공문 기안	붙임1) 계획서 붙임2) 강사프로필
11/17(월) ~ 11/24(월)	협조 요청 및 신청접수 (학과)	■ 안내 및 협조 요청 메일 발송 ■ 협조내용 1. 프로그램 안내 • 교육 안내문 학과게시판에 게시 • 포스터 부착 2. SMS 발송 • 교육신청 안내 SMS 발송 • 참석 안내 SMS 발송(특강 당일)	붙임1) 시행 공문 붙임2) 포스터 ※ 신청방법 : 학생이력관리 시스템
	홍보물 제작	• 홍보물1: 포스터 제작 • 홍보물2: 현수막(실내용) 제작	• 포스터: A4 / A3 • 현수막 디자인
11/17(월) ~ 11/26(수)	홍보	• 포스터 부착(건물입구, 학과게시판) • 현수막 게시(교육장소 건물 입구) • 특강 신청 안내 SMS 발송(학과요청)	
11/25(월) ~ 11/25(화)	서류준비	• 출석부 제작 • 강사료청구서 작성(서명은 특강 당일)	
11/25(화) ~ 11/26(수)	장소 및 설비 점검	• 교육장소(강의실) 상태 확인 • 컴퓨터, 스크린, 빔, 스피커 확인 • 실내 현수막 출력 및 부착	• 실내 현수막 (출력: 플로터)
11/26(수)	16:00 ~ 18:00 (예방교육)	• 참석 안내 SMS 발송: 학과 협조 • 장소확인 및 세팅 • 접수 지원 • 강의자 확인, 도착 안내 • 안내 및 센터장 말씀 • 만족도 조사(자체)	• 출석부 • 강사료 청구서 • 만족도 설문지

※ 일정 진행에 따라 구체내용 추가예정 (각 역할 담당 및 협조, 구체 역할 및 준비사항)

4. 자원 활용

1) 인적 자원: 외부강사

✠ ○○○ (○○가족상담소 소장)

▸ E-mail: ○○○○○@hanmail.net

▸ 연락처: 010-○○○○-○○○○

✠ 주요 이력

- 법무부 법사랑위원
- ○○가족상담소 소장
- ○○ 성폭력상담소 통합위원장
- 한국양성평등교육진흥원 성교육 강사

✠ 예방교육 위촉분야

성희롱예방교육 / 성매매예방교육 / 성폭력예방교육(특별위촉)

5. 예산 편성

(단위: 원)

구분	산출내역		금액	비고
강사료	외부강사	250,000원 (교통비 포함)	250,000	강사료청구서, 프로필, 신분증사본, 통장사본
홍보비	포스터	6장	–	자체제작
	현수막	1장	–	
계			250,000	/

[참조] 예산 편성 금액

국고(특성화 사업)	교비회계지원금	기타지원금	합계
	500,000		500,000

6. 홍보

– 포스터 부착(건물입구, 학과게시판)

– 현수막 게시(교육장소 건물 입구)

– 특강 신청 안내 SMS 발송(학과요청)

7. 평가

1) 평가 방법

출석부 및 만족도 조사를 통한 평가

2) 교육만족도 조사 설문지

교육만족도 조사

☞ 기본사항(해당되는 곳에 ∨표시 또는 직접 기재)

1. 귀하의 연령은?	만 19세 이상 ① 20대 ② 30대 ③ 40대 ④ 50대 ⑤ 60대 ⑥ 70대 이상
2. 귀하의 성별은?	① 남 ② 여

☞해당되는 곳에 ∨표시를 하시오(5점 척도)

내용	①	②	③	④	⑤
3. 교육내용은 교육목적에 적합하였습니까?	매우 그렇다	그렇다	보통	대체로 아니다	전혀 아니다
4. 강사의 강의내용이 잘 전달되었습니까?	매우 그렇다	그렇다	보통	대체로 아니다	전혀 아니다
5. 교육자료(강사 PPT, 유인물 등)는 도움이 되었습니까?	매우 그렇다	그렇다	보통	대체로 아니다	전혀 아니다
6. 교육이 만족스러웠습니까?	매우 그렇다	그렇다	보통	대체로 아니다	전혀 아니다

7. 예방교육에 보강되어야 할 내용이 있다면 무엇입니까?

8. 귀하는 성추행 등 성폭력 피해로부터 안전하다고 생각하십니까, 안전하지 않다고 생각하십니까?
   ① 매우 안전하다. ② 어느 정도 안전하다. ③ 보통이다.
   ④ 그다지 안전하지 않다. ⑤ 모름/무응답.

9. 국민이 안전하고 행복한 사회를 만드는 데 예방교육이 도움이 된다고 생각하십니까?
   ① 매우 도움이 된다. ② 어느 정도 도움이 된다. ③ 보통이다.
   ④ 그다지 도움이 되지 않는다. ⑤ 전혀 도움이 되지 않는다.

참고문헌

교육부(2011). 대학교 성폭력 실태.

국가인권위원회(2012). 대학교 성희롱 · 성폭력 실태조사.

김영희(2015). 대학 내 성폭력, 성희롱 어떻게 예방할 것인가?. **대학교육**, 제189호, pp. 73-78. 한국대학교육협의회.

박영범(2011). 고령자 취업능력향상 프로그램 운영 매뉴얼. 한국직업능력개발원.

여성가족부(2013). 2013년 공공기관 성희롱 방지조치 · 성매매 예방교육 안내.

평택복지재단(2011). 평택시 사회복지시설 욕구조사 실무도움서.

학교폭력상담소(2014). 2014년 상담통계.

거제대학교(http://dev.koje.ac.kr/)

성범죄자 알림 e 통계자료(http://www.sexoffender.go.kr/m3s3.nsc)

찾아보기

인 명

내용

저자 소개

신용주(Shin, Yong-Joo)

이화여자대학교 문학사

미국 Texas A&M University 성인 및 평생교육학 석사/박사

영국 University of Birmingham, School of Public Policy 방문교수

미국 University of Texas at Austin, School of Social Work 방문교수

동덕여자대학교 사회과학대학장, 평생교육원장

한국성인교육학회 회장, 한국지역사회교육협의회 이사

서울 송파구 지역사회복지협의체 위원장

현재 동덕여자대학교 사회복지학과 교수

〈저서〉

『평생교육의 이론과 방법』『평생교육 방법론』『성인교육의 현재와 미래』

『새로운 부모교육』『다음 세대를 위한 부모교육』외 다수

평생교육 프로그램 개발론
Developing Programs in Lifelong Education

2017년 7월 15일 1판 1쇄 인쇄
2017년 7월 25일 1판 1쇄 발행

지은이 • 신용주
펴낸이 • 김진환
펴낸곳 • (주)학지사
04031 서울특별시 마포구 양화로 15길 20 마인드월드빌딩
대표전화 • 02-330-5114 팩스 • 02-324-2345
등록번호 • 제313-2006-000265호

홈페이지 • http://www.hakjisa.co.kr
페이스북 • https://www.facebook.com/hakjisabook

ISBN 978-89-997-1304-0 93370

정가 19,000원

이 도서의 국립중앙도서관 출판시도서목록(CIP)은 서지정보유통지원시스템 홈페이지(http://seoji.nl.go.kr)와 국가자료공동목록시스템(http://www.nl.go.kr/kolisnet)에서 이용하실 수 있습니다.
(CIP 제어번호: CIP2017015391)